정치
치
전쟁
쟁

# 정치 전쟁

강준만 지음

2022년 대선과 진보의 자해극

인물과
사상사

# 아무리 정치가
# '무혈의 전쟁'이라지만

"전쟁은 정치이며, 정치는 다른 수단으로 행하는 전쟁이다.……
정치는 무혈의 전쟁이요, 전쟁은 유혈의 정치라 할 수 있다."

중국의 마오쩌둥이 1938년 "전쟁은 다른 수단에 의한 정치"라
고 한 독일의 전쟁 이론가 카를 폰 클라우제비츠의 책을 읽고 나
서 남긴 말이다. 그러나 그에겐 정치도 결코 '무혈의 전쟁'은 아니
었다. 엄청나게 많은 사람을 죽인 '유혈의 전쟁'이었다. 그런 탓에
인용하기 꺼려지긴 하지만, 오늘날 정치가 '무혈의 전쟁'이라는
건 상식이 되고 말았으니 어쩌겠는가?

2022년 대선은 전쟁이었다. 이 전쟁은 정치판을 넘어서 선량
한 시민들 사이에서도 벌어졌고, 더 나아가 사랑하는 가족 내에서
도 벌어졌다. 전쟁을 벌이는 양 진영 모두 "저들이 집권하면 나라

가 망한다!"고 외쳐댔으니, 누가 집권하건 나라는 망하게 되어 있는 셈이었다.

대선 전날 서강대학교 명예교수 손호철은 "지겨운 선거가 끝난다는 반가운 소식 뒤에는 슬픈 소식이 숨겨져 있다"며 이렇게 말했다. "그것은 대선에서 누가 이기든, 총만 들지 않았지 사실상 '준내전 상태'에 이른 것 같은 정치적 갈등과 '증오의 정치', 다른 진영은 박멸해버려야 한다는 '박멸의 정치'는 계속될 것이라는 점이다."[1]

대선 당일 『서울신문』 수석논설위원 진경호는 "이재명 대통령이든, 윤석열 대통령이든 승리의 찬가를 외칠 내일 새벽, 절반의 국민은 절망에 몸서리치며 탄식할 것이다"며 이렇게 말했다. "진영 대립이 신앙의 영역으로 넘어간 터, 승자와 패자가 갈리는 내일부터 휘몰아칠 광풍을 걱정하는 목소리가 높다. 통합은 그 너머에 있다. 내일 아침 울게 될 국민 절반의 눈물을 닦아줄 건 결국 고통스런 신앙의 해체뿐이다. 사실과 진실, 이성뿐이다. 가자."[2]

그러나 어이하랴. 대선은 끝났지만, 여전히 집단적 신앙은 건재하니 말이다. '조국 사태'가 뜨거웠던 2019년 11월 인상 깊게 읽었던 어느 칼럼이 생각난다. 민주당 의원들은 출입 기자들만 보면 한결같이 이런 말을 했다고 한다. "왜 조국 법무부 장관을 믿지 못하는 겁니까?" 기자들 사이에선 이런 말이 오갔다나. "선배. 정당이 원래 이런가요?" "음……. 종교 담당이라고 생각해."

그런데 과연 정당만 그럴까? 민주당 지지자들을 포함한 진보 진영 전체가 신앙으로 정치를 대하고 신앙으로 정치적 삶을 꾸려 온 건 아닐까? 대선 후 윤석열과 국민의힘을 '독재 세력'으로 부르면서 "이제 다시 1987년처럼 화염병과 보도블록을 깨야만 할 시간이 다가오고 있다"는 어느 댓글을 읽으면서 웃음을 터뜨리고 말았다. 아, 웃으면 안 되는데! '화염병 시대'에 갇혀 있는 사람들은 1980년대의 세상을 치열하게 살았다는 걸 의미할 수 있는 것이기에 숙연해지는 게 도리가 아닌가? 게다가 표현의 차이만 있을 뿐 민주당과 많은 지지자가 이 댓글러처럼 결연한 의지를 다지고 있지 않은가?

그렇지만 몸은 2022년을 살고 있으면서도 의식은 1980년대의 세상에 머무르고 있다는 게 안타깝다는 생각이 드는 걸 어이하랴. 즐거운 웃음이 아니라 슬픈 웃음이었다는 걸 이해해주시기 바란다. 생각해보시라. 우리는 1970~1980년대에 일부 선량한 시민들마저 걸핏하면 '빨갱이 타령'을 하는 걸 보지 않았던가? 그들은 정권 차원의 매카시즘에 놀아난 게 아니었다. 6·25전쟁의 트라우마 때문이었다. 그들의 '빨갱이 타령'에 동의할 수 없었다면, 수십 년째 지속되고 있는 '독재 트라우마'에 대해서도 다시 생각해보는 게 공정하지 않을까?

물론 하나마나한 우문愚問이다. 신앙은 원래 역지사지易地思之를 모르기 때문이다. 독선과 오만과 무능은 그런 신앙의 부수적 결과

일 뿐이다. 나는 2022년 대선은 그런 신앙으로 인해 빚어진 '진보의 자해극'이 누적된 결과였다고 생각한다. 윤석열과 국민의힘에 대해선 거론할 필요조차 없다. 그들의 한계와 문제를 모르는 유권자들은 아무도 없으니까 말이다. 유권자들이 오늘의 관점에서 더 나쁘다고 생각하는 쪽을 벌하는 '응징 투표'는 한국 정치의 오랜 전통이 아니었던가?

진보 진영 내부에도 극소수나마 민주당을 향해 "그렇게 신앙 일변도로 가면 안 된다"고 경고한 사람들이 있었지만, 이들은 모두 배신자로 몰리고 말았다. 2022년 대선 결과가 이렇게 나왔으면 "그들의 말이 옳았다"며 사과하거나 반성하는 목소리가 조금이라도 나와야 하겠건만, 그런 법은 없다. 오히려 '배신자들'에 대한 증오만 불태울 뿐이다. 원래 신앙이라는 게 그렇다.

차라리 그렇게 자해를 일삼다 멸망하면 새로운 길이 열리겠지만, 이게 또 그렇지 않다는 데에 한국 정치의 비극이 있다. 반대편역시 스스로 신앙의 길로 접어들면서 자해극을 벌일 가능성이 높기 때문이다. 그래서 정치는 어찌 보자면 사실상의 '자해 경쟁'이다. 이 '자해 경쟁'을 멈추기 위해선 정치적 신앙이 없거나 비교적약한 사람들에게 호소하는 수밖엔 없다. 기존의 '편 가르기'를 다시 보는 발상의 전환은 어떻겠느냐고 말이다.

나는 나를 포함한 네 사람이 모여서 만든 당구 모임 덕분에 한달에 두 번 당구를 친다. 편을 나눠 승부를 겨루는 재미가 쏠쏠하다. 무슨 '밥 내기'를 하는 것도 아니고 그저 '게임값'을 부담하는 경쟁이지만, 묘하게도 악착같이 이기고 싶다는 승부욕이 발동한다. 누군가 개인 사정으로 빠지게 되면 셋이서 당구를 치는데, 이 땐 승부욕이 동하지 않는다. 이것 역시 꼴등이 '게임값'을 내야 하는 경쟁이건만, 모두 다 점잖아지는 김빠진 승부가 되고 만다.

편을 나눈 '2자 게임'과 편이 없는 '3자 게임'의 차이가 그렇게 크단 말인가? 그렇다. 이미 우리 모두 다 잘 알고 있는 사실이다. 이겨야 할 상대가 분산되면 승부욕도 약해지기 마련이다. 게다가 '나'와 '우리'는 다르다. 두 사람만 되어도 '우리 편'에 대한 애정이 생겨나며, '우리'의 규모가 커질수록 상대편에 대한 적대감과 공격성마저 강해진다.

어차피 한 명을 뽑을 수밖에 없는 선거에서 누군가를 택했겠지만, 선택이 달랐던 사람들끼리 서로 싸울 필요는 없다. "너는 누구 편이었느냐"고 추궁하거나 적대시할 필요도 없다. 각자의 선택을 존중해주어야 한다. 너무나 당연한 이야기임에도 이게 잘 지켜지지 않는다. 개인으로 있을 땐 그렇지 않은데, 자신을 집단의 일원으로 간주하는 순간 무섭게 달라진다.

인간의 그런 속성을 인정하는 현실적인 입장에서 보자면, 우리가 기대할 수 있는 건 "너는 누구 편이냐"고 묻지 않는 세상일 게다. 비밀투표의 취지도 바로 그게 아닌가? '최선'이라고 생각해 표를 던진 사람과 '차선'이나 '차악'이라고 생각해 표를 던진 사람이 같은 편으로 묶인다는 것도 영 이상하다. 그러니 아예 묻지 말자.

영국의 문화인류학자 엘리아스 카네티는 "인간은 그가 상상할 수 있는 모든 인간을 집단으로 분류하려는 강한 욕구를 갖는다"고 했다.[3] 하지만 그런 욕구가 갈등과 적대감만 낳는 게 현실이라면, 그건 자제해야 할 욕구로 분류하는 게 옳으리라. 사실 유권자들에겐 편 가르기보다는 통합을 해야 할 절박한 이유가 있다.

우리는 그간 온갖 아름다운 가치와 명분을 내세운 집단일지라도 종국엔 사적 관계를 중시하는 '부족 집단'이자 사적 이익을 취하는 '이권 집단'으로 전락하더라는 걸 질리도록 보아오지 않았던가? 그런 부족 집단과 이권 집단이 선거를 통해 획득한 전리품은 일반 유권자들에겐 돌아가지 않는다.

그러니 모두 힘을 합쳐 정치를 사유화하는 부족 정치와 이권 정치를 박살낸 후에 편 가르기를 해도 늦지 않을 게다. 당분간 편 가르기 욕구는 당구를 비롯한 다양한 게임이나 스포츠를 통해서 해소하자. 이 책을 통해 내가 호소하고 싶은 메시지다. 2022년 대선 기간 중에 벌어진 여러 정치적 갈등과 자해극을 그런 관점에서 다룬 이 책이 "너는 누구 편이냐"고 묻지 않는 세상을 만드는 데에 일조할 수 있기를 바라마지 않는다.

2022년 4월

강준만

# 차례

## '정치 교체'는 가능한가?

## 이재명 '만독불침'의 종언인가?

## 문재인 미스터리

**제5장**

## 정치는 끝없는 타협이다

**제6장**

## 책임은 권력의 기능이다

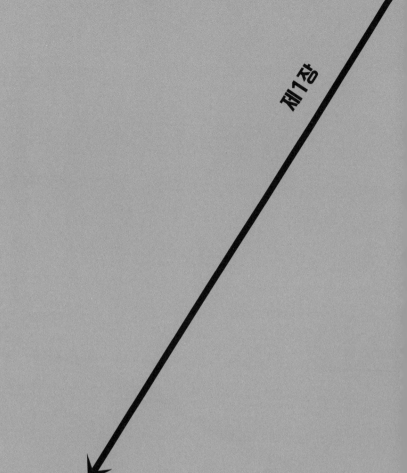

## 제1장

# 윤석열의
# 과제

# '충성 경쟁'이 대통령을 망친다

2022년 대선 기간 중 쏟아져 나온 수많은 말 중 귀에 거슬리는 것이 많았지만, 신선하거나 인상적인 말도 없진 않았다. 특히 민주당 총괄선대위원장 이낙연이 "대변인 논평이 저주의 경쟁이 되어서는 안 된다. 팩트의 경연 대회가 되어야 한다"거나 "절제력이 없는 분들은 방송에 출연해서는 안 된다"고 말한 게 좋았다.[1]

여야를 막론하고 왜 대변인들을 비롯한 정치인들은 '저주의 경쟁'을 한 걸까? 전반적인 선거 분위기가 그렇게 돌아가고 있었기에 그들은 자신도 알게 모르게 휩쓸려간 것일 수도 있다. 그런데 에릭 펠턴의 『위험한 충성』, 브라이언 클라스의 『권력의 심리학』이란 책을 읽다가 전부는 아닐망정 일부는 사실상 '충성 경쟁'에 뛰어들었던 것인지도 모르겠다는 생각이 들었다. 선거 국면에선 상대편 후보나 정당을 향해 거칠게 말할수록 자기 진영의 대선 후보나 실세 정치인의 눈에 들 가능성이 높다 보니 "누가 더 세게 말하나" 경쟁이 벌어진 게 아니겠느냐는 것이다.

『권력의 심리학』은 독재자들이 바로 신뢰할 수 있는 사람과 신뢰할 수 없는 사람을 분류하는 충성심 테스트를 한다며 이렇게 말한다. "부끄러움을 무릅쓰고 공개적으로 '친애하는 지도자'에 관한 말도 안 되는 거짓말을 입 밖에 낼 수 있는 사람이라면 정권의 신뢰를 받아도 좋을 사람일 가능성이 더 크다. 말도 안 되는 말을 앵무새처럼 반복할 수 있는 부하는 투자해도 좋은 부하다."[2]

히틀러에게 절대적 충성을 했던 친위대장 하인리히 힘러는 자신의 부하들에게도 똑같은 충성을 요구했다. 그가 충성심이 있는지 없는지 판단하기 위해 사용한 유일한 기준은 비도덕적이거나 불쾌하게 여기는 명령을 내렸을 때 기꺼이 실행하는지 보는 것이었다고 한다.[3]

민주국가라고 해서 그런 충성심 테스트가 없는 건 아니다. 『위험한 충성』에 따르면, 사석에선 말을 매우 거칠게 했던 미국 대통령 린든 존슨은 "난 단순한 충성을 원하는 게 아냐. 진짜 충성을 원한다고. 대낮에 사람들이 보는 앞에서 내 똥구멍을 핥으며 꽃 냄새가 난다고 말할 수 있는 놈 말이야"라고 말하기도 했다.[4]

리처드 닉슨의 충성에 대한 집착은 존슨보다 심했다. 닉슨과 다른 의견을 내는 것은 충성성이 없다는 것을 스스로 입증하는 것이었다. 이런 기이한 충성 문화가 바로 워터게이트 사건의 원인이 되었다. 존슨도 마찬가지였다. 존슨에게 맹목적 충성을 했던 국방 장관 로버트 맥나마라를 비롯한 측근 고위 인사들은 진실보다는 대통령의 '심기 경호'를 택함으로써 베트남전쟁의 패배를 초래했고, 이는 존슨의 재선을 불가능하게 만들어버리지 않았던가?[5]

측근 고위 인사들의 과잉 충성으로 인해 실패한 대통령의 사례는 무수히 많으며, 한국도 다르지 않다. 대통령 당선인 윤석열은 어떤 길을 걸을 것인가? 그가 2013년 국정감사 때 했던 "사람에 충성하지 않는다"는 말이 떠오른다. 일부 비판자들은 공직자가 사람 대신 조직이나 국가를 충성의 대상으로 삼는 것도 문제라는 식으로 비판을 하긴 했지만,[6] 그리 큰 공감을 얻은 것 같진 않다.

정작 문제는 윤석열이 대통령으로서 "사람에 충성하지 않는다"는 원칙을 측근 인사들에게도 허용할 수 있겠느냐는 것이다. 미국 정치철학자 주디스 슈클라는 "좋든 나쁘든, 충성이 없으면 리더십은 존재할 수 없다"고 했는데,[7] 수긍하지 않을 도리가 없다. 자신에게 충성하지 않는 사람들과 더불어 성공적인 국정 운영을 해나가긴 어렵기 때문이다.

충성, 정말 어려운 개념이다. 무조건 좋거나 나쁘다고 말하기 어렵다. 어떤 충성이냐가 중요하다. 좋은 충성이 있는가 하면 나쁜 충성도 있다. 충성에 대한 모든 논의에서 빠짐없이 거론되는 한 가지 쟁점은 충성과 순응의 구별이다. 대통령이 잘못된 길로 갈 때엔 순응하지 않고 바른 말을 하는 게 충성이다. 그런데 문제는 잘못된 길인지 아닌지 그걸 판단하고 입증하는 게 영 쉽지 않은 경우가 많다는 것이다.

대통령에게 필요한 건 '충성심 테스트'가 아니라 '순응심 테스트'인지도 모른다. 자신에게 무조건 순응하는 사람들에게 둘러싸인 대통령은 실패하기 십상이다. 어떤 사안에 대해 "그렇게 하면 안 된다"고 말하는 사람에게 대통령이 "일단 나를 믿고 따라오라"고 설득하는 경우를 생각해보자. 이런 요청에 응하는 건 충성이지만 순응은 아니다. 그 사안의 결말에 따라 누가 옳았는지 검증과 책임 규명이 가능해지기 때문이다. 물론 오류의 수정도 가능해진다.

대통령은 "그렇게 하면 안 된다"고 말할 수 있는 사람들을 곁에 두어야 한다. 권력의 속성상 그게 쉽지 않은 일이라면, 이른바 '악마의 변호인' 제도라도 원용해야 한다. 이 제도는 일부러 '반대를 위한 반대'를 하기 때문에 곧 효과가 사라지고 부작용도 있다는 반론이 있는바,[8] 비공식적으로 쓴소리를 해줄 수 있는 사람들을 자주 만나는 게 가장 좋은 방법이다.

예컨대, 문재인에게는 '원조 친노'로 국회 사무총장을 지낸 유인태 같은 사람이다. 그간 유인태가 문재인 정권에 대해 언론 인터뷰를 통해 했던 애정 어린 쓴소리들을 다시 읽어보라. 문재인이 그의 말을 듣지 않았기 때문에 문재인 정권이 실패했고 정권 재창출도 실패했다는 걸 절감하게 될 것이다.

유인태는 문재인과 오랜 개인적 인연도 갖고 있지만, 문재인에게 직접 쓴소리를 한 이후 연락이 뚝 끊기고 말았다. 대통령 시정연설 하러 국회에 왔을 때 국회 사무총장으로서 공적인 자리에서 본 걸 제외하고 이후 문재인을 만나지 못한 건 물론이고 전화 통화 한 번 없었다고 한다.[9] 문재인이 옹졸해서 그런 점도 있었겠지만, 그게 바로 권력의 속성이다.

한국의 역대 대통령들은 자신에게 쓴소리를 하는 사람들을 한사코 피하더라는 게 이미 상식으로 굳어질 만큼 확인되었다. 하지만 정녕 '순응하지 않는 충성'을 원한다면 그런 나쁜 상식을 깨는 길밖엔 없다. 충성 경쟁이 대통령을 망친다는 '진리'를 윤석열이 얼마나 수긍하느냐에 달린 문제라고 할 수 있겠다.

# '윤석열판 내로남불'은
# 안 된다

"윤 후보의 최종 사과에 담긴 '이유 여하를 불문하고'에 숨기지 못하는 억울함이 엿보인다."(권태호)[10] "'이유 여하를 불문하고'라는 말을 쓴 것은 허위 경력 의혹을 인정하지 않겠다는 함의가 깔린 것으로 보인다."(송용창)[11] "마지못해 하는 오만한 사과는 하지 않느니만 못하다."(권경애)[12] "공정을 말하는 이라면 자신에게 더 가혹한 잣대를 들이대야 한다. 이 정도 판단을 못한다면 대통령이 될 수 없으며, 설사 대통령이 된다 하더라도 문제다."(진중권)[13]

2021년 12월 국민의힘 대선 후보 윤석열이 부인 김건희의 허위 경력 의혹 논란에 대해 사과한 것을 두고 유명 논객들이 내놓은 평가다. 나 역시 전적으로 동의했다. 전반적인 여론도 비슷한 평가를 내렸을 것이다. 당시 윤석열의 문제는 의외로 심각했다.

이건 단지 사과의 품질에 관한 문제가 아니었다. 그걸 넘어서 대선 후보로서 기본자세와 태도의 문제였다.

잠시 2021년 10월로 돌아가보자. 민주당 대선 후보 이재명이 국정감사에서 보여준 여러 의혹 대응을 두고 '이재명의 완승'이라는 평가가 지배적이었다. 국정감사는 전반적으로 이재명이 국민의힘을 비웃는 웃음소리만 돋보인 가운데, 야권에서조차 국민의힘 의원들의 무능을 비판하는 목소리가 나올 정도였다. 그러나 여론의 평가는 전혀 다르게 나왔다.

『매일경제』·MBN이 여론조사기관 알앤써치에 의뢰해 실시한 여론조사 결과에 따르면 '이재명 지사가 국정감사에서 대응을 잘했느냐'에 대한 문항에서 '매우 못했다'(31.4퍼센트), '못했다'(21.4퍼센트)는 부정적인 답변이 절반을 넘어 '매우 잘했다'(17.2퍼센트)와 '잘했다'(16.6퍼센트)는 답변보다 많았다.[14] 이는 유권자들이 '태도'를 중시한다는 걸 의미한 게 아닐까?

오늘의 윤석열을 만든 건 무엇인가? 2017년에서 2019년 사이에 나온 다음과 같은 명언들에 답이 있다. "내로남불은 민심과 국론을 갈갈이 찢는다."(서승욱)[15] "차라리 '그때는 틀렸고 지금은 생각이 바뀌었다'고 말하라."(서복경)[16] "내로남불은 나의 인식이자 우리의 패러다임이다."(김승현)[17] "나는 앞으로도 이 표현이 애용(?)되며 결국엔 『표준국어대사전』에 오르리라 예상한다."(장강명)[18] "왜 정치가 그토록 불신을 받느냐는 질문에 다양한 답변이

있을 수 있지만 나는 내로남불이 가장 중요한 원인이라고 생각한다."(금태섭)[19]

내로남불은 문재인 정권의 DNA였다고 해도 좋을 정도로 문재인 정권의 내로남불은 극심했다. 그 내로남불을 지긋지긋하게 생각한 유권자들이 오늘의 윤석열을 만들었다. 제발 내로남불만큼은 하지 말아달라는 간절한 염원으로 그의 다른 결함들을 눈감아준 것이다. 윤석열도 이를 모르진 않았다. 그는 2021년 11월 5일 국민의힘 대선 후보 수락 연설에서 "윤석열 사전에 '내로남불'은 없다"고 선언하지 않았던가?[20]

하지만 윤석열의 사전은 'ㄴ' 항목이 통째로 찢겨져 나간 사전이었던가 보다. 그가 김건희 의혹 사건에 대해 보인 반응은 의심할 바 없는 내로남불이었기 때문이다. 혹 지극한 부인 사랑 때문이었을까? 이를 의심한 『동아일보』 대기자 김순덕은 "대통령의 애처증은 병이다"고 경고했다. "윤석열은 끔찍한 부인 사랑에 대수롭지 않은 실수, 대수롭지 않은 시간강사 경력쯤으로 대충 넘기려 들었다. 이쯤 되면 대통령의 애처증은 치명상이 되고, 윤석열의 대선 구호인 '공정과 상식'은 개뿔이 되고 마는 것이다."[21]

사과의 '제3자 효과'라는 게 있다. 정치인과 같은 공인에게 사과는 직접적인 당사자를 대상으로 하는 것이라기보다는 제3자, 즉 국민에게 자신의 생각과 의지와 태도를 보이는 행위라는 것이다.[22] 그런데 윤석열은 이 문제를 민주당과 벌이는 '네거티브 전쟁'이라는 '2자 게임'의 프레임으로만 이해했다. 국민은 안중에 없고 논란을 만들어내고 키우는 민주당에 대한 반감에만 집착했다는 것이다. 의혹에 관한 한 경쟁자보다는 자신이 덜하다는 '비교우위론'이나 '차악론'을 내심 품었을지도 모르겠다. 그래서 기자들에게 당당하게 "시간강사는 공개 채용하는 게 아니니 가까운 사람 중 대학 관계자가 있으면 물어보시라"거나,[23] "민주당 주장이 사실과 다른 가짜도 많지 않나"라는 말도 했을 것이다.[24]

윤석열은 선거판의 '네거티브 전쟁'을 한 번도 구경해본 적이 없었는가? 의혹의 씨앗을 열매로 부풀려 반대편을 공격하는 건 여야를 막론하고 똑같이 구사해온 선거의 문법이 아니었던가? 물론 그건 바람직하지 않은 관행으로 개혁되어야 할 것이지만, 윤석열이 그런 이야기를 하고자 했던 건 아니잖은가? 게다가 김건희의혹 사건은 '씨앗'의 수준을 넘어 부풀려지긴 했을망정 상당한실체를 갖고 있던 게 아닌가?

윤석열이 정작 주목했어야 할 일은 그런 의혹과 직접 싸우는게 아니라 대선이 과거 그 어느 때보다 '네거티브 전쟁'으로 전락한 데에 자신이 져야 할 책임이 크다는 걸 인정하고 국민에게 진정으로 사죄하는 심정을 갖고 그걸 표현하는 것이었다. 국민에게버전을 달리한 윤석열판 내로남불을 또 한 번 겪으라고 하는 건결코 해선 안 될 일이었다.

이제 대선에서 승리한 이상 '내로남불 타도'는 그의 존재 근거임을 잊지 말아야 한다. "윤석열 사전에 '내로남불'은 없다"고 선언했던 만큼 'ㄴ' 항목이 통째로 찢겨져 나간 사전을 새 것으로 갈아야 할 것이다.

# '언론 운동장'은 누구에게 기울었는가?

'기울어진 언론 운동장'이란 말이 있다. 진보와 보수, 또는 여야 정당 중 어느 한쪽이 여론 형성에 큰 영향을 미치는 언론 시장에서 자신들이 불리하다는 걸 강조하기 위해 쓰는 말이다. 나도 한때 이 말을 많이 썼다. 진보 정권이 들어섰다 해도 시장은 보수 언론이 압도적 우위를 보이는 '기울어진 운동장'이기 때문에 진보 정권이 성공하기 어렵다는 취지로 썼다. 종이 신문을 구독하는 사람이 많았던 시절이다.

하지만 디지털 미디어가 신문을 압도하고 소멸의 위기로 내몰기 시작한 시점부터는 이 말을 쓸 필요가 없게 되었다. 그럼에도 이 말은 여전히 쓰이고 있다. "언론 보도에서 우리 편이 부당하게 당하고 있다"는 걸 강조함으로써 그 어떤 정치적 이익을 얻으려는 전략적 용법이 살아 있기 때문이다.

2022년 대선 기간 중 민주당 대선 후보 이재명은 "(언론이) '기울어진 운동장'이라 없는 사실까지 공격받고 상대는 있는 사실조차 다 묻힌다"고 주장했고,[25] 국민의힘 대선 후보 윤석열 측은 "언론 환경이 (윤 후보에) 너무 적대적"이라고 주장했다.[26] 어느 쪽 말을 믿어야 할까? 둘 다 믿을 필요 없다. 인터넷·소셜미디어·유튜브 등 뉴미디어가 기성 언론을 압도하고 있는 상황에서 여론 형성 권력은 언론에서 소비자들에게 넘어갔기 때문이다.

'언론 운동장'의 기울기는 어느 쪽 지지자들이 미디어 소비와 참여를 더 활발하게 하느냐에 따라 달라진다. 이재명이 지지자들에게 "우리가 언론사가 되어야 한다"고 역설한 것도 바로 그 점을 간파한 것으로 보인다. 그는 "저들의 잘못을 카톡으로, 텔레그램으로, 댓글로, 커뮤니티에서 열심히 (쓰자)"고 했다.[27]

그렇긴 하지만 의제 설정에서 기성 언론의 영향력이 완전히 사라진 건 아니므로 언론의 속성에 대한 이해도 필요하다. 윤석열 측은 왜 언론이 그들이 보기에 더 중요한 대장동 의혹 사건은 놔두고 김건희 문제만 집중 보도하느냐고 했는데, 이런 항변은 타당한가? 타당하지 않다. 적어도 언론의 시장 논리로만 보면 그렇다.

언론사마다 특정 후보를 선호하는 정파성을 갖고 있다 하더라도 그건 사설이나 칼럼을 통해서만 드러날 뿐이며, 영향력도 매우 약해졌다. 뉴스에도 정파성이 스며들긴 하지만, 뉴스 의제엔

별 영향을 미치지 못한다. 스마트폰으로 뉴스를 보는 세상이 아닌가? 뉴스는 소비자들의 흥미성이나 호기심 충족을 기준으로 선택된다. 사회적 중요성도 그 기준에 부합할 때에 제대로 된 대접을 받는다.

김건희 관련 이야기는 '흥미성·호기심'에서 단연 최고의 '예능 뉴스'였다. 게다가 취재 비용도 낮고 어려움도 없는 '저비용 고효율' 기사였다. 반면 대장동은 이미 수개월 묵은 사건인데다 문재인 정권의 수사기관들이 사실상 '태업'을 한다는 의혹이 제기된 가운데 언론이 독자적으로 사건의 진실을 파헤치기엔 역부족이었다. '고비용 저효율' 기사이기에 적극적으로 나서려는 언론사도 드물었다.

'김건희 뉴스'의 폭증은 윤석열의 자업자득이었다. 김건희는 왜 자꾸 기자들과 통화를 해서 자신에게 부정적인 기사를 양산해 냈을까? 자신이 언론을 잘 상대할 수 있다고 착각한 걸까? 왜 윤석열은 그런 김건희를 말리지 못했을까? 왜 김건희의 허위 경력 의혹 제기에 대한 윤석열의 초기 대응은 그 자체로 주요 뉴스가 될 만큼 어리석고 오만했을까?

끊임없는 '무속 논란'도 윤석열 자신이 만들어낸 것이지 언론이 만든 게 아니잖은가? 윤석열의 실언들도 마찬가지다. 어떤 정치인이 아무리 모순된 발언을 자주 한다 해도 수개월 또는 수십일의 시차를 두고 하면, 이런 '모순 실언'은 언론의 보도 그물망에 잘 걸리지 않는다. 언론은 수십 일만 지나면 과거를 까맣게 잊고 '오직 현재'의 발언에만 집착해 문제를 삼는 체질을 갖고 있기 때문이다.

그런데 윤석열은 공개석상에서 사랑방 잡담회에서나 쓸 법한 화법으로 말을 해대는 바람에 즉각 수많은 실언 논란에 휩싸였다. 취지를 무시하고 말꼬투리나 잡는 언론이 원망스러운가? 그전에 자신이 서 있는 자리가 잡담회가 아니라는 걸 깨닫는 게 우선이었다.

이재명과 윤석열 가운데 언론은 각자 내심 누구를 더 편들긴 했겠지만, 뉴스 생산에선 그걸 노골적으로 드러내기 어려웠다. 뉴스 가치는 세월에 따라 달라지기 마련이다. 소비자의 클릭 하나로 승부를 보는 오늘날엔 흥미성과 호기심 충족이 절대적인 제1의 뉴스 가치로 등극했다. 2022년 1월 '녹음 파일 공방전'이 벌어지면서 '이재명 욕설'이 다시 주목받은 걸 보라. 어느 신문은 "사생활 폭로 대선에 국민은 짜증 난다"고 개탄했지만,[28] 이는 디지털 혁명이 증폭시킨 풍경이기도 했다.

그럼에도 윤석열은 2월 11일 TV 토론에서 언론 관련 공통 질문에 대해 "민주당 정권의 언론 정책은 낙제점이라고 말씀드린다"며 친여 매체의 여론조작론을 거론했다. 그는 "(민주당 정권이) 가장 나쁜 것이 친여 매체를 악용해 가짜뉴스, 여론조작, 정치공작 획책, 언론을 하수인 노릇시키는 나쁜 관행을 만들어왔다"며 "전 세계 언론으로부터도 비판 받는 언론중재법으로, 반정부적인

비판 언론 재갈 물리기를 시도해왔다"고 주장했다.[29]

일부 친여 매체들을 겨냥한 것인지는 알 수 없었지만, 좀 너무 나갔다는 느낌을 준 주장이었다. 그래도 언론중재법 비판으로 언론 자유를 존중한다는 점은 챙긴 셈인데, 다음 날에 나온 발언은 그마저 부정한 꼴이 되고 말았다. 그는 순천역에서 여수로 향하는 '열정열차' 안에서 '공영방송 지배 구조 개혁 방안'을 묻는 기자의 질문에 "진실을 왜곡한 기사 하나가 언론사 전체를 파산하게도 할 수 있는 강력한 시스템이 언론 인프라로 자리 잡는다면 공정성 문제가 없다"고 말했다. "물론 방송의 공정성을 확보해나가는 건 지배 구조가 중요하지만, 저는 우리나라 언론의 공정성 문제는 그냥 정치적 공정성이라고 보지 말고, 진실한 보도를 하느냐 안 하느냐가 공정한 것이다. 진실하지 않으면 공정성을 얘기할 필요도 없다"고도 했다.

윤석열은 '언론사 파산' 발언이 언론 통제 우려로 번지자 2월 13일 "저는 언론 자유를 조금이라도 훼손시키려는 시도에 대해선 강력하게 반대한다고 분명히 말했다"며 언론에 "책임을 어떻게 묻느냐는 것은 판사의 판결과 결정으로 하는 것이지, 대통령이나 정치 권력자나 이런 정치적·행정적 차원에서 언론에 대한 책임 추궁은 원칙적으로 반대한다"고 말했다.[30]

윤석열의 생각 속에선 아무런 모순이 없을지 모르겠으나, '언론사 파산' 발언은 언론중재법 비판과 들어맞지 않는다. 이게 '공영방송 지배 구조 개혁 방안'에 대한 답이라는 건 놀랍다 못해 어이가 없다. 그의 지성과 이성에 의문을 품지 않은 채 그의 발언들을 애써 이해해보자면, 자신과 김건희에 대해 여러 의혹을 제기했거나 그 과정에서 과장·왜곡에 오보까지 저질렀던 친여 매체들에 대한 강한 반감에 휘둘렸던 게 아닌가 싶다.

이후로도 윤석열은 언론에 이어 언론노조까지 비판함으로써 언론계의 강한 반발을 샀는데, 이건 옳지도 않거니와 현명하지도 않다. 그렇게 비판을 퍼부으면 언론이 달라질 거라고 생각한 걸까? 아니면 일반 국민이 언론의 문제점을 알아야 한다고 생각한 걸까? 그 어떤 생각에서 비롯되었건, '기울어진 언론 운동장'은 믿지 않는 게 좋다.

여권 일각에선 대선 패배의 원인을 '기울어진 언론 운동장'에서 찾고 있다는 것도 감안할 필요가 있겠다. 그런 생각이 바로 문재인 정권이 망가진 최대 이유라는 걸 아는지 모르겠다. 이와 관련, MBC 사장을 지낸 뉴스타파 PD 최승호가 자신의 페이스북을 통해 "대선 결과의 주된 요인을 언론 지형 등 외부에서 찾는 방식으로는 절대로 민주당의 정치가 진화하지 못할 것이고 그 결과는 다시 또 패배일 것"이라고 말한 게 인상적이다.

그는 "(현 정부에서) 『한겨레』·『경향신문』마저 대통령의 문제를 지적하거나 지지자들이 믿는 것과 반대 방향의 보도를 하면 공격의 대상이 됐다. 뉴스타파조차도 해야 한다고 믿는 보도를 하지 못한 경우가 많이 생겼다"고 전한 뒤 "그 결과 진보 언론조차 문재인 정부의 문제를 제대로 지적하지 못하니 상황은 브레이크 없이 굴러갔다"고 말했다.

이어 그는 "보수 언론은 언제나처럼 정부를 비판했고, 그 비판 중 일정 부분은 들을 만했지만 (정부·여당은) '저쪽은 늘 우리를 공격하니까' 신경 쓰지 않았다"면서 "부동산 문제와 검찰 개혁의 피로감에 많은 중도층이 떠났지만 여전히 많은 지지층이 굳건하게 버티고 있으니 대통령은 부동산 문제처럼 기조를 너무 늦게 바꾸거나, 그마저도 바꾸지 않아 자신이 임명한 검찰총장을 야당 대통령 후보로 만들었다"고 말했다.[31]

옳거니와 용기 있는 말씀이다. 그런데 이 옳은 말이 문재인 정권 진영에선 매우 희귀한 것일 뿐 아니라 오히려 반발을 불러일으킨다는 데에 문재인 정권의 원초적 비극이 있다. 문재인표 '팬덤 정치'의 재앙이다. 문재인 정권의 실정에 대해 비교적 더 옳은 말을 한 건 보수 언론이지 진보 언론이 아니었다. 그런데 이 '팬덤 정치'의 틀 안에서는 『조선일보』를 비롯한 보수 언론에 대한 '악마화'가 왕성하게 이루어졌다. 그래서 보수 언론의 주장과 반대로 가는 걸 '진보의 길'이라고 믿은 이가 많았으니, 이건 좀 심하게 말하자면 제 무덤을 파는 꼴이었다.

윤석열은 문재인 정권의 이런 비극에서 반면교사反面教師의 교훈을 얻어야 한다. 진보 정권은 보수 언론의 말을 더 경청하고, 보수 정권은 진보 언론의 말을 더 경청해야 한다. 무조건 다 따라서 하라는 게 아니다. 반대편 언론의 비판을 '악마의 목소리'로만 듣지 않아도 절반의 성공이다. 여론 형성 권력은 언론에서 소비자들에게 넘어갔다는 걸 믿고, 비판 언론에 화를 내지 말고 국민의 마음을 사는 일에 최선을 다하는 게 좋다. 진정 '통합의 정치'를 하고자 한다면 통 큰 대인의 풍모를 보여주어야 한다.

# '이대남'과 페미니즘의 화해를 위하여

## "구조적인 성차별은 없다"?

"중립 기어 박고 보자." 2030세대 커뮤니티에서 자주 사용하는 말이라고 한다. 어떤 논쟁이 벌어졌을 때 한쪽 주장만 보고 반대쪽을 욕하지 말고, 양측의 입장을 다 듣고 팩트가 무엇인지부터 챙기자는 의미다. 당연하거니와 쉬울 것 같지만, 그게 그렇지 않다. 특히 세대 차이가 크다. 이와 관련, 박원익과 조윤호는 3년 전 출간한 『공정하지 않다: 90년대생들이 정말 원하는 것』에서 다음과 같이 말한다.

"기성세대는 일단 '너는 누구 편이냐?' 하고 묻는 데 익숙한 세대들이다. 오늘날 50대가 된 과거 민주화 세대의 경우 젊은 시절에 오래된 보수 기득권 체제를 없애는 일이 공통의 사명이자 목적이었다. 그래서 때로 '우리 편'이 잘못했을지라도 어느 편이 권력을 잡는지가 매우 중요한 세대였다. 49대 51의 싸움에 익숙해진 세대들이다. 그러나 과거 세대의 노력으로 만들어진 '민주주의 대한민국'에서 자라난 20대는 정치적 입장을 먼저 정하고 내 편 네 편으로 싸우기보다 개별 사안을 더 정확하고 공정하게 파악하려는 자세를 더 '좋은 태도'로 인정한다."[32]

이 글의 에피그래프(명구)로 소개된 한 문장은 미소를 자아내게 만들었다. "선생님도 남자와 여자가 아닌 잘한 학생을 칭찬하자."[33] 어느 초등학교 학생들이 만든 '양성평등 기본법' 중에 등장한 말이라고 한다. 사실 나도 속으로 뜨끔했다. 내가 초등학교 교사였다면, 나 역시 '여학생 우대'를 했을 것 같다는 생각이 들었기 때문이다. 나이가 많건 적건 여성이 당면한 구조적 불이익과 차별을 내세워서 말이다.

나는 이대남(20대 남성)의 반反페미니즘 성향에 대해 비판적이었지만, 이 책을 읽고 좀 달라졌다. 한국적 실천이 아닌 이론으로서 페미니즘을 여전히 지지하긴 하지만, 그간 내가 반페미니즘에 대해 보인 '꼰대스러운 태도'를 성찰하게 되었다는 뜻이다. 태어나면서부터 여성과의 공정한(또는 남성에게 불리한) 경쟁 체제에서 살아온 이대남의 경험을 온전히 이해할 수 있게 되었기 때문이다. 구제 불능의 성차별주의자가 아닌 한, 세상을 오래 산 사람일수록 여성을 향한 구조적 불이익과 차별에 대해 잘 알기 마련이다. 그래서 늘 구조의 문제를 외치지만, 이에 대한 이대남의 답은 간단하다. "구조의 책임을 나에게 묻지 말라."[34]

구조의 문제를 어떻게 볼 것인가? 2022년 2월 7일 국민의힘 대선 후보 윤석열이 좋은 연구 문제를 하나 제시했다. 그는 "젊은 사람들은 여성을 약자로 생각하지 않는다"면서 "구조적인 성차별은 없다. 차별은 개인적 문제"라고 해 논란을 빚었다. 논란이 확산하자 그는 "남녀 차별이 없다고 말씀드린 건 아니다. 여성가족부 해체 때문에 그 말이 나온 건데, 개인적 불평등에 더 집중해야 한다는 뜻"이라고 했다.[35]


## '구조'와 '개인'의 화해는 가능하다

나는 "구조의 책임을 나에게 묻지 말라"는 말엔 공감하지만, "구조적인 성차별은 없다"는 주장엔 동의할 수 없다. '구조'와 '개인' 사이에서 일어나는 갈등에 대한 해결책은 둘 중 어느 하나를 선택하는 방식으로만 이루어져야 하는가? '구조적인 성차별'을 인정하면서 "구조의 책임을 나에게 묻지 말라"는 요청에도 응답하는 타협책은 없는 건가? 이에 대한 고민을 털어놓는 것만으로도 '구조'와 '개인'의 화해에 일조할 수 있는 게 아닌가?

흥미롭게도 윤석열의 발언 직후 민주당이 두 번째 연구 문제를 제공했다. 민주당 여성위원회는 성명서를 통해 "뿌리 깊은 성차별 문제를 개인이 해결할 문제로 인식하는 정치 지도자가 왜 필요하단 말인가. 모두 각자도생하란 말과 같다"며 "대한민국의 성차별 수준을 여실히 드러내는 불명예스러운 수치들을 직시하라.……국민께 사죄하라"고 윤석열을 비난했다.[36]

취지는 이해하면서도 이 비난에 접하는 순간 드는 의문은 이런 것이었다. 구조적 여성 차별 문제를 훤히 꿰뚫고 있는 건 물론이거니와 그걸 넘어서기 위한 페미니즘 운동의 선구자들이기도 했던 민주당 여성 의원들이 '박원순 사건' 때 '피해 호소인' 운운하면서 보여준 비겁한 추태는 어찌 이해해야 하는가? 구조의 문제를 전혀 인정하지 않는 사람이라도 그 사건에 분노해 단호히 피해자의 권익을 보호하고자 한다면, 이 사람이야말로 진정한 인권과 페미니즘의 편에 선 게 아닌가?

지금 나는 구조의 문제를 폄하하려는 게 아니다. 평소엔 늘 '구조 타령'을 하면서도 막상 문제가 터지면 인권보다 하위 개념인 정파성의 포로가 되는 페미니스트들에 대한 강한 반발의 근원을 직시하자는 말을 하려는 것이다. 그건 구조의 오남용을 경계하자는 말이기도 하다. 기존의 정파적 편 가르기도 따지고 보면 역사적 축적에 근거한 구조적 구분이 아닌가?

구조를 위해 개인을 외면하거나 희생시킬 수도 있다는 건 과거

페미니스트들이 투쟁의 대상으로 삼아온 '조직 보위론'의 아류가 아니고 무엇이랴. 나는 구조의 문제를 제기할 때에도 "중립 기어 박고 보자"는 자세는 의외로 유용할 수 있다고 생각한다. 기성세대는 구조적 편 가르기에 중독되어 있기 때문이다. 특히 자신들의 책임을 이대남에게 전가하면서도 그게 왜 문제인지를 전혀 이해하지 못한다.

'거시적 시각'과 '미시적 시각', '구조'와 '개인'은 혈투를 벌여야 할 관계가 아니다. 둘 사이의 균형과 조화는 얼마든지 가능하다. 이걸 인정할 때에 비로소 이대남과 페미니즘의 화해도 가능해질 것이다. 이대남과 페미니즘의 화해를 위한 첫걸음은 이대남의 분노를 이해하는 것에서부터 출발해야 한다. 그들의 분노를 '보수화', 심지어는 '극우화'로 보는 건 결코 해선 안 될 일이다.


## 성불평등 국제 통계의 문제

최근 세계 4대 회계법인인 딜로이트 글로벌이 72개국 기업 이사회의 젠더 다양성 등을 분석한 '우먼 인 더 보드룸' 보고서 내용이 언론에 보도되었다. 이 보고서에 따르면, 2021년 한국 기업 이사회에 등록된 여성 비율은 4.2퍼센트로 전 세계 평균(19.7퍼센트)에 크게 못 미치는 수준이다. 여성의 사회 참여가 종교적·문화적 이유로 제한되어 있는 중동 3개국을 제외하면 한국의 여성 이사 비율이 사실상 세계 꼴찌를 기록했다.[37]

이렇듯 한국 여성의 사회적 지위가 낮다는 국제 통계는 매년 몇 차례씩 보도된다. 우리가 이런 통계에 자극받아 어느 분야에서건 명실상부한 남녀평등을 위해 애쓴다면, 환영할 일이다. 그런데 이런 통계가 이대남의 정치적·사회적 성향과 파워에 대한 뜨거운 논란, 즉 '이대남 신드롬'을 부정적인 방향으로 부추기는 용도로 소비되고 있는 건 아닌지 살펴볼 필요가 있겠다.

우리는 국제 통계의 한계를 부동산 통계에서 이미 질리도록 보아왔다. 이런 일도 있었다. 2021년 8월 청와대 정책실장 이호승이 "OECD 평균 집값 상승률이 7.7%인데 한국은 5.4%에 불과하다"며 "문재인 정부는 국민 앞에 겸손한 권력과 공정 사회의 토대를 마련했다"고 주장해 사람들을 어리둥절하게 만들었다. 인터넷에는 "54%를 잘못 말한 것 아닌가"라는 글이 나돌 정도였다.[38]

알고 보니 한국 통계를 제공한 한국부동산원의 조사 방법부터가 엉터리였다. 표본 수가 민간·금융기관 통계보다 훨씬 적었고 그나마도 편향이 있어 시장 상황을 전혀 반영하지 못했다.[39] 어디 그뿐인가? 부동산 가격 폭등은 전체 인구의 절반 이상이 몰려 사는 수도권의 문제였기에 오히려 부동산 가격 하락을 걱정하는 지방 덕분에 물타기 된 전국 통계는 부동산 문제의 심각성을 은폐할 뿐이었다.

성불평등 국제 통계도 비슷한 문제를 안고 있다. 유엔개발계획 UNDP이 189개국을 대상으로 조사하는 성불평등 지수에선 한국은 2016년 이래로 10위권을 유지하고 있다. 그런데 국내 언론에 주로 소개되고 페미니스트들이 꼭 인용하는 통계는 세계경제포럼WEF의 성격차 지수다. 이 통계에선 한국은 늘 하위권에 갇혀 있다. 이 통계를 믿어도 될까? 그간 이 통계에 대해 말이 많았다는 걸 참고할 필요가 있겠다.

이미 16년 전인 2006년 『중앙일보』 기자 최지영은 한국이 115개국 중 92위를 차지한 것과 관련해 이 통계가 나라별 특성을 무시하고 '삶의 질'을 고려하지 않는다는 점을 지적했다. 여성의 사회 진출에 무게를 두고 평가하다 보니 일본(79위) 등 아시아 국가들은 대부분 하위권에 그쳤으며, 특히 한국 여성이 가정 내에서 가지고 있는 경제권과 주택 구입, 자녀 교육 등에 대한 발언권 등 한국적 특성을 무시한 조사라는 평가를 소개한 기사였다.[40]

박민영은 최근 출간한 『20대 남자, 그들이 몰려온다』에서 이 통계의 여러 문제점을 지적하면서 특히 문화적인 문제를 전혀 반영하지 않는 걸 비판했다. 그는 한국과 일본을 비롯한 동아시아 국가의 성평등 수준이 여성에 대한 종교적·문화적 차별을 노골적으로 하는 중동과 북아프리카 국가들보다 낮은 게 말이 되느냐며 '엉터리 통계'라고 일축한다.[41]

## 누가 '이대남 신드롬'을 만들었는가?

엉터리 통계일망정, 여성의 사회 진출, 특히 성별 임금 격차에서 한국이 매우 낮은 수준이라는 건 흔쾌히 인정할 필요가 있겠다. 성별 임금 격차는 경제협력개발기구OECD 통계에서도 한국이 늘 1위를 차지해왔다. 이는 한국의 여성 이사 비율이 사실상 세계 꼴찌를 기록했다는 통계와도 일맥상통한다. 여성가족부 통계에 따르면, 2021년 한국의 성별 임금 격차는 69.6퍼센트다. 그런데 박민영은 이대남 문제와 관련해 "성별 임금 격차 통계는 '허구'다. 정확히는 여성계와 정치권의 입맛에 맞게 가공된 통계다"고 주장한다.

이 주장의 핵심은 임금 격차는 나이에 따라 크게 다른데, 55세 이상은 45퍼센트, 30대 이상부터는 35퍼센트의 차이가 나지만, 20대는 5~8퍼센트의 차이에 불과하다는 것이다. 그는 "임금 격차의 가장 큰 수혜자인 50대 남성의 빚을, 이대남이 대신 갚는 모양새"인데다 산업, 직종, 업무 강도의 차이를 반영하지 않은 것임에도 전체의 성별 임금 격차 통계가 주로 이대남을 윽박지르는 용도로 활용되고 있다는 걸 문제 삼는다.[42]

사실 그간 이대남 관련 논쟁에서 빠지지 않고 등장했던 전체 성별 임금 격차의 책임은 이대남이 아닌 기성세대에 따져 물어야 할 것이었다. 그런데 문재인 정권은 사실상 그 책임을 '진보'를 빙

자해 이대남에게 떠넘기는 자세를 보였고, 이는 각종 정책에서도 일관되게 드러났다. 이 또한 문재인 정권의 속성이라 할 내로남불이었다.

성별 임금 격차의 요인인 여성의 출산과 육아로 인한 경력 단절 문제를 어떻게 해결할 것인가? 이른바 '캠코더(대선 캠프·코드·더불어민주당) 인사'를 통해 공공기관과 공기업의 요직을 장악한 문재인 정권 인사들은 우선 자신들의 분야에서부터 그 문제와 더불어 비정규직 문제를 해소할 수 있는 방안을 마련했어야 했다. 그러나 이들은 자신들의 이해관계가 걸려 있는 기득권은 사수하면서 이대남을 대상으로만 양보의 미덕을 역설하고 강요했으며, 그걸 가리켜 '진보적 개혁'이라고 외쳐댔다. 이런 식의 '진보적 개혁'은 전 분야에 걸쳐 이루어졌다.

이게 바로 '이대남 신드롬'을 만든 결정적 이유였다. 출범 당시 문재인 정권에 대한 이대남의 지지율은 90퍼센트에 육박했지만, 이후 계속 하락 추세를 보이면서 이제 20퍼센트대로 추락한 건 바로 그런 '책임 전가' 때문이었다. 기가 막힌 건 기성세대, 특히 진보 정치권과 지식인들이 보인 적반하장 태도였다. 이들은 이대남의 '보수성'을 비난하는 망언·실언을 양산해냈는데, 꼰대인 내가 봐도 어이가 없는 게 너무 많았다.

마찬가지로 어이가 없는 건 국민의힘 대표 이준석의 반反페미니즘 성향이다. 나는 2021년 9월에 출간한 『THE 인물과사상 2:

발칙한 이준석』에서 그의 문제점을 지적한 적이 있다. 워낙 중요
한 이야기이기에 그 내용을 압축해 다시 한번 소개하자면, 다음과
같다.

## 이준석의 문제 제기의 명암

나는 이준석의 '페미니즘 비판'에 동의하지 않지만, 동시에 이와
관련된 진보 진영의 거친 비판에도 동의하지 않는다. 모순인가?
그렇진 않다. 진보 진영의 일부 비판이 비판의 자세에서 선의 해
석의 여지를 조금도 인정하지 않은 채 '이념성'과 '정파성'에 너
무 경도되어 있다고 보기 때문이다.

이준석의 '페미니즘 비판'은 그간 진보 진영이 당위적 차원에
서 '페미니즘 옹호'를 해온 것의 한계를 보완할 수 있는 좋은 의
제를 제시한 것으로 볼 수 있는 점이 있다. 게다가 세월의 변화에
따라 2030세대는 전혀 다른 환경에서 성장해왔다는 특수성을 전
혀 인정하지 않은 채 기성세대의 경험만으로 천하통일을 해보고
자 했던 과욕에 대한 성찰의 기회도 제공한다. 즉, 비판이나 비난
이전에 차분하고 정중한 대화가 필요하다는 뜻이다.

이준석이 비판하는 '정치적 올바름'을 보자. 이는 '페미니즘 비
판'과 연결된 주제다. 나는 '정치적 올바름'의 지지자이지만, '정

치적 올바름'을 왜곡해 망칠 수도 있는 위험을 제공할 수 있는 쪽은 진보라고 생각한다. 과유불급過猶不及의 원리를 잘 지키지 않기 때문이다. '정치적 올바름'의 본고장인 미국에서 '정치적 올바름'에 대한 부정적 인식은 진보주의자들 사이에서도 매우 높아졌다. 2018년 예일대학 조사에선 심층 인터뷰를 한 3,000명 중에서 80퍼센트가 "정치적 올바름이 문제"라는 부정적인 답변을 한 것으로 나타났다.[43]

즉, 당위적으로 옳다고 해서 무조건 지지하는 동시에 이의 제기를 도덕적으로 비난하는 것만이 능사는 아니라는 이야기다. 아무리 정치적으로 올바른 발언을 한다고 해도 위선과 독선을 범하는 것은 듣는 사람들에게 불편한 동시에 거부감을 불러일으킨다.[44] 이에 대한 문제 제기조차 보수의 논리라며 비판하는 건 '진보의 완장화'에 지나지 않는다는 게 나의 생각이다.

그런데 이준석은 나가도 너무 나갔다. 그는 국민의힘이 압승을 거둔 2021년 4·7 재보궐선거 결과를 두고 "대선에서도 젠더 이슈를 선점하는 후보가 선택받을 것"이라고 전망했는데,[45] 엄청난 착각이었다. 젠더 갈등을 해소하는 방향으로 젠더 이슈를 선점한다면 긍정적으로 볼 수 있겠지만, 그가 말한 건 오히려 갈등을 키우는 전략이었기 때문이다. 젊은 남성들을 끌어들여 큰 재미를 본 자신의 성공 경험에 매몰된 '터널 비전tunnel vision'의 극치였다.[46]

나는 그간 이준석의 활동을 지켜보면서 향후 이준석의 최대 과제는 '싸가지 차별화'라는 생각을 하지 않을 수 없었다. 돌직구로 해야 할 말이 있고, 좀더 정교하게 해야 할 말이 있다는 걸 인정하고 실천해야 한다는 것이다. 그간 양 젠더 진영의 경직된 자세로 불필요한 갈등이 고조된 현실에 주목해 화해와 통합으로 나아갈 수 있는 해법을 모색하고 주창해도 모자랄 판에 '페미니즘의 적'이 되기를 자처하는 그런 어리석은 일을 왜 해야 한단 말인가?

## 2030 여성 지지를 가장 많이 얻은 보수 후보 ————

이와 같은 내용이었다. 내가 지적했던 문제들이 대선 기간 중에도 똑같이 나타났는데, 이준석은 누구 못지않게 못 말리는 고집불통이 아닌가 싶다. 그럼에도 사실 관계는 분명히 해두는 게 좋을 것 같다. 비판자들은 이준석이 대선 전략으로 '성별 갈라치기'를 하거나 '여성 혐오'를 부추겼다고 주장했는데, 나는 이 주장엔 그다지 동의하지 않는다. 왜 그런지 차분하게 말씀드려 보겠다.

이준석은 선거 이틀 전 CBS라디오 〈한판승부〉에 출연해 "여성은 실제 투표 의향이 떨어진다. 온라인에서만 조직적이다"라고 말한 것으로 널리 알려졌다. 이준석의 '성별 갈라치기'의 '증거'로 가장 많이 거론된 것이다. 이 발언이 젊은 여성들을 자극해 "윤석열 찍으면 이준석이 이긴다"는 말들이 나돌면서 이재명에게 압도적 지지를 보내는 결과를 초래했다는 시각도 있지만,[47] 문제의 발언은 맥락이 제거된 채 유포된 것으로 전체를 읽어보면 문제될 게 없다. 원문을 그대로 소개하자면 다음과 같다.

"(진중권) 그래서 일반적으로 지금 분위기가 뭐냐 하면 2030 여성들이 그동안에 심상정에 붙어 있다가 사실은 또 이재명 후보로 좀 올라타는 갈아타는 이런 모습들은 분명히 확인되거든요. (이준석) 그런데 제가 봤을 때는 항상 어떤 안티 성향의 투표 성향 같은 경우에는 생각보다 강하게 드러나지 않습니다. 그렇기 때문에 아마 지금 각종 조사에서 여성의 투표 의향이 남성보다 떨어지는 것으로 나오고 있는데 저는 그런 조직적인 움직임이라는 것이 온라인에서는 보일 수 있겠으나 실제 투표 성향으로 나타나기는 어렵다고 봅니다."

이준석 때문에 젊은 여성의 표가 이재명에게 몰렸다는 주장도 검증이 필요하다. 10년 전인 제18대 대선 출구조사 땐 20대 여성의 69퍼센트, 30대 여성의 65.1퍼센트가 문재인을 택했고, 박근혜는 각각 30.6퍼센트, 34.7퍼센트의 지지를 받았다. 제19대 대선 직전 한국갤럽의 조사에선 20대 여성의 56퍼센트, 30대 여성의 59퍼센트가 문재인에게 표를 줄 것으로 예상된 반면 홍준표는 각각 8퍼센트, 안철수는 11퍼센트와 16퍼센트의 지지가 예상되었다. 최근 10년간 치러진 세 차례 대선을 보았을 때 2030 여성층에선 민주당 후보 지지세가 원래 강했다는 이야기다.[48]

이번 제20대 대선은 어떤가? 지상파 3사 출구조사에서 20대 여성의 58퍼센트, 30대 여성의 49.7퍼센트가 이재명을 택했고, 윤석열은 각각 33.8퍼센트와 43.8퍼센트의 지지를 받았다. 이재명은 역대 민주당 후보 중 예상 득표율이 가장 낮았던 반면 윤석열은 보수 정당 후보 중 2030 여성 지지를 가장 많이 얻은 것이다. 그럼에도 "2030 여심이 윤석열·이준석의 '갈라치기'에 통쾌한 어퍼컷을 먹였다"는 식의 기사가 난무했고, 이는 이준석의 책임으로 돌려졌다.[49] 20대 남성은 이재명 36.3퍼센트, 윤석열 58.7퍼센트, 30대 남성은 이재명 42.6퍼센트, 윤석열 52.8퍼센트라는 상반되는 남녀 득표율 차이 때문에 생긴 착시 효과도 적잖이 작용한 것 같다.

그렇다면 문제가 되는 건 무엇인가? 이준석의 예측 또는 희망 사항이 실현되지 않았다는 건 논외로 하자. 중요한 건 이준석이 '성별 갈라치기'를 하거나 '여성 혐오'를 부추기는 발언을 한 적이 없다는 사실이 아니다. 이미지다. 선거 경험이 많은 이준석이 선거판에선 원래 그런 이미지를 만들 정도의 왜곡과 과장이 저질 러지기 마련이라는 걸 몰랐단 말인가? 그는 이미지의 문제를 중요하게 생각해야 한다는 원칙을 어긴 것이다.

민주당의 대선 전략은 이준석의 그런 이미지를 윤석열과 국민의힘의 이미지로 확대시키는 데에 초점이 맞춰져 있었으며, 그리고 이젠 지방선거를 앞두고 '윤석열 국힘당=여성 혐오'라는 이미지를 만들어내는 방향으로 나아가고 있었다. 대선 후 "윤석열 집권 기간 동안 아이를 낳지 않겠다"거나 "윤석열 찍은 사람들은 이제 성폭행 당해도……" 운운하는 황당한 이야기들이 온라인을 타고 급속도로 번지고 있다는 건 무엇을 의미하는가?[50]

## '성질 부리기' 자제 못하면 미래는 없다 —————

나는 이준석이 페미니즘에 반감을 갖고 있던 젊은 남성으로서 자신의 성질을 부리고 있다는 느낌을 받을 때가 많다. 속된 말로 너무 싸가지 없게 말한다는 것이다. 이 말을 하는 순간 내 귀가 간지럽다. 꼰대 같은 소리 한다며 반발할 독자들이 있을 것 같아서 말이다. 그런 노파심에서 앞서 말한 '싸가지 차별화'를 좀더 자세히 설명드리는 게 좋을 것 같다.

나는 이준석이 싸가지 없게 말하는 걸 좋아하는 사람이다. 민주당 정치인들 중 일부 독설가들은 그저 싸가지 없게만 말할 뿐 콘텐츠가 부실하다. 그런데 이준석은 자주 정곡을 제대로 찔러서 독하게 말하니 어찌 감탄하지 않을 수 있으랴. 특히 그가 대선 기간 중 호남 표를 얻기 위해 벌인 일련의 행보와 그 과정에서 나온 발언들은 '지역주의 투표 성향을 깨는, 역사에 길이 남을 일'이었다는 평가를 받을 만했다. 보통 내공이 아니라는 생각을 자주 한다.

내가 지적하는 건 그런 유형의 싸가지 없음이 아니다. 이준석은 잘 나가다가도 페미니즘 관련 문제만 나오면 콘텐츠가 영 부실해진다. 안철수 관련 문제에서도 똑같은 모습이 나타난다. 자기 싫은 건 한사코 거부하면서 떼를 쓰는 어린아이의 모습을 보는 것 같다. 이게 바로 이준석 특유의 '성질 부리기'란 뜻이다. 모처럼 동심으로 돌아가보고 싶은 욕망은 이해하지만, 이런 식으로 엉뚱한 타깃을 잡아 성질을 부리면 그의 정치적 미래는 없을 가능성이 높다.

남녀 화해의 비전을 제시하면서 기존 페미니즘의 문제를 지적한다면 아무리 싸가지 없게 말해도 무방하다. 정치인으로 더 크고 싶은 생각이 없는 건가? 왜 아무런 비전도 없이 페미니스트가 아닌 여성들까지 적敵으로 만들 수 있는 말이나 이미지를 만들어내느냐는 게 내 지적의 요점이다. 자신이 바꾸길 원하는 정책을 말하는 동시에 자신도 동의할 수 있는 수준의 페미니즘 가치를 역설하면 좋을텐데, 그렇게 하지 않는다. '성질 부리기'와 이대남에게 화끈한 메시지를 전하고 싶은 욕구에 사로잡혔기 때문일 게다.

이대남은 똑같은 생각을 가진 동일체가 아니다. 이대남 안에도 강성파가 있고 온건파가 있다. 강성파의 목소리가 훨씬 크긴 하지만, 수적 우세는 온건파가 점하고 있다. 강성파의 강한 목소리에 휘둘려 망가진 게 문제인 정권인데, 이를 반면교사로 삼아야 한다.

이제 이 글의 마무리를 짓도록 하자. '이대남 신드롬'에 관한 논의는 감정이 뒤섞이면서 증폭된 형태로 나타나는 '증상'보다는 그렇게까지 악화된 사태의 원인 규명에서부터 출발해야 한다. 상대방의 주장을 경청하면서 일단 선의 해석을 하는 과정을 거침으로써 상호 오해와 과장을 걷어내는 일이 필요하다. 이준석이 했어야 할 일은 바로 이것이었건만, 그는 '성질 부리기'와 '이대남 포섭'에 매몰되고 말았다. 이대남 선거 전략에 관한 한 윤석열은 이준석을 멘토로 모심으로써 이준석이 져야 할 이미지 책임까지 덮어쓰고 말았지만, 이제부터는 이대남과 페미니즘의 화해를 위해 노력하는 방향으로 전환해야 한다.

페미니즘에 대해 입으로만 화려하게 떠들 뿐 일상적 삶에선 가부장 독재의 화신처럼 구는 이른바 '남성 페미니스트'가 좀 많은가? 반면 윤석열은 결혼 조건으로 밥 하는 건 자신이 책임지겠다고 했고 그걸 실천함으로써 새로운 유형의 일상적 페미니즘을 보여준 바 있다. 이건 결코 사소한 게 아니다. 이대남과 페미니즘의 화해를 위해 나설 자격이 있으며, 그렇게 해야만 한다는 뜻이다. 페미니즘의 실천과 확산을 위해 그렇게 유도해나갈 수 있음에도 윤석열을 이준석과 한쌍으로 묶어 무슨 갈라치기의 원흉이나 되는 것처럼 공격하고 말도 안 되는 공포 담론을 퍼뜨려서 좋을 게 뭐가 있단 말인가? 지금으로선 꿈같은 이야기일망정 이대남과 페미니즘의 화해를 꼭 보고 싶다.

# 왜 정치인은
# 무속인을 좋아할까?

"우리나라 정치인하고 높은 관료들이 무속인 엄청 좋아해요.……
정치인은 말도 마세요. 이렇게 앉아서 밥 먹고 얘기하다가 누가
뭐 어디 용한 사람 있다 그러면 대번에 수첩 꺼내서 전화번호 물
어본다고요.……제가 그거를 봤으니까, 제가 여러 번……거의 예
외 없이 그렇더라고요."[51]

보수계 원로인 전 환경부 장관 윤여준이 2022년 1월 19일
KBS라디오 〈최경영의 최강시사〉에 출연해 한 말이다. 꽤 알려진
속설이긴 하지만, 그의 권위에 힘입어 이젠 '정설'로 승격시켜도
좋을 듯하다. 그런데 도대체 왜 그럴까? 누구 못지않게 다 배울 만
큼 배웠고 사회의 엘리트 계급에 속하는 사람들인데 말이다.

점술을 어리석은 미신으로 간주하는 사람이 많지만, 이에 동의

하지 않는 사람들도 있다. 미신의 문제와 관련해 덴마크 물리학자 닐스 보어의 에피소드가 자주 거론된다. 그는 자신의 집 현관문 위에 말편자(말의 발굽 바닥에 붙인 U자형 쇠붙이)를 매달아놓았다. 왜 그렇게 했느냐고 친구가 묻자, 보어는 이런 답을 내놓았다. "말의 편자를 매달아놓으면 행운이 온다고 하는데, 뭐 딱히 그런 말을 믿는 건 아니야. 그런데 그런 말을 믿지 않는 사람에게도 어쨌든 행운이 온다고 하더라고."[52]

"심지어 노벨물리학상을 수상한 물리학자도 이런 미신을 숭배하다니!" 이렇게 개탄할 사람도 있겠지만, '놀이하는 인간'의 재미로 보는 시각도 있다.[53] 이른바 '플라시보 효과'를 말해주는 에피소드로 거론되기도 한다.[54]

그런가 하면 아예 "미신의 힘을 가볍게 봐서는 안 된다"고 주장하는 사람들도 있다. 『블랙스완』의 저자인 나심 니콜라스 탈레브는 과학의 한계를 거론하면서 "어떤 미신이 그 믿음을 따르는 사람들에게 이익을 가져다주거나 도움이 된다면, 그리고 주위 사람들에게 아무런 해도 끼치지 않는다면, 미신을 비판하는 것은 불합리하다"고 주장한다.[55]

종교와 미신의 차이가 뭐냐고 항변하는 사람들도 있다. 프랑스 사상가 볼테르는 "교회는 늘 마법을 단죄하면서도 한편으론 그것의 존재를 믿었으며, 마법은 동방에서 발생해 기독교 안에 안치되었다"고 했다.[56] 카피라이터 정철은 미신을 이렇게 정의한다. "인디 종교. 힘 있는 신자가 없어 아직은 종교 대접을 받지 못하는 억울한 종교."[57]

나는 앞서 엘리트가 무속인을 좋아하는 건 이상하지 않느냐는 질문을 던졌지만, 질문이 잘못되었다. '엘리트임에도'가 아니라 '엘리트이기 때문에' 무속인을 좋아한다고 보는 게 옳다는 것이다. 미국의 리더십 전문가 마셜 골드스미스의 다음 증언을 참고할 필요가 있겠다. "조직의 계급 사다리를 올라가면 올라갈수록 미신적 사고가 더 강해지는 것을 볼 수 있다."[58] 즉, 통제력의 문제라는 것이다. 어느 조직에서건 높이 올라갈수록 권한이 강해지지만, 동시에 통제력은 약해진다. 겉보기엔 통제력도 강해질 것 같지만, 책임을 져야 할 범위가 넓어질수록 불확실성이 강해지면서 통제력 행사엔 명백한 한계가 드러나기 마련이다.

정치인은 '승자 독식의 도박'과 비슷한 선거에서 공천과 당선의 불확실성과 혈투를 벌여야만 한다. 대권이나 대권에 근접하는 지위를 열망하는 정치인들은 운運의 영향을 더 많이 받는다. 자신이 통제할 수 없는 전반적인 정세와 민심의 영향을 크게 받는 처지에서 '과학'이나 '합리성'으로 돌파할 수 없는 영역이 자꾸 생겨나기 때문이다. 그런 상황에서 용한 점쟁이나 도사의 해설을 듣고 싶은 욕망을 어찌 자제할 수 있으랴.

이재명 부부와 윤석열 부부를 다 만나 관상 조언을 해주었다는 관상·풍수 전문가 백재권은 "대통령이 되고자 하는 당사자가 관상이나 풍수를 안 본다는 건 현실적으로 불가능에 가깝다"고 했다. 그는 "역대 대통령 중 관상이나 풍수, 사주 등 역술을 참고 안한 사람은 거의 없을 것"이라며 "여야를 막론한 역대 대선 후보와 기업가 대부분이 관상이나 풍수에 관한 조언을 참고했다. 대통령 거의 모두가 그랬다. 그걸 이상하다고 볼 수 없다"고 주장했다.[59]

'무속 논란'의 한복판에 섰던 윤석열에겐 자신의 삶 자체가 우연과 운의 요소가 워낙 강했기에 무속에 대한 친화성이 있었는지 모르겠다. 거기에 더해 도사들과의 대화를 즐겨 한다는 부인 김건희의 영향을 크게 받았을지도 모르겠다. 진실이 무엇이건, 다른 정치인들이 무속인을 엄청 좋아한다고 해서 그게 그의 면책 사유는 되지 못한다.

미국 사회학자 윌리엄 섬너는 "미신의 전체 양은 크게 변하지 않았다. 그러나 오늘날의 미신은 종교가 아니라 정치와 결합하고 있다"고 했다.[60] 이른바 '이데올로기 미신'을 지적한 것이다. 그런 미신과의 투쟁을 선포한 윤석열로선 자기 주변의 미신과도 완전히 결별해야 한다. '과학기술 입국'을 내세운 처지에서 과학의 한계를 거론할 수는 없잖은가? 재미 삼아 또는 '플라시보 효과'를 위한 미신 실천은 나중에 대통령 임기를 끝내고 공적 영역에서 은퇴한 후에 해도 늦지 않을 것이다.

## 제2장

# 제20대
# 대통령 선거의
# 상처

# '역대급 비호감 대선'의
# 비밀

"선거전을 일부러 개판으로 만들면 아예 유권자가 투표할 의욕을 잃도록 유도할 수 있다는 삐딱한 깨달음을 얻었다."[1] '네거티브 선거의 달인'으로 불린 미국의 민주당 전략가 패트릭 캐델의 말이다. 아닌 게 아니라 투표율이 낮을수록 유리한 정당이 써먹을 법한 전략이겠지만, '역대급 비호감 대선'으로 불린 2022년 한국 대선 판에 곧장 적용하긴 어려울 것이다.

그럼에도 모든 언론이 앞다투어 외친 '역대급 비호감 대선'이 정말 그런 것인지, 그렇다면 그 이유는 무엇인지 살펴볼 필요는 있겠다. 우선 '역대급 비호감 대선'이라는 평가에 대한 반론부터 들어보자. 『서울신문』 정치부장 김상연은 이미 2021년 12월 「역대급 비호감 대선은 아니다」는 칼럼에서 "이번 대선을 두고 사상 최악의 비호감 대선이라고들 말하는 데 동의할 수 없다"며 다음과 같이 말했다.

"지금 국민들 눈에 후보들의 비호감 부분이 들어차는 것은 과거보다 사회가 투명해졌고 인터넷 등 테크놀로지의 발달로 약점을 숨기기 힘들어졌으며 '민주', '독재' 같은 거대 담론이 사라져 사생활 문제가 상대적으로 커 보이기 때문이다.……문제는 과거 대선 후보의 수준과 순위를 매기듯 하며 '역대 최악의 비호감 대선'이라고 프레임을 씌우는 것이다.……지금 유권자들이 할 일은 '비호감' 레퍼토리가 미만彌滿한 저주의 바다에서 '호감'의 등대를 바라보는 것이다."[2]

전적으로 동의할 수는 없다고 하더라도 '역대급 비호감 대선'이라는 평가가 다소 부풀려진 것이라는 데엔 흔쾌히 동의할 수 있을 게다. '호감'의 등대를 바라보자는 제안도 값지다. 그가 지적한 테크놀로지의 문제는 탁견이다. 우선 당장 지적할 수 있는 문제는 테크놀로지가 비용을 크게 낮춰준 덕분에 폭증한 여론조사다.

2022년 1월 1일부터 2월 28일까지 두 달간 중앙선거여론조사심의위원회에 등록된 제20대 대통령 선거 관련 여론조사는 283건으로 2017년 대선에 비해 109건이나 증가한 것으로 집계되었다.[3] 하루에도 여러 건의 여론조사 결과가 나오다 보니, 수십여 곳에 이르는 여론조사 업체로선 설문 항목의 다양화를 시도하게 되고, 이게 정치 혐오를 부추기는 '의도하지 않은 결과'를 초래하고 말았다.

김상연이 잘 지적했듯이, 후보들의 호감도를 묻는 질문은 최근의 것이다. 역대 선거에서 호감을 갖고 표를 던진 유권자가 얼마나 있었을까? 과거나 지금이나 싫어하는 후보를 떨어트리기 위해 덜 싫은 후보에게 표를 던지겠다는 유권자가 더 많지 않을까? 이런 유권자들과 더불어 특정 후보에게 호감을 갖고 있는 유권자들에게 자신이 원치 않는 후보들은 다 비호감의 대상일 가능성이 매우 높다.

그간 나온 호감도 여론조사 결과를 거대 양당의 후보들만 보지 말고 다른 후보들까지 자세히 들여다보시라. 우스꽝스러운 결과가 많았다. 심상정·안철수·김동연의 비호감도가 이재명·윤석열의 비호감도보다 높게 나온 게 적지 않았다. 응답자들은 호감도 질문을 지지 여부로 환원해서 답하는 경향이 있다는 게 분명함에도 그런 결과를 두고서 '역대급 비호감 대선'이라고 하는 게 좀 민망하지 않겠느냐는 것이다.

그리고 문재인이 주도한 역대급 '팬덤 정치'도 고려해야 한다. 『한겨레』 책지성 팀장 김진철이 이 점을 잘 지적했다. 그는 "역대 최고의 정치 팬덤 현상의 일차적 귀결이 역대 최악의 비호감 대선이 아닌가 싶다"며 다음과 같이 말한다.

"맹렬한 추종의 감정이 반대 방향을 향할 때 강력한 비호감으로 확대 재생산된다. 팬덤이 그렇듯, 비호감 역시 물음과 판단 없이 전개된다. 팬덤의 열광적 지지 이면에는 반대를 위한 선택이 남을 뿐이다. 필요한 것, 바라는 것을 생각하지 않고 비호감의 대상을 감정적으로 골라 배제하는 모양새다. 저쪽이 싫어서 하는 투표에는 저쪽만 아니면 된다는 기준만 적용된다. '너'만 아니면 되는 것이다."[4]

팬덤 정치의 폐해는 소셜미디어와 유튜브로 인해 증폭되었다. 선거 국면에선 이용률이 더 높아지는 디지털 미디어의 세계는 '네거티브 천국'이라고 해도 좋을 정도로 상대편에 대한 비난과 음모론이 흘러넘쳤으며, 기성 언론은 이들의 영향에서 자유로울 수 없었다.[5]

여기에 자신의 존재감을 드러내려는 정치인과 유명 인사들이 소셜미디어를 통해 상대편에 대해 온갖 비난 퍼붓기 경쟁을 벌이지 않았던가? 비난이 심할수록 기성 언론이 기사로 다룰 가능성이 높아진다는 걸 잘 아는 이들은 매일, 아니 하루에도 여러 건 심지어는 수십 건의 비난과 욕설을 배설하는 데에 목숨을 건 것처럼 보일 정도였다.

그런 네거티브의 소재가 무엇이냐에 따라 긍정적으로 볼 수 있는 점도 없진 않겠지만, 유감스럽게도 대부분 '증오·혐오 마케팅'에 치중했기에 그런 기대를 걸기도 어려웠다. 기성 언론은 그런 네거티브 공세를 일용할 양식으로만 소비할 뿐 적절한 여과나 견제 기능을 포기했다. 그래 놓고선 '역대급 비호감 대선'이라고

외친 게 온당했는지는 의문이다.[6]

아니 그게 온당했다고 하더라도 그런 '역대급 비호감 대선'이 일어나게끔 만든 장본인은 바로 유권자들이기도 하다는 걸 수시로 환기시켰더라면 더 좋았을 것이다. 이제 대선이 끝난 이상 나라의 장래를 위해서라도 대통령 당선인은 물론 낙선자들에게서 호감의 가능성을 찾는 게 필요하지 않을까? 양 진영 모두 구사한 상대편에 대한 '악마화' 전략의 메시지를 열정이 가라앉은 후에 냉정하게 다시 읽어보시라. 저질 블랙코미디에 가까웠다는 걸 인정할 사람이 많을 게다.

# 정치를 '이권 투쟁'으로 만드는 '캠프 정치'

## 진중권과 이수정의 '구직 활동'?

2021년 11월 실소失笑를 자아내게 만든 세 개의 작은 사건이 있었다. 모두 민주당이 만들어낸 사건이다. 11월 16일 민주당 선거대책위원회 대변인 전용기는 민주당이 진중권을 '보수 논객'이라고 부른 것에 대한 논란과 관련, "지금이 아버지를 아버지라 부르지 못하는 홍길동 시대도 아니고 '보수 논객'을 왜 '보수 논객'이라고 부르지 못하는지 모르겠다"라며 "국민의힘에 열심히 구직 활동을 하는 모양새인데 국민의힘만 모르는 진 전 교수의 진심을 이제는 받아달라"고 말했다.[7]

다음 날엔 민주당 선거대책위원회의 또 다른 대변인 현근택이 나섰다. 그는 진중권이 1년 전 이해찬의 자서전 만화 출판을 비판한 걸 소환하면서 진중권의 김종인 전기 만화 출판기념회 참석을 겨냥해 "김종인 위인전은 어떤가? 이것은 해괴하지 않은가?"라고 했다. 이어 "직접 출판기념회까지 가셨으니 한마디 하는 게 어떤가? 파리떼, 하이에나 몰아내면 한자리 줄 것 같아서 못하겠는가?"라며 "그래봐야 자리 사냥꾼들 틈에서 살아날 수 있을 것이라 생각하시나?"라고 했다.[8]

그러나 이들의 비판은 '되로 주고 말로 받는' 격이 되고 말았다. 진중권은 11월 18일 "노무현이 불러도 안 간 사람인데……"라며 "그건 그렇고 몇 달 전에 이재명이 내게 문자를 보내온 적은 있지. 내가 그냥 씹어버렸지만. 이재명 캠프의 문제는 정치를 '구직 활동'으로만 이해하는 자들로 구성됐다는 것"이라고 했다. 이어 "너희들이 너저분하게 산다고 나까지도 그렇게 산다고 생각하지 마. 불쾌하니까"라고 했다.[9]

아무리 유명 논객이라고 하더라도 유력 대선 후보가 손수 보내주신 문자를 받고 그걸 씹을 수 있는 사람이 얼마나 될까? 구직활동을 하는 자리 사냥꾼이 그럴 수 있겠는가? 진중권이 어떤 유형의 사람인지 아직도 그걸 모르는가?

그런데 그게 끝이 아니었다. 약 열흘 후인 11월 29일 현근택의 '자리 타령'은 국민의힘 공동선거대책위원장으로 영입된 경기대학교 범죄심리학과 교수 이수정을 겨냥했다. 그는 이수정이

"민주당 이재명 후보와 관련된 교제 살인 사건에 대한 보도가 제가 결심하는 데 영향을 줬다"고 말한 걸 문제 삼으면서 "솔직하게 '정치에 관심이 많다. 국회의원 한 번 하고 싶다'고 하면 안 되나"라고 했다.[10]

이에 이수정은 "나는 지금 직업이 있는 사람이다. 다음 학기에 학교 강의도 정해져 있는 상태"라며 "국회의원을 할 생각이 없다"고 했다.[11] 그렇게 착실하게 답할 필요가 있었을까? "저질"이라는 진중권의 한마디로 족하지 않았을까 싶다.[12]


## 왜 김문수는 '캠프 민주주의 타파'를 외쳤는가? ─────

정치 언어가 너무 거칠다고 우려하는 이가 많지만, 나는 거친 것 자체에 대해선 불만이 없다. 알맹이가 있느냐 없느냐 하는 콘텐츠를 중시한다. 여야를 가리지 않고 가끔 문자 그대로 촌철살인寸鐵殺人을 날리는 정치인이나 논객의 말을 사랑한다. 아무리 거칠다 해도 촌철살인이라면 용서가 된다. 하지만 거칠건 부드럽건 상대방을 비방하기 위한 목적으로 설득력이 전혀 없는 말을 하는 걸 들으면 짜증이 난다.

누군가의 정치적 언행을 무조건 '한자리 차지해보려는 탐욕'으로 폄하하는 건 익명의 댓글 공간에 철철 흘러넘친다. 공당의 대변인이라는 막중한 역할을 맡은 분들의 언어가 그런 악플 수준에 머무른다는 건 딱한 일이다. 아니, 그게 아닐 수도 있겠다. 전용기와 현근택은 진심으로, 진정성을 갖고 한 말일 수도 있다. 그들은 정말 정치 참여를 '구직 활동'으로만 이해하거나 "내가 그러면 남도 그럴 것"이라고 생각할 수도 있다.

나는 그런 생각을 '캠프 마인드'라고 부르련다. 아니, 자신이 믿지 않는 내용의 말을 하는 것 역시 '캠프 마인드'다. 캠프는 공익을 추구하는 조직이라기보다는 당면한 선거에서 이기는 걸 지상 과제로 삼는 조직인바, 그곳에 들어가면 '닥치고 승리' 이외의 다른 사고 능력이 사라지거나 유예될 가능성이 매우 높아지기 때문이다.

'캠프 마인드'는 민주당에만 있는 게 아니다. 민주당이 때마침 너무도 적절한 사례를 보여주었길래 소개한 것일 뿐, 국민의힘에도 있다는 건 두말할 나위가 없다. '캠프 마인드'를 낳는 '캠프 정치'는 제법 오랜 역사를 자랑하는 것으로, 이미 많은 문제 제기와 비판이 있었다.

김종인은 최근 출간한 『왜 대통령은 실패하는가』에서 '캠프'는 김영삼이 대통령 선거운동을 할 때 처음으로 생겼으며, 이후부터 유행이 되었다고 밝히면서 이런 정의를 내렸다. "캠프라는 곳은 이른바 폴리페서, 자리 사냥꾼, 정치밖에 할 줄 아는 것이 없는 사람들이 모여 앉아 여기저기 전화하면서 그것을 선거운동이라고

착각하는, 그리하여 정권이 바뀌면 한자리 꿰차려는 욕망에 들뜬 사람들의 임시 정류장과 같은 곳이다."¹³

　좀 지나치다 싶을 정도로 박한 평가이지만, 사실 '캠프 정치'에 대해 좋게 말하는 사람은 거의 없다. 2011년 6월 경기도지사 김문수는 한 정치 개혁 관련 세미나에서 '캠프 민주주의 타파'를 주장했다. 캠프 정치가 정당을 분열시키고 국정 운영을 망가뜨린다는 이유에서였다. 그가 말한 캠프 민주주의란 "대선에서 정당 대신 후보의 캠프 중심으로 선거운동이 벌어지고 대선 후 당선자의 캠프가 소속당과 국정을 좌지우지하려는 현상"인데, 2007년 제17대 대선 때 이명박 후보 캠프 활동과 집권 이후 실태를 토대로 한 주장이었던지라 많은 공감을 얻었다.

　『한국일보』 논설실장 이계성은 「캠프 정치」(2017년 2월 27일)라는 칼럼에서 김문수의 이 주장을 거론하면서 2012년 제18대 대선 과정과 이후 국정 운영에서 '캠프 정치'는 더 강화된 형태로 되풀이되었다고 개탄했다. 새누리당(현재 국민의힘)이라는 공조직보다는 박근혜 캠프 중심으로 대선이 치러졌고, 집권 후 국정 운영의 주도권은 캠프를 주도한 '친박'들에게 돌아갔으며, 친박 패권주의 논란 속에 친박·비박 갈등으로 지고 새다 국정 농단 정국으로 이어졌다는 것이다.

## '캠프 정치'의 3가지 문제점

국정 농단 정국의 수혜자인 민주당 정치인들은 캠프 정치의 폐해에 대한 교훈을 얻었을까? 놀랍게도 달라진 건 아무것도 없었다. 아니 어쩌면 당연한 일이었는지도 모른다. 캠프 정치는 그 어떤 폐해에도 선거에서 이기는 데엔 큰 역할을 해주는 것이기 때문이다. 캠프 정치의 핵심은 '세勢 싸움'에서 우위를 점하는 것이다. 자기 캠프로 더 많은, 더 나은 실력이나 '스토리'를 가진 인사들을 끌어들여야 한다. 그게 유권자들의 표심에 큰 영향을 미친다고 보기 때문이다. 그래서 선거 시즌만 되었다 하면 '인재 영입 쇼'가 벌어진다. 문제는 집권 이후다. 캠프 정치의 주요 문제점을 3가지만 지적해보기로 하자.

첫째, 캠프 정치는 국정에 대한 장기적 비전을 무가치한 것으로 만들어버린다. 캠프의 주요 인물들은 집권 후 요직을 차지하거나 실세로 군림하는데, 이들은 대부분 선거 기술자들이다. 이들은 국정 운영을 선거의 연장으로 이해해 여론조사 결과에 집착하거나 정권 재창출만을 꿈꾸는 이른바 '영원한 캠페인permanent campaign' 체제를 구축한다. 이런 체제하에선 '내일'은 없다. 국가의 장래는 주요 고려 사항이 아니다.

둘째, 캠프 정치는 그 누구도 책임을 지지 않는 '무책임의 정치'를 불러온다. 캠프의 인적 구성 자체가 공식적인 조직의 경로를 우회해 후보 개인과 주변 참모의 사적인 네트워크에 의해 이루어지기 때문이다. 이런 인적 네트워크에서 가장 중요한 덕목은 후보와 실세에 대한 충성심이다. 이게 공적 책임과 배치될 때엔 충성심을 따르며, 충성심의 강도에 따른 패거리 만들기를 통해 파벌 정치를 심화시킨다는 건 그간 축적된 수많은 사례가 입증한다. 이런 상황에서 정당은 특정한 가치를 추구하는 '가치 집단'이라기보다는 권력의 향방에 따라 줄을 서는 '이익 집단'으로 전락한다.

셋째, 캠프 정치는 집권 후 논공행상에 따라 자리를 배분하는 과정에서 '전리품 정치'를 정치의 기본 모델이 되게 만든다. 논공행상에 따른 자리 배분은 정당한 면이 있긴 하지만, 문제는 그 기준이다. 공적 책임과 도덕·윤리는 설 땅이 없다. 법망에 걸리지 않는 선에서 수단과 방법을 가리지 않고 승리에 기여하면서 후보에 대한 충성심을 과시하는 것이 중요해진다. 이런 풍토에선 정치를 '이권 투쟁'으로 이해하는 사람들이 비교우위를 갖게 된다.


## '캠프 정치'는 '전리품 정치'다


나는 캠프 정치의 이런 3가지 폐해 가운데 '전리품 정치'에 관심이 많다. 정치 지망생들마저 오염시킬 뿐만 아니라 정치 불신과 혐오의 주요 원인이라고 보기 때문이다. 민주주의 체제하에서 궁정적 개념으로 대접받아야 할 '정치 참여'가 전리품에 눈독을 들이는 '이권 투쟁'으로 여겨진다고 생각해보라. 이 얼마나 끔찍한 일인가?

2021년 5월 민주당 의원 이광재가 대선 출마를 공식 선언하면서 "캠프 정치, 전리품 정치의 시대를 끝내겠다"고 했을 때,[14] 나는 마음속으로 박수를 보냈다. 물론 화려한 캠프를 만들 수 없는 처지에서 나온 말일 수도 있겠지만, '캠프 정치'가 곧 '전리품 정치'를 의미한다는 걸 강조했다는 점에서 신선하게 여겨졌기 때문이다.

전리품 배분이 합리적으로, 무난하게 이루어지는 것도 아니다. 캠프의 핵심 인사들은 비교적 덜하겠지만, 중간급 이하 참여자들은 자신이 원하는 전리품 배분을 받기 위해선 험난한 투쟁 과정을 거쳐야 한다. 경남대학교 교수 이병철은 『경향신문』(2021년 11월 23일) 칼럼에서 "선거가 끝나면 승리한 캠프에서는 완장을 찼던 교수, 전직 관료, 박사급 연구원들이 논공행상을 두고 이전투구를 벌이게 되어 있다"며 다음과 같이 말한다.

"자리를 놓고서는 명예도, 자존심도 내팽개치기 일쑤다. 권력의 풍향계에 예민하게 촉수를 뻗으면서 후보자의 심기에만 의탁하는 '정치 불나방'들의 도덕적 타락이다. 자신의 영혼에 불명예를 수치스럽게 자자刺字하는 셈이다. 잔치 자리가 곧바로 아수라장이 되는, 후유증이 깊고 오래 남는 이유다."

그런데 희한한 건 이런 캠프 정치에 대한 비판이 의외로 약하다는 점이다. 캠프 정치에 대한 언론의 비판은 극소수 칼럼의 형식으로만 제기될 뿐, 언론의 평소 선거 보도는 캠프를 존중하고 우대하는 방식으로 이루어진다. 그래서 일반 유권자들이 주로 보고 듣는 건 "어느 캠프가 더 센가"에 관한 뉴스다. 예컨대, 민주당 대선 경선 시 캠프 간 싱크탱크 '세 대결'에서 이재명은 1,800명을 모았지만, 이낙연은 1,000명으로 열세라는 점을 알리는 따위의 기사가 난무했다.

캠프 정치 비판에서 기댈 건 칼럼밖에 없다. 예컨대, 『경향신문』 안보전문기자 박성진은 「'대선 떴다방' 찾는 장군들」(2021년 9월 7일)이라는 칼럼에서 군에서는 요새 "○○○는 △△△ 캠프로 갔다더라", "□□□가 주도해서 멤버들을 모으고 있다더라" 등의 말들이 끊이지 않고 있다고 전하면서 이런 촌평을 했다. "이제 '안보에는 여야가 없다'는 말은 설 자리가 없다. 안보도 여야 대선 캠프마다 다른 세상이다. 그러면서 장군들은 '철새'가 돼버렸다."

각 캠프는 세를 불리기 위해 이른바 '특별보좌관'을 양산해낸다. 2021년 9월 성범죄 혹은 미국 전투기 도입 반대 활동으로 수사를 받게 된 사람들이 5년 전 문재인 캠프에서 각각 조직과 노동 분야 특별보좌관이었던 사실이 밝혀져 비판이 나온 적이 있다. 이에 여당의 한 의원은 "수만, 수십만에 이르는 특보를 어떻게 다 책임지나"라고 일갈했다. 서울대학교 명예교수 김도연은 『동아일보』(2021년 9월 9일) 칼럼에서 "이 말은 사실일 것이다. 그렇다면 우리 사회에는 대통령 후보 캠프 특별보좌관만 합쳐도 100만 명쯤 이를지 모르겠다. 정치 초과잉이다"고 했다.

## '하이에나'·'파리떼'·'자리 사냥꾼' 논란

2021년 10월엔 한 네티즌이 자신의 초등학교 6학년 딸이 받은 윤석열 캠프 특별보좌관 위촉장을 공개해 화제가 되었다. 실수로 보낸 거라지만, '특별보좌관 100만 명 설'에 신빙성을 더해주는 해프닝이었다. 11월엔 『내일신문』에 인용된 익명의 윤석열 캠프 관계자가 "대선은 선대위 임명장을 수백만 장 주는 게 가장 효율적인 선거운동"이라며 "대선을 치러보지도 않은 사람들이 제 밥그릇 챙기려고 남의 밥그릇을 걷어차고 있다"고 말한 것으로 알려져 논란이 일기도 했다.[15]

이 말은 윤석열과 갈등을 빚던 김종인과 이준석이 윤석열 캠프에 몰린 인사들을 '하이에나'·'파리떼'·'자리 사냥꾼'이라는 원색적 표현을 사용해 비판한 것에 대한 대응으로 나온 것이었다지만, '특별보좌관 100만 명 설'에 이어 '특별보좌관 수백만 명 설'을 시사한 것이라 흥미로웠다.

'하이에나'·'파리떼'·'자리 사냥꾼'이라는 비난은 일리는 있을지언정, 문제는 이게 내로남불이 될 가능성이 매우 높다는 점이다. 캠프 구성을 어떻게 하느냐에 대해 생각이 다를 경우, 내가 주도하는 캠프에 몰려든 사람들과 남이 주도하는 캠프에 몰려든 사람들에 대한 평가가 크게 다를 수밖에 없다는 것이다.

내로남불은 우리 편 캠프에 오느냐 상대편 캠프로 가느냐에 따라 평가가 달라지는 것에서도 잘 드러난다. 우리 편으로 왔으면 극찬을 해댔을 인사들에 대해 상대편 캠프로 갔다는 이유만으로 온갖 비난을 퍼붓고 의혹을 제기하는 게 우리 선거판의 익숙한 풍경이 되고 말았다.

이젠 캠프 지망생들도 정당이 '가치 집단'이라기보다는 '이익 집단'이라는 걸 잘 알고 있는 것 같다. 일반적인 취업 지망생이 삼성에도 지원서를 내고 현대에도 지원서를 낸 후에 둘 다 합격했을 경우 이익 중심의 저울질을 해서 결정을 내리듯이 말이다. 차이가 있다면, 캠프 지망생은 결정 후 명분을 급조해낸다는 점일 게다. 몹쓸 선악善惡 이분법에서 자유롭다는 점에선 긍정적으로 볼 소지가 있긴 하지만, 정당이 점점 기업을 닮아가는 걸 반길 수는 없는 일이 아닌가?

## 문재인 정권의 '캠프 정치'

캠프 정치를 넘어서야 할 이유는 문재인 정권의 경험을 통해서도 알 수 있다. 문재인 정권에 대한 평가를 어떻게 하건, 문재인 정권이 캠프 정치에 충실한 정권이었다는 건 부인하기 어려울 것이다. 출범 4개월 만에 "문재인 정부는 캠프 공화국"이라는 말이 나왔다.[16] '캠코더 인사'라는 말이 나올 정도로 캠프 출신을 적극 우대한 결과였다. 다음과 같은 기사 제목들이 말해주듯이 말이다.

「기관장 45%·감사 82% '캠코더 인사'」, 「"문 정부서 임명된 공공기관 임원 1,722명 중 372명 캠코더"」, 「지원서에 '대선 기여로 민주당 1급 포상'…교육부 산하기관장 합격: 25곳 임명직 187명 중 61명 캠코더」, 「"문 정부 3년, 특임공관장 67% 캠프·여권 출신 캠코더"」.

캠프 정치가 문재인 정권에 미친 최대의 악영향은 아무래도 '집단 사고groupthink'가 아닌가 싶다. 이 용어를 만들어낸 미국 심리학자 어빙 재니스는 '집단 사고'를 "응집력이 강한 집단의 성원들이 어떤 현실적인 판단을 내릴 때 만장일치를 이루려고 하는 사고의 경향"이라고 정의했다. 정책을 결정하는 집단 내부의 구성원들 사이에 호감과 단결심이 크면 클수록, 독립적인 비판적 사고가 집단 사고에 의해 대체될 위험성도 그만큼 커지게 된다는 것이다.

미국의 쿠바 피그스만 침공 사건이 처참한 실패로 돌아간 직후, 대통령 존 F. 케네디는 "내가 어떻게 그렇게 바보 같을 수가 있었지?"라고 탄식했다지만, 바보짓을 한 건 그 혼자만이 아니었다. 백악관에 고문으로 참여했던 역사학자 아서 슐레진저는 훗날 이렇게 자책했다. "내가 할 수 있는 유일한 변명은 당시의 토론 분위기 때문에 소극적인 질문 몇 가지를 제기하는 것 이상으로 그 터무니없는 계획에 대한 반대 의견을 개진하지 못했다는 것이다."[17]

문재인 정권에선 터무니없는 계획이 많이 나왔지만, 권력 핵심부에 소극적인 질문 몇 가지를 제기한 사람은 있었을망정 반대 의견을 낸 사람은 없었다. 이게 문재인 정권의 핵심 의사 결정 그룹이 곧 캠프 실세였다는 것과 무관할까? 문재인 정권의 초대 경제부총리였지만 핵심 그룹엔 속하지 못했던 김동연은 2021년 11월 22일 YTN라디오에서 "자화자찬보다는 진솔하게 사실대로 말하면서 이해를 구하는 소통이 아쉽다"며 현직에 있을 때 그런 말을 해도 받아들여지지 않았던 안타까움을 토로했다.[18]

사실 문재인 정권 핵심부의 독선과 오만은 집권 초기부터 드러났다. 문재인이 제19대 대선에서 얻은 득표율은 41.08퍼센트에 불과했지만, 이에 어울릴 법한 '관용'과 '자제'는 없었다. 문재인 정권은 무엇보다도 '촛불 민심'을 전유專有, 아니 횡령했다. 박근혜 탄핵 촛불 집회가 한창이던 2016년 12월에 이루어진 조사에 따르면 원래 새누리당 지지자 중에서 박근혜에 대한 지지를 철회한 사람이 60퍼센트를 넘었다. 국회의 탄핵 가결 시 새누리당 의원 중 최소한 62명이 찬성표를 던졌다. 헌법재판소의 '박근혜 탄핵소추안 인용'에 대해 우리 국민 86.0퍼센트가 "잘했다"고 응답했다.[19] 문재인 정권이 촛불 혁명을 진보의 것이라고 주장한 건 착각이거나 탐욕이었으며, 진보가 주도했거나 편승한 '분열과 증오의 정치'는 바로 이런 착각 또는 탐욕에서 비롯된 것이다.

문재인의 초기 지지율은 한동안 80퍼센트대 중반까지 치솟을 정도로 높았다. '대통령이 잘하고 있다'며 지지를 보낸 국민이 80퍼센트를 넘은 것은 1993년 10월 김영삼(86퍼센트) 이후 24년 만이었다. 이런 높은 지지율이 취임 100일까지 이어지자 지지자들은 "이 정도로 높을 줄 몰랐다"며 '우리 이니 하고 싶은 거 다해'라고 외쳐댔다. 2018년부터 지지율은 크게 떨어지기 시작하지만, 적어도 2017년은 내내 '문재인의 시간'이었다.

문재인 정권이 망가지기 시작한 결정적 분기점은 2019년 8월 27일이었다. 여야가 조국 법무부 장관 후보자 인사 청문회 일정을 결정한 상황에서 돌연 검찰이 조국 주변에 대한 압수수색을 벌인 날이다. 이른바 '조국 사태'가 전개되었다. 이후 문재인 정권은 검찰 개혁을 위해 태어난 정권처럼 행세했지만, 그건 거짓말이었다. 그 이전까지 문재인 정권은 적폐 청산을 앞세워 검찰 개혁에 역행하는 일만 해왔다. 정치 컨설턴트 박성민이 잘 지적한 것처럼, "검찰 개혁이 그토록 중요한 과제였다면 (탄핵 연대의 에너지가 충만했던) 2017년 개혁의 골든타임을 놓치지 말았어야 했다".[20]

## '캠프 정치'와 '팬덤 정치'의 결합 ─────

그 이후 어떤 일이 벌어졌는지는 우리가 잘 알고 있는 바와 같다. 조국 사태가 적나라하게 폭로한 문재인 정권의 위선과 기만으로 인해 문재인 정권은 지지율 하락의 길을 걸었다. 이게 바로 선거 1등 공신들을 중심으로 의사 결정을 내리는 캠프 정치의 폐해였지만, 문재인 정권은 이전 정권들과는 다른 독특한 면을 보였으니 그건 바로 '캠프 정치'와 '팬덤 정치'의 결합이었다.

고려대학교 명예교수 최장집은 2020년 6월 『한국정치연구』에 발표한 「다시 한국 민주주의를 생각한다: 위기와 대안」이라는 논문에서 "진보파들의 정치가 보수보다 훨씬 더 캠프 정치에 의존하는 것도 특기할 만하다"며, 문재인 정권의 캠프 정치가 "'빠'라고 불리우기도 하는 일종의 '컬트적cultist' 운동과 결합"되었다는 점에 주목했다. 그는 이런 결합은 '시민사회 공론장의 황폐화'와 더불어 '정당의 주변화'를 초래했다고 말했다.

민주당은 '주변화' 정도를 넘어 친문 팬덤의 지배를 받는 하부 기구처럼 보였다. 팬덤을 이끄는 인플루언서들은 소셜미디어를 넘어 유튜브로 진출하면서 일종의 '산업'으로 진화했다. 사실상 문재인 정권을 끌고 다닌 친문 팬덤에 절대적 영향을 미친 인플루언서들의 선의를 굳이 의심할 필요는 없다. 중요한 건 그들의 영향력 행사의 메커니즘이 사업화되었다는 사실이다. 쇼도 계속되어야 하지만 사업도 계속되어야 한다. 민주적 대화와 소통? 그들이 그걸 반대한 소신도 있었겠지만, 그걸 하게 되면 사업은 완전히 죽는다. 아무리 정의를 표방할망정 정치 팬덤은 반대편에 대한 증오로 움직이는 법이니까 말이다.

'전리품 정치'는 그 속성상 '승자 독식'이다. 타협과 협치? 승자가 왜 전리품을 패자에게 나누어주어야 한단 말인가? 이게 바로 문재인 정권의 국정 운영을 지배한 사고방식이었다. 팬덤과 팬덤산업의 리더들(또는 사업가들) 역시 그런 사고방식으로 움직였다. 그런 독식 행위가 멋쩍어 '적폐 청산'이란 간판을 내걸긴 했지만, 이는 그들이 만들어낸 '신新적폐'엔 해당되지 않았다.

'전리품 정치'에 기반한 캠프 정치는 정치를 '이권 투쟁'으로 전락시킨다. 이게 바로 캠프 정치가 사라지기 어려운 결정적 이유다. 이권 앞에선 이성은 잘 작동하지 않기 때문이다. 그럼에도 공익을 추구하기 위한 선의와 진정성을 갖고 정치에 참여하려는 사람도 많이 있으니, 그들마저 '자리 사냥꾼'으로 매도하는 자해 행위는 우리 모두 자제하는 게 좋겠다.

# 대통령의 '인의 장막'을
# 해체하라

'킹메이커'로 불리는 김종인이 최근 출간한 『왜 대통령은 실패하는가』를 재미있게 읽었다. 이 책은 대한민국 70년 역사를 거쳐간 12명 대통령의 시대를 모두 겪고, 만나고, 함께 일하기도 했던 김종인의 경험에 근거한 대통령 비평이다. 그가 국가와 국민을 위해 대통령들에게 간절히 기대했던 비전과 능력 때문이겠지만, 평가는 모두 박한 편이다. 다음과 같은 글의 제목들이 말해주듯이 말이다.

이승만은 "건국의 공로를 스스로 무너뜨린 대통령", 윤보선은 "어쩌다 대통령이 된 무능한 대통령", 박정희는 "경제 발전의 성과에 스스로 무너진 대통령", 최규하는 "관료의 한계를 넘지 못한 임시 대통령", 전두환은 "정의를 내세웠으나 정의롭지 못한 대통령", 노태우는 "'3김시대'를 넘지 못하고 실패한 대통령", 김영삼은 "민생을 후퇴시키고 떠난 유일한 대통령", 김대중은 "위기를 기회로 살리지 못한 평범한 대통령", 노무현은 "국민의 기대가 커서 실망도 컸던 대통령", 이명박은 "기업과는 친하고 국민과는 멀었던 대통령", 박근혜는 "'문고리'에 휘둘린 식물 대통령", 문재인은 "촛불을 이용하고 촛불을 배반한 대통령"이다.

왜 대통령은 실패하는가? 각 대통령마다 이런저런 이유가 있었지만, 내가 이 책을 통해 느낀 공통적인 핵심 이유는 권력의 속성에 대한 대통령들의 이해 또는 경계 부족이다. 김종인은 "견제받지 못하는 권력은 스스로 패망을 재촉하는 법"이라고 했는데,[21] 권력은 사람의 뇌를 바꿔놓기 때문에 대통령이 되면 견제의 필요성과 소중함을 깨닫기 어려워진다. 뇌의 그런 변화는 거대 양당의 대통령 후보가 되는 순간부터 '눈빛'을 통해 나타나기 시작한다.

"당내 경선을 통과한 순간, 우리와 같은 양당 체제하에서는 1/2의 확률이 된다. 절반쯤은 대통령 권력의 문 앞에 도착한 것이다. 주위에서는 절대적인 인물마냥 그를 추존하기 시작한다. 그때부터 사람이 바뀐다. '인人의 장막'에 둘러싸이기 시작하고, 이미 권력을 획득한 사람처럼 눈빛부터 달라진다. 대통령의 실패는 그때부터 시작하는 것 아닐까."[22]

우리는 권력이 커질수록 고급 정보를 포함해 엄청난 정보력을 갖게 될 걸로 생각하지만, 대통령을 덮치는 건 최악의 '정보 과부하過負荷'다. 오늘날 보통 사람들마저 흘러넘치는 정보를 감당하지 못해 자신의 입맛에 맞는 정보만을 골라서 소비하는 '확증 편향'의 포로가 되고 있지 않은가?

그래도 보통 사람들에겐 주변에 아첨하려는 사람들은 없지만, 대통령은 자신의 '심기 경호'에 목숨을 건 사람들에게 둘러싸여 있어 문제가 훨씬 더 심각하다. 대통령은 주로 그들이 선별적으로 전해주는 정보에만 접하기 때문에 자신이 잘하고 있는 걸로 착각하면서 살아간다. 대통령들의 '자화자찬'이나 '유체이탈'은 그들이 뻔뻔해서 나타나는 게 아니다. 바로 그런 '인의 장막' 때문에 생겨나는 것이다.

우리는 '제왕적 대통령'이란 말을 비판적 의미로 자주 쓰지만, 대통령에게서 '제왕'의 모습을 기대하는 우리의 허영심이나 어리석음에 대해선 눈을 감는다. 미국 작가 존 스타인벡이 잘 지적했듯이, "우리는 대통령에게 도저히 한 사람이 해낼 수 없는 일과, 도저히 한 사람이 감당할 수 없는 책임과, 도저히 한 사람이 견뎌낼 수 없는 압박을 주고 있다".[23] 우리는 제도적으로 그런 일·책임·압박을 줄여줄 생각은 하지 않고, 대선의 계절만 돌아오면 그걸 다 해내고 견뎌낼 수 있는 자격 검증에만 열을 올린다. 그런 자격이 있는 척 연기를 해야 하는 대선 후보들과 연기 능력이 형편없다고 탓하는 유권자들 중 누가 더 문제인가?

김종인은 결론에서 "개인에게 너무 많은 기대를 걸어놓고 있는 이 제도의 모순이 근본적으로 바뀌기를 바라는 간절한 마음"을 토로한다. "대통령이 아니라 '대통령 너머'를 진지하게 고민"하면서 "국민이 적극적으로 권력구조 개편을 요구해야 한다"는 것이다. 김종인의 간절한 소망을 담고 있는 이 책의 마지막 문장이 가슴에 와닿는다. "적자생존, 승자 독식의 낡은 시대는 이제 그만 역사의 뒤안길로 보내줘야 하지 않겠나."[24]

그렇다면 어찌 해야 하는가? 지금과 같은 '제왕적 대통령제'를 넘어서야 하며, 따라서 '권력구조 개편'을 위한 개헌이 필요하다는 것이다. '민주화 이후 민주주의'를 30여 년 겪은 경험에 비추어보건대, 다른 대안이 있을 것 같지는 않다. 대통령 후보나 대통령의 눈빛이 달라지지 않게 하려면 이제 '사람 탓'은 그만 하고 '권력구조' 탓을 하는 게 옳다는 생각에 지지를 보내지 않을 수 없다. 우선 대통령의 '인人의 장막'을 해체하는 것이 급선무임은 두말할 나위가 없다.

# 왜 '아무 말' 대선 공약이
# 난무했을까?

"가장 적게 약속하는 사람에게 투표하라. 그게 실망을 줄이는 가장 확실한 방법이다."[25] 미국 정치인 버나드 바루크의 말이다. 소련 정치인 니키타 흐루쇼프도 이와 비슷한 명언을 남겼다. "정치인은 어느 나라에서건 똑같다. 그들은 강도 없는 곳에 다리를 놓아주겠다고 약속하는 사람들이다."

유권자들은 정치인의 그런 속성을 잘 꿰뚫어보고 있다. 그러나 거대 양당의 후보들이 약속이나 한 듯이 유권자들에게 더 많은 걸 드리겠다고 경쟁하는 상황이 되면 어찌할 것인가? 우리는 2022년 대선 기간에 그런 풍경을 원 없이 지켜보지 않았던가?

"유력 후보들의 공약 베끼기, 물 타기, 숫자 지르기 등은 낯 뜨거울 정도다. 마치 누구 낯이 더 두꺼운지 경쟁이라도 하는 것 같다. 지지율 올리기에만 급급할 뿐 정밀한 재원 대책이나 현실 타당성 등은 따질 때가 아니라는 듯한 태도다."(『동아일보』1월 24일 사설)[26]

"두 후보는 최근엔 지역별로 잘게 쪼갠 동네 민원 공약, 심지어 특정 아파트 단지를 겨냥한 공약까지 내놓고 있다.……후보 자신도 믿지 않는 '아무 말' 공약만 난무하는 선거판이 돼버렸다."(『조선일보』1월 25일 사설)[27]

"한 치 앞을 내다볼 수 없다는 점에서 선거판은 도박판을 닮아간다. 두 후보가 성사 가능성이 희박한 포퓰리즘 공약들을 경쟁적으로 내놓는 것은 '한 번만 크게 터지면 신세 고친다'는 타짜의 심보에 다름 아니다."(『경향신문』논설위원 이용욱, 1월 27일)[28]

왜 잘게 쪼갠 민원 공약이 급증했을까? 미국 선거판, 아니 모든 선거판에서 통용되는 오래된 격언에 그 답이 있다. "유권자들에게 당장 혜택이 돌아가는 프로그램을 공격하는 건 어리석다."[29] 유권자들에게 당장 직접적인 혜택이 돌아가지 않는 공약은 포퓰리즘으로 비판해도 무방하지만, 구체적인 수혜자가 있는 공약은 표를 잃을 수 있으므로 비판해선 안 되며 오히려 더 주겠다고 나서야 한다는 이야기다.

2020년 4·15 총선의 학습효과도 적잖이 작용한 건 아닐까? 예상을 깨고 민주당이 압승을 거둘 수 있었던 주요 이유는 코로나19 긴급 재난지원금 덕분이었다는 믿음 말이다. 과연 그랬던 건지는 좀더 따져볼 문제이겠지만, 민주당이 원래 취약 계층을 중심으로 재난지원금을 주려던 정부의 방침을 뒤엎고 전 국민 재난지원금을 강행한 데엔 그만한 이유가 있었을 게다. 선거 기간 내내 긴급 재난지원금에 반대하다 민심이 이미 등을 돌린 선거일 열흘 전의 시점에서 방향을 선회했던 국민의힘으로선 다시는 당하지 않겠다는 결심을 굳혔을지도 모르겠다.

여당엔 달콤했지만, 야당엔 쓴 맛이었던 재난지원금에 얽힌 추억은 양쪽 모두에게 학습효과로 남았을 게다. 학습효과의 전제는 원래 여러 차례의 반복이지만, 동물과 달리 우리 인간은 단 한 번의 강한 '환희'나 '충격'만으로도 얼마든지 달라질 수 있는 존재가 아닌가? 그러다 보니 이런 일까지 벌어졌다.

"두 후보가 지역을 방문할 때 경쟁적으로 제시하고 있는 지역 공약은 어느 한 후보가 먼저 공약을 발표하면 다른 후보가 그 공약을 받아들인 뒤 내용을 더 추가하는 방식으로 발표되고 있다. '묻고 더블로 가'라는 영화 〈타짜〉의 명대사가 도박판이 아닌 대선판에서도 통용되고 있는 셈이다."(『중앙일보』, 1월 18일)[30]

그러면서도 대선 후보라면 정작 말을 해야 할 연금 개혁이나 건강보험 재정 문제와 같은 국가적 중대사엔 굳게 침묵했다. 이 또한 학습효과였는지도 모른다. 그건 대통령 문재인도 외면하고 방치한 문제가 아닌가? 게다가 문재인은 무주택자들에겐 재앙이라고 할 수 있는 부동산 정책의 대실패에 가장 큰 책임이 있음에도 40퍼센트가 넘는 높은 임기 말 지지율을 누리고 있지 않았던 가? 이게 정치인들에게 공약은 그냥 던지고 보는 것이라는 깨달음을 주었다면, 이는 '문재인 학습효과'라고 할 수 있겠다.

영국 철학자 버트런드 러셀은 "민주주의에서 정치인을 비판하는 것은 우리 자신들을 비판하는 것과 같다는 점을 기억하자. 우리의 수준이 곧 우리 정치인들의 수준이다"고 했다.[31] 당장 반박하고 싶은 마음이 들겠지만, 음미해볼 점은 있다. 부동산 정책의 대실패도 문재인 정권에 "하던 대로 계속 고!"의 신호를 줌으로써 교정의 기회를 박탈한 4·15 총선의 결과라는 걸 어찌 부정할 수 있으랴.

특정 유권자의 책임을 묻자는 건가? 그게 아니다. 유권자는 전지전능한 신神은 아니라는 뜻이다. 유권자들은 대체적으로 이성적이고 현명하지만, 그들이 늘 그런 건 아니다. 우리 인간이 갖고 있는 다양한 감정 중 특정 감정이 정치적 판단을 지배하기도 한다. 좋건 나쁘건, 선거는 그런 감정의 분출 속에서 치러지는 이벤트다. 정치인들을 맹비난하더라도, 유권자들이 조금이라도 나누어져야 할 책임까지 그들 탓으로 돌릴 필요는 없다는 이야기다. 그래야 변화도 가능해진다.

# 경제를 대선에
# 이용하지 마라

"선진국 가운데 지난 2년간 가장 높은 평균 성장률", "세계 10위 경제 대국으로 위상을 굳건히", "지난해 사상 최대 실적을 올리며 무역 강국, 수출 강국으로", "우리 정부에서 처음으로 1인당 국민소득 3만 달러 시대를 연 데 이어……4만 달러 시대를 바라보게", "세계 최고 수준의 혁신 역량이 우리 경제의 성장과 도약을 이끄는 힘", "세계를 선도해나가는 신산업 분야가 날로 늘어나고", "문화 콘텐츠 산업까지 새로운 성장 동력으로 부상", "소득 불평등과 양극화 문제가 지속적으로 개선".[32]

2022년 1월 3일에 나온 대통령 문재인의 신년사다. 대통령을 한 번 더 했으면 좋겠다는 생각이 들 정도로 신년사는 긍정과 낙관의 기운이 충만했다. 야당인 국민의힘은 "딴 세상 인식의 자화자찬"이었다고 비판했지만,[33] 이 신년사가 나온 시점의 여론은 사실상 정권 연장을 더 바라는 것처럼 보인 걸 어이하랴.

원래 대통령이라는 직업이 그런 건가? 1984년 재선을 노리던 미국 대통령 로널드 레이건은 공화당 대통령 후보 수락 연설에서 이렇게 말했다. "오늘날 미국은 선진 공업국가들 가운데 제2차 세계대전 이후 가장 높은 경제성장률, 가장 낮은 인플레율, 가장 높은 고용 증가율, 가장 낮은 세 공제 후 소득 증가율을 기록한 나라다."[34]

물론 레이건은 재선에 무난히 성공했다. 하지만 2년 후 레이건 행정부의 연방예산국장을 지낸 데이비드 스토크먼이 레이건의 '경제 조작'을 폭로함으로써 대통령제 국가의 해묵은 쟁점에 불을 붙였다. 경제학자 에드워드 터프트는 『경제의 정치적 통제』라는 책과 후속 연구에서 미국 경제는 일종의 특유한 경기 순환을 갖고 있는데, 지난 수십 년간 중간선거 때마다 미국인의 가처분소득은 대폭 증가했으며, 대통령 선거 때마다 실업률이 감소한 경향을 꾸준히 보여왔다고 밝혔다.

터프트는 "근시안적 유권자에게는 근시안적 정책이 제격"이라는 명언을 남겼다. 선거를 앞둔 정치적 경제 조작에 현혹되는 유권자들에 대한 경고였다. 현직 대통령이 재선을 위해 또는 재임을 마친 대통령이 자기 당 소속 후보를 위해 장기적인 경제 안정과 발전을 저해하면서 일시적으로 경제 사정을 호전시킬 수 있다는

'상식'에 대해 유권자들의 관심을 촉구한 말이었다.[35]

그러나 그건 각자도생하기에 바쁜 유권자들에겐 과도한 요청이었기에, 선거를 앞둔 경제 조작은 오늘도 계속되고 있고, 앞으로도 계속될 것이다. 아무리 조작을 해도 정권 교체는 자주 일어나고 있으니, "그래봤자"라는 심리도 한몫을 했을 게다.

문재인의 신년사에 수사적 과장은 있을망정 조작의 혐의를 제기하긴 어려웠다. 일반 유권자의 입장에선 말이다. 사실 문제는 좀 다른 데에 있었다. 경제 조작은 우회적이고 정교한 작업이다. 그런데 당시 우리가 목격했던 것은 노골적이고 적나라한 방식으로 이루어진, 대선을 겨냥한 '경제'의 정치적 이용이었다. 이른바 '여당 프리미엄'을 감안한다 해도 이해할 수 있는 수준을 넘어섰다.

기사 제목으로까지 등장한 "선거 끝나면 또 뒤집나요?"나 "던지면 받는다"는 말이 시사하듯이, 민주당 대선 후보 이재명은 문재인 정권의 정책을 뒤집는 공약들을 연이어 던졌고, 여권이 그것들을 덥석 받아 곧장 당정 협의에 들어가는 일이 계속되었다. 기획재정부가 뜻대로 움직이지 않자 이재명은 "기획재정부의 예산 편성 기능을 떼서 청와대 직속 또는 총리실 직속으로 바꿀 필요가 있다"고 압박하는 원맨쇼를 유감없이 구사했다.

이재명은 2021년 11월 11일 국회에서 연 '청년, 가상 자산을 말하다' 간담회에서 비트코인 등 가상 자산에 대한 과세를 유예하겠다고 밝혔다. 코인 과세는 그간 정부가 반드시 시행하겠다고 공언해오던 것인지라 그게 가능할까 싶었지만, 이재명은 그걸 거침없이 관철시킴으로써 2030세대에 큰 점수를 얻었다.

자신감을 얻은 이재명은 논란의 소지가 큰 부동산 영역에 뛰어들었다. 그는 2021년 12월 12일 '다주택자 양도소득세 1년간 유예' 방안을 제시했다. 아니나 다를까, 『경향신문』은 사설을 통해 "대선 앞에 잇단 부동산 감세로 표를 구하려는 '세퓰리즘(세금+포퓰리즘)이 아닌지 묻게 된다"고 했고,[36] 『한겨레』도 사설을 통해 "실효성은 없고 혼란만 키운다"고 비판했다.[37]

그러나 하루 만에 민주당이 "바로 당정 협의"에 들어가겠다고 하자, 더욱 탄력을 받은 이재명은 12월 18일 "공시가격 관련 제도 전면 재검토"를 던지면서 "당정은 신속한 협의로 국민 부담을 올해 수준으로 동결하고, 과도한 부담이나 억울한 일이 발생하지 않도록 합리적인 제도 개편에 나서달라"고 했다.

잘못된 게 있다면 즉시 바꿔야 한다. 대선이 코앞이라고 해서 못할 건 아니다. 하지만 이재명의 제안들은 문재인 정권의 정책 기조는 물론 '보유세 실효세율 대폭 인상, 부동산 불로소득 원천 차단'을 외쳤던 자신의 입장과도 배치되는 것이었다. 성실한 해명이 필요했다는 뜻이다. "선거 끝나면 또 뒤집나요?"라는 의구심에 대해서도 설명이 있어야 했다.

그러나 그런 말은 없었다. "나는 문재인 정권과는 다르다"는 차별화 메시지만 있을 뿐이었다. 그는 '정책 일관성을 지키려는 청와대의 신념'마저 비판하고 나섰다. 그는 "정치인은 자신의 정치적 이념과 가치를 관철하기 위해 국민을 더 고통스럽게 해선 안 된다"며 "국민이 요구하고 필요한 일은 언제든지 할 수 있는 실용성과 유연성이 있어야 한다"고 했다.[38]

'실용성과 유연성'은 듣기에 좋은 말이지만, 그게 곧장 '세퓰리즘' 의혹을 해소할 수 있는 건 아니다. 『경향신문』이 사설을 통해 잘 지적했듯이, "불과 1년 만에 공시가격 현실화 로드맵을 수정하게 된다면 그것은 '정책 유연성'이 아니라 '신뢰 훼손'이다. 투기 억제와 조세 정의 실현을 위해 어렵게 만든 정책을 되돌리는 처사이기도 하다".[39]

그러나 권력은 이미 문재인에서 이재명으로 이동한 것으로 보였다. 2021년 12월 20일 문재인 주재로 열린 국민경제자문회의는 2022년 3월까지 전기요금과 가스요금 등 공공요금을 동결하겠다고 발표했다. 30인 미만 사업장의 2022년 1~3월분 고용보험과 산재보험료, 전기·가스 요금 납부도 유예해주고 4월부터 내도록 했다. 전기·가스료 동결이라는 희소식에 누를 끼칠까 염려한 건지 전기·가스료가 4월 이후에 인상된다는 이야기는 8일 후에 나오게 되는데, 왜 모든 게 대선일인 3월 9일을 기준으로 한 건지는 의문이었다.

모두가 다 산타클로스가 되기로 작정한 모양이었다. 2021년 12월 23일 금융위원회는 2022년 1월 31일부터 연 매출 3억 이

하의 영세 가맹점 신용카드 수수료율을 지금의 0.8퍼센트에서 0.5퍼센트로 인하한다고 밝혔다. 전체 가맹점의 75퍼센트에 해당하는 220만 곳이 혜택을 보게 된다는데, 코로나 사태가 언제부터 벌어진 일인데 왜 이제서야 그런 생각을 하게 된 걸까?

2021년 12월 28일 당정은 2021년 쌀 초과 생산량 27만 톤 중 20만 톤을 정부가 매입하기로 했다고 밝혔다. 이재명의 제안을 정부가 이전의 입장을 바꾸면서 수용한 것이다. 이에 대해 국민의힘은 "이 후보의 하명에 정부가 동원된 노골적인 '이재명 띄우기'"라고 비판했다. 이재명의 대통령 선거 후보 등록 날이었던 10월 26일 당정이 유류세 20퍼센트 인하를 골자로 한 대책을 발표했을 때만 해도 그걸 정략적인 '이재명 띄우기'로 보긴 어려웠지만, 이런 일이 자꾸 반복되니 이젠 '이재명 띄우기'가 지나치다는 생각을 하지 않을 수 없었다.

이재명이 2022년 1월 6일 한국행정학회 주최 대통령 선거 후보자 초청 토론회에서 아주 좋은 말을 했다. 그는 "민주당이 국민한테 미움 받고 있는 게 사실"이라며 "엄청나게 잘못해서 그런 건 아니고 '왜 저렇게 고집스럽지, 왜 자기만 옳다고 하지'라고 비친 게 아니었을까 한다"고 진단했다.[40] 왜 '경제'의 정치적 이용에 대해선 그런 생각을 하지 못했던 걸까? 이재명과 문재인 정권이 공격적으로 시도한 '경제'의 정치적 이용은 독선과 오만을 넘어서 엄청나게 잘못한 일이라는 걸 왜 깨닫지 못했던 걸까?

## 제3장

# '정치 교체'는
# 가능한가?

# 정치인은 자주 갈아줘야 하는 기저귀인가?

"정치인과 기저귀는 둘 다 자주 갈아줘야 하는데, 그래야 하는 이유는 똑같다."[1] 미국 작가 마크 트웨인의 말이다. 민주당이 추진한 국회의원의 '동일 지역구 3선 연임 초과 금지안'을 보면서 떠오른 명언이다. 이는 사실상 3선까지만 하라는 이야기다. 지역구를 옮겨 계속하면 될 거 아니냐고 할 수도 있겠지만, 그건 극소수 대선 주자급 정치인에게나 가능한 일이 아닌가?

2022년 1월 민주당 대표 송영길은 "윤석열 후보와 이준석 대표는 이에 대해 찬반 여부를 분명히 밝혀달라"고 압박하기도 했지만,[2] 이 문제에 대해 여야 간 큰 차이가 있는 건 아니었다. '다선多選 제한'은 20여 년 전인 1990년대 말 제15대 국회 때부터 꾸준히 제기된 주장이며, 미래통합당(현재 국민의힘)은 2020년 8월에 발표한 정강·정책 '초안'에 국회의원 4선 연임 금지를 적시하기도 했다. 근본적인 갈등은 여야를 막론한 정당 내부에 있다. 세대 교체 갈등이다. 중진 의원들은 반대하지만, 초선 의원들과 의원이 되려는 보좌관·당직자들은 찬성하는 경향이 강하다.

민주당이 대선 국면에서 이걸 들고 나온 이유는 국민의힘 대선 후보 윤석열의 '정권 교체'를 맞받아치려는 민주당 대선 후보 이재명의 '정치 교체'를 지원하기 위해서였다. 이재명은 "국민의 삶을 책임져야 할 유능한 정치는 대결과 분열, 혐오와 차별을 동원해서라도 상대를 굴복하게 만드는 자신들만의 '여의도 정치'에 갇혀버렸다"며 "이제는 정치 교체를 해야 한다"고 역설했다.[3]

'정치 교체'는 이재명이 처음 쓴 구호는 아니다. 가장 최근의 기억을 떠올리자면, 전 유엔 사무총장 반기문이 2017년 정치에 뛰어들면서 외쳤던 구호이기도 하다. 그는 정치 교체를 부르짖으면서 "이제 우리 정치 지도자들도 우리 사회의 분열을 어떻게 치유할 것인가에 대해 해법을 같이 찾아야 한다"고 했다. 그는 "정권을 누가 잡느냐가 그게 뭐가 그리 중요하냐"며 정권 교체의 한계를 이렇게 지적했다. "여러 차례 정권 교체가 있었다. 그러나 민주주의 원칙에 합당한 방향으로 제도를 개선하지 않으면 같은 과오를 범할 수밖에 없다. 헌법, 선거제도, 정책 결정 방식, 정치인들의 행태, 사고방식 등 전반적으로 손봐야 한다."

이재명의 정치 교체론과 별로 다르지 않은 문제의식인 것 같다. 차이가 있다면, 반기문은 진심이고 이재명은 자신이 그간 '대결과 분열'의 정치를 해왔다는 점에서 진정성이 떨어진다는 점일 게다. 어찌 되었건 원론적으론 누구나 다 동의할 수 있는 말이지만, 정치 교체론을 '반정치주의'로 비판하는 시각도 있다.

예컨대, 『한겨레』 정치팀 선임기자 성한용은 「정치 교체-반정치주의 뭐가 다른가」라는 칼럼에서 "(반기문은) 정치에 대한 기본 인식이 결여되어 있는 것 같다"며 세계의 석학들을 인터뷰한 『EBS 다큐 프라임: 민주주의』라는 책에 나와 있는, 갈등의 가치를 중시하는 견해를 다음과 같이 소개했다.

"사회는 항상 분열되어 있고 갈등은 상존한다. 민주주의는 갈등을 사회화·제도화하는 과정이다.……민주주의는 전문가들이 알아서 갈등을 해결해주는 정치체제가 아니다. 시민들 스스로 갈등 해결의 주체가 되어 이익 결사체를 만들고, 서로 갈등하면서 균형점을 찾아가는 것, 이것이 민주주의 본연의 모습이다. 그래서 갈등은 민주주의를 움직이는 엔진인 것이다."

옳은 말씀이다. 갈등과 그것을 먹고사는 정치를 너무 부정적으로만 볼 일은 아니다. 성한용은 그런 관점에서 "(반기문이) 말하는 정치 교체는 반정치주의와 다르지 않다"며 "반정치주의는 민주주의를 무력화하기 위한 반정치 기득권 세력의 이데올로기다"고 주장했다.[4] 무슨 말인지 취지는 잘 알겠지만, 너무 멀리 나간 게 아닌가 싶다. 이재명의 '정치 교체'와 '3선 연임 초과 금지'도 전형적인 반정치주의의 산물이라는 점에서 말이다. 성한용이 반기 문을 비판했듯이, 같은 논리로 이재명을 비판할 수는 없었을 거라 는 점에서도 말이다.

혹 반정치주의는 무조건 비난하기보다는 그게 나올 수밖에 없 는 현실을 인정하면서 일종의 '딜레마'로 다루어야 하는 게 아닐 까? 반정치주의의 토양이라 할 유권자의 정치 불신과 혐오는 심 각한 수준이며, 이에 대한 해결책도 사실상 없는 상태가 아닌가? 지난 수십 년간의 경험이 말해주듯 변화의 가능성마저 보이지 않 는 상황에서 반정치주의를 일방적으로 비난하는 것이야말로 그 선의와 무관하게 기존 정치 기득권 세력을 돕는 일일 수도 있다.

반정치주의를 보는 시각에서 중앙과 지역의 공기는 좀 다르다. 정치권 물갈이가 사실상 거의 불가능한 지역에서 정치 불신과 혐 오가 더 강하다는 뜻이다. '3선 연임 초과 금지'에 대해 "정치 신 인 발굴과 지방 정치 활성화를 위해 논의해볼 만하다"(『전북도민 일보』)거나,[5] "민주당은 제언으로 그칠 것이 아니라 행동으로 옮겨 야만 유권자의 신뢰를 얻게 될 것이다"(『기호일보』)[6]는 지지가 나 오는 건 그런 이유 때문일 게다.

반면 '3선 연임 초과 금지'에 대한 반론은 크게 보아 3가지다. 첫째, 위헌성이다. 지방자치단체장에 대해 3연임으로 제한하고 있지만 시행 초기 설계 단계에서 합의된 사항으로, 의원 연임 제 한과는 다르다는 것이다. 둘째, 당파적 대립의 격화다. 초선 의원이 108명에 달해 '108번뇌당'이라 불린 열린우리당의 경험이 그 증거라는 것이다. 셋째, 행정부 견제의 무력화다. 성공회대학교 교수 김동춘의 다음 증언을 참고할 필요가 있겠다.

"노무현 정부 때 과거사위원회에 들어가서 국회 출석을 해보면, 초선 의원과 다선 의원이 애와 어른 수준이었어요. 3선 의원 정도만 되면 그냥 예산 흐름을 훤히 봐요. 관료들이 와서 한마디만 해도 금방 지적을 하죠. 그래서 다선 의원이 필요한 겁니다. 개혁 공천이라고 초선 의원들로 갈아치우는 게 마냥 좋은 게 아니죠.……3선, 4선 정도 되는 관록 있는 의원이 있으면 관료들이 장난을 못 쳐요."[7]

자, 어쩔 것인가? '3선 연임 초과 금지'의 명암明暗이 이렇듯 대비되는바, 이게 딜레마가 아니면 무엇이겠는가? 정치인은 제 역할을 못하면 자주 갈아줘야 하는 기저귀와 같은 존재임이 분명하지만, '3선 연임 초과 금지'가 제 역할을 할 수 있게끔 하는 방안인지는 의문이다. '금배지 분배의 정의'는 실현할 수 있겠지만, 우리가 원하는 건 그 이상의 것이 아닌가?

이걸 계기로 전반적인 정치 개혁에 관한 열띤 토론이 꽃을 피울 수 있다면, '3선 연임 초과 금지'에 대한 논의를 부정적으로 볼 이유는 없으리라. 비록 정권 재창출엔 실패했을망정 민주당의 정치 개혁안이 대선을 겨냥한 정략적 용도로 제기한 게 아니라면, 정치 개혁에 대한 논의는 계속 이어나가는 게 좋겠다.

# 정치를 전쟁으로 만드는 '승자 독식'

"우리 국민은 매몰차다. 온갖 의혹에도 끝내 대통령으로 선출한다. 그때는 의혹도 문제 삼지 않을 기세다. 일만 잘하면 그만이라는 식이다."[8] 정치경영컨설팅 대표 이종훈이 2021년 10월 9일 어느 칼럼에서 한 말이다. 비리 또는 무능 의혹이 거세게 불거질수록 지지자들이 더욱 결집한 덕분에 결선투표 없이 2021년 10월 10일 민주당 대선 후보로 확정된 이재명을 생각하면 고개를 끄덕일 만했다.

예상과 달리 마지막 3차 선거인단 투표에선 이낙연(62퍼센트)이 이재명(28퍼센트)을 압도적으로 눌러 이재명은 50.29퍼센트로 간신히 절반을 넘겼다지만, 이재명의 과반 승리는 '대장동 의혹 사건'이 지난 20여 일간 가장 뜨거운 이슈였다는 점을 감안한다면 놀라운 일이었다. 아니 굳이 민주당 경선을 언급할 것도 없이 적어도 당시의 시점까지는 이렇다 할 변화가 없는 여론조사 수치가 모든 걸 말해주었다.

정치적 악재惡材가 지지자 결집 효과를 불러와 결과적으로 호재好材가 된 사례는 그간 많이 있었지만, 이재명에겐 워낙 놀라워 이를 '이재명 현상'이라고 불러도 무방할 것 같다. 그는 4년 전 "무협지 화법으로 말하자면 난 '만독불침萬毒不侵'의 경지"라며 "포지티브가 아니라 네거티브 환경에서 성장했다. 적진에서 날아온 탄환과 포탄을 모아 부자가 되고 이긴 사람"이라고 하지 않았던가?

그런데 이 현상이 오직 '일만 잘하면 그만'이라는 생각 때문에 벌어진 것 같진 않았다. 무슨 일이건 한 번 시작했다 하면 끝장을 보고야마는 한국인의 '열정' 기질도 적잖이 작용했을 것이다. 미국 정치학자 캐서린 문이 17년 전에 발표한 「한국 민주주의의 열정과 과잉」이라는 글이 떠오른다. 그는 "그저 어떤 교회 안으로 들어가 큰 목소리로 '아멘'을 외치는 기도자의 열정을 보라. 신의 입장에서도 한국이 아닌 다른 곳에서 이런 목회자를 보고 듣기란 어려울 것이다"며 "열정은 결코 홀로 거주하는 법이 없다"고 했다.

그렇다면 열정은 주로 무엇과 동거하는 걸까? "그것은 과잉과 짝을 이루어 함께 거주한다. 열정과 과잉은 한국 사회에 무성하다. 그러나 정치적 과잉이 증대하게 되면 한국의 민주주의는 번영을 누리지 못할 것이다. 너무나 많은 경우에 열정적 신념은 타인의 신념과 의견에 대한 멸시로 돌변했고, 건전한 회의주의보다는 냉소주의가 한국 민주주의를 지배하고 있다."[9]

이 또한 흔쾌히 동의할 수 있는 견해지만, 그래도 여전히 뭔가 좀 부족한 느낌이 든다. 또 다른 이유가 있을 게다. '일만 잘하면 그만'이라는 생각과 '열정'의 정체를 뜯어보는 게 좋을 것 같다. 우선 '무슨 일'이냐가 중요하다. 선거에선 국가와 국민을 위한다는 온갖 화려한 명분과 수사가 난무하지만, 선거가 편 가르기에 근거한 '진영 전쟁'의 형식으로 이루어진다는 건 무엇을 의미하는가?

그건 '우리가 원하는 일'과 '그들이 원하는 일'이 다르며, '우리가 원하는 일'은 상당 부분 노골적인 '이익 투쟁'이라는 걸 의미한다. 아니 무슨 일을 하건 그것을 맡은 사람들에게 권력과 금력이 부여된다는 사실이 중요하다. 그거야 수천 개의 고급 일자리에만 국한되는 게 아니냐고 생각할지 모르겠지만, 그게 결코 그렇지 않다. 그 고급 일자리를 차지한 사람들에겐 중앙 부처에서부터 지방 공기업에 이르기까지 인사와 예산 배분의 권력이 주어지며, 이는 수백만 명, 아니 전체 인구의 절반 가까운 사람들의 삶에도 영향을 미친다.

우리는 강력한 중앙집권체제를 너무도 사랑한 나머지 미련할 정도로 과도한 '승자 독식' 체제를 유지하고 있다. 민주화가 된 이

후에도 독재 정권의 유산을 그대로 받아들이면서 '승자 독식' 자체를 문제 삼는 법은 거의 없다. 문재인 정권을 비롯해 역대 정권들이 청와대가 모든 권력을 장악하는 '청와대 정부'를 밀어붙여 온갖 부작용을 낳았건만, 대통령에게 더 많은 권력이 가야 한다고 외치는 사람이 오죽 많은가? 게다가 승자는 독식만 하는 게 아니라 패자에 대한 보복도 잘한다. 따라서 대선은 열정의 수준을 넘어 목숨을 건 전쟁이 되고 만다.

앞서 지적했던 문재인 정권의 '캠코더' 인사를 보라. 바로 이런 인사가 정치를 전쟁으로 만드는 주요 이유이건만, 제1야당인 국민의힘은 별 영양가도 없는 비판만 간헐적으로 퍼부었을 뿐 자신들에게도 적용되는 근본적인 개혁 방안에 대해선 말이 없었다. 집권 후 '캠코국(대선 캠프·코드·국민의힘)' 인사를 하겠다고 벼르기만 했을 뿐, '승자 독식'은 당연하다는 자세를 취했다.

이런 승자 독식은 심지어 시민단체·지식인에서부터 문화예술계에 이르기까지 영향을 미쳐 중간 지대 역할을 해야 할 이들마저 진영 패거리를 지어 '밥그릇 전쟁'에 참전하고 있는 게 우리 현실이다. 우리 정치는 남녀간 사랑과 비슷하다. 스웨덴의 4인조 팝그룹 아바가 1980년에 발표한 〈승자가 모든 것을 가지지요 The winner takes it all〉라는 노래를 감상해보시라. "얘기하고 싶지 않아요/우리가 누렸던 것들에 대해서는/그것이 날 아프게 할지라도/이젠 그건 지나간 역사죠/……/승자가 모든 것을 가지지요/

패배자는 그저 승자 옆에서 왜소하게 서 있어야 할 뿐이죠/그게 패자의 운명인 거죠."

한 남자를 한 여자, 또는 한 여자를 한 남자만 차지할 수 있는 사랑의 운명이 왜 정치에 적용되어야 한단 말인가? 그런 승자 독식 정치가 나라를 파멸로 이끌 수 있다는 생각은 단지 망상일 뿐인가? 2019년 『교수신문』의 교수 대상 설문조사에서 '올해의 사자성어'로 꼽힌 '공명지조共命之鳥'는 결코 그게 망상이 아니라는 걸 시사해준다.

공명지조는 한 몸에 두 개의 머리를 가진 새로, 어느 한쪽이 없어지면 자기만 살 것 같이 생각하지만 그러다간 모두 죽고 만다는 뜻이다. 적어도 정치만큼은 승자 독식을 하지 말아야 한다. 승자 독식은 무엇보다도 이성과 소통과 타협을 죽이기 때문이다.

미국 정치학자 데이비드 캘러헌은 『치팅컬처: 거짓과 편법을 부추기는 문화』에서 "최고에게 주어지는 보상이 갈수록 커지면서 점점 많은 사람이 최고의 자리에 오르기 위해 무슨 짓이든 불사한다"고 했다.[10] 정치판의 승자 독식이 다른 분야에도 영향을 미쳐 거짓과 편법이 창궐하는 세상을 원치 않는다면, 이 승자 독식 체제를 깨부숴야 하지 않겠는가?

인간은 모든 동물 가운데 얼굴을 붉히는 유일한 종이다. 찰스 다윈은 이런 특성이 모든 인류에게 공통된 것인지 알고 싶어 친분이 있는 외국의 관련 인사 모두에게 편지를 보냈고, 다른 인종을 접촉하는 선교사·상인·식민지 관료들을 대상으로 조사를 했다. 물론 공통된 특성이라는 걸 확인했다. 그는 인간이 얼굴을 붉히는 특성은 "모든 표정 중에서 가장 특이하고 가장 인간적"이라는 결론을 내렸다.[11] 네덜란드 언론인 뤼트허르 브레흐만은 『휴먼카인드』에서 이 에피소드를 소개하면서 인간이 수치심을 느끼도록 진화한 데엔 그만한 이유가 있다며 다음과 같이 말한다.

"수천 년 동안 수치심은 지도자를 길들일 수 있는 가장 확실한 방법이었으며, 오늘날에도 여전히 효과적인 장치일 수 있다. 수치심은 규칙이나 규정, 비난이나 강압보다 더 효과적이다. 수치심을 느끼는 사람들이 스스로를 제어하기 때문이다.……수치심에는 분명히 어두운 면(예를 들어 빈곤으로 인한 수치심)도 있지만 만약 수치심이 존재하지 않는다면 사회가 어떤 모습일지 상상해보라. 지옥이 열릴 것이다."[12]

이걸 어이하랴. 지옥으로 가는 모든 문이 다 열린 건 아니지만, 정치 등 일부 영역으로 향하는 문은 활짝 열리고 말았으니 말이다. 후안무치厚顔無恥는 낯이 두꺼워 부끄러움을 모른다는 뜻인데, 정치권에선 후안무치가 정치인의 경쟁력으로 대접받고 있는 세상에 우리는 살고 있다. 후안무치를 극한으로 밀어붙여 성공한 대표적 사례는 단연 미국 제45대 대통령 도널드 트럼프다.

『억만장자 도널드 트럼프의 비즈니스 법칙』이라는 트럼프의 전기를 쓴 그웬다 블래어는 트럼프의 평소 행동을 통해서 본 그의 성공 요인으로 5가지를 제시했는데, 이 가운데 4가지가 후안무치와 관련이 있는 것이다. "무슨 일이든 반드시 이겨라." "뻔뻔해지는 것에 인색하지 마라." "어떤 일이든 자기 자신을 홍보 수단으로 삼아라." "결과에 상관없이 이겼다고 우겨라." "언제나 과대포장을 해라."[13]

미국 철학자 애런 제임스는 『또라이 트럼프』라는 책에서 철면피의 3대 자질을 제시하면서 트럼프는 이걸 모두 갖추었다고 주장했다. "철면피는 대인관계에서 철저히 자기가 유리한 쪽으로 처신하면서, 자신에게 그럴 만한 권한과 자격이 있다고 철석같이 믿고, 다른 사람이 불만을 표해도 아랑곳하지 않는 사람(주로 남성)이다."[14]

지지자들은 트럼프의 후안무치를 몰랐던 걸까? 그렇진 않다. 잘 알고 있었다. 제임스는 "어쩌면 트럼프를 좋아하는 사람들 가운데 인종차별주의자와 편협한 인간들도 있을지 모르지만, 대부분은 단순히 정치계의 철면피 관리 전략 차원에서, 부패한 정치계의 버르장머리를 고쳐놓기 위해 지푸라기라도 잡는 심정으로 그를 선호한다"고 말한다.[15]

예를 들어보자. 트럼프는 사석에서 은밀하게나 할 수 있는 말을 공개적으로 마구 내뱉는다. 비난이 빗발쳐도 사과는커녕 오히려 더 공격적인 태도를 보인다. 많은 사람이 그 대담성에 열광한다. 그간 막말을 한 정치인은 많았지만, 이들은 논란이 커지면 곧 자신의 발언을 철회하거나 사과했다. 그러나 트럼프의 사전에 철회나 사과는 없다. 그는 막무가내로 끝까지 밀어붙인다. 이게 지지자들에겐 '담대함'과 '진정성'으로 여겨진다.

트럼프는 과거에 반대급부를 바라고 정치 기부를 했다고 밝혔다. 너무도 당당해 뻔뻔하다고 여겨질 정도로 말이다. 그러나 지지자들에겐 그런 뻔뻔함마저 트럼프의 존경하지 않을 수 없는 솔직성과 투명성으로 간주된다. 공사公私 영역 구분의 파괴를 획책하는 트럼프의 공약公約이 공약空約이 된다 해도 그건 그들이 그간 수십, 수백 번 당해온 제도화된 사기 행각에 비하면 별 문제가 안된다. 트럼프 반대자들은 그런 지지자들이 다 미쳤다고 말하면 속은 편하겠지만, 그것이 과연 진실인가 하는 것은 별개의 문제다.

한국엔 트럼프와 같은 수준의 철면피 정치인은 없다. 다행이긴 하지만, 안심하기엔 이르다. 한국형 후안무치의 특성은 집단적으로 나타난다는 데에 있기 때문이다. 주로 정당이 발군의 실력을 자랑한다. 공개적으로 국민을 대상으로 했던 약속을 달라진 상황에 따라 손쉽게 뒤집는 걸 상습적으로 하면서도 오히려 큰소리를 친다. '내로남불의 일상화'라고 해도 좋을 정도다.

그렇게 후안무치해도 아무런 타격을 받지 않는다. 승자 독식 당파 싸움이 불러온 정치적 양극화 때문이다. 지지자들이 반대편 사람들을 증오하는 상황에선 우리 편의 후안무치는 악덕이 아니라 오히려 미덕이 된다. 후안무치 실력이 뛰어난 정치인일수록 열화와 같은 지지를 받으며 스타 반열에 오른다. 이걸 본 다른 정치인들은 앞다투어 "누구 얼굴이 더 두껍나" 경쟁에 적극 참여하게 된다.

이런 '후안무치 정치'는 국민의 인성에 악영향을 미치지만, 나름의 대비책이 전혀 없는 건 아니다. 모든 정치적 갈등을 선善과 악惡의 대결 구도로 몰아가면 간단히 해결된다. 악을 그대로 방치하는 건 정의가 아니다. 반드시 청산해야만 한다. 청산 대상을 악마화하면 청산 주체의 후안무치는 정의로운 미덕인 것처럼 여겨지기 마련이다. 그래서 일상으로 돌아가면 후안무치가 나쁘다는 정도의 분별력은 다시 살아난다. 그러니 너무 걱정할 건 없지만, 그런 선악 이분법에 장기간 중독된 사람은 인성마저 변하기 마련이다.

여기서 중요한 사실은 정파적으로 양극화된 정치체제하에선 후안무치를 반대하는 사람들이 후안무치한 권력을 제어할 수 있는 힘을 잃었다는 점이다. 결국 문제는 정파적 편 가르기일 텐데, 도무지 답이 없다. 답답한 마음에 김승희 시집 『도미는 도마 위에서』를 읽다가 다음 대목에 밑줄을 그어본다. "시곗바늘은 12시부터 6시까지는 우파로 돌다가 6시부터 12시까지는 좌파로 돈다. 미친 사람 빼고 시계가 좌파라고, 우파라고 말하는 사람은 없다. 아무리 바빠도 벽에 걸린 시계 한 번 보고 나서 말해라."[16]

# 의전을 죽여야
# 나라가 산다

## '의전 공화국'을 만든 '뿌리 깊은 권위주의'

2021년 8월 27일 오전 법무부 차관 강성국이 충북 진천 국가공무원인재개발원에서 아프가니스탄 특별 입국자 초기 정착 지원과 관련해 브리핑을 하고 있었다. 발표가 진행되는 동안 비가 내렸는데, 8분이 넘게 이어진 브리핑 내내 법무부 직원이 강성국 뒤에서 무릎을 꿇고 우산을 씌워준 모습이 카메라에 포착되어 뜨거운 논란이 벌어졌다.

이른바 '우산 의전' 사건이다. "생중계하는 행사장에서 이렇다면 평소엔 얼마나 심하겠느냐", "조선시대도 아니고 뭐 하는 짓이냐", "무릎을 꿇게 할 필요가 있느냐", "차관이 상전이냐", "옆에서서 우산을 들어주면 권위가 떨어지나", "저 사람 가족이 보면 얼마나 마음이 아플까" 등 비난이 빗발쳤다.[17]

이 사건은 이렇듯 처음엔 '과잉 의전'으로 비난을 받았지만, '좋은 그림'을 만들기 위한 취재진들의 무리한 요구로 인해 빚어진 일이라는 반론이 나오면서 비난의 강도는 좀 수그러들었다. '언론 탓'은 일리는 있지만 전적으로 타당한 건 아니었다. 공무원들은 언론의 요구에 무조건 복종하는 게 당연하다는 전제를 수용할 경우에만 타당했을 뿐이다. '무릎 꿇고 우산 씌워주기'가 8분 이상 지속되었음에도 주변에 있던 간부급 공무원들이 이걸 그대로 방치한 무감각마저 '언론 탓'으로 돌릴 수는 없는 일이었다.

다소 오해는 있었지만 이 사건을 통해 확인할 수 있었던 건 '과잉 의전'에 대한 일반 국민의 문제의식과 더불어 분노가 매우 강하며 널리 퍼져 있다는 사실이었다. 이게 참 이상한 일이다. 그렇다면 사회 전 분야에 걸쳐 '과잉 의전'이 사라지거나 약화되어야할 텐데도 우리의 현실은 전혀 그렇지 못하니 말이다.

뒤집어 생각해보면 이상한 게 아니라 당연한 일인지도 모르겠다. 일상적 삶에서 '의전 갑질'에 시달리는 사람이 많기 때문에 '과잉 의전'에 대해 자신이 당하는 것처럼 분노가 치밀어 올랐던 게 아닐까? 보통 사람들로선 '과잉 의전'을 거부할 힘이 없으며 순응할 수밖에 없기 때문에 더욱 그럴 수밖에 없잖은가 말이다.

『경향신문』은 2017년 6월 특집 기사에서 한국이 '의전 공화국'이 된 이유를 '뿌리 깊은 권위주의'에서 찾았다. 의전을 받는 사람들은 대부분 권력을 가진 자들이고, 그들이 자신에게 얼마든지 정당하지 않은 이유로 '갑질'을 할 수 있다는 두려움 때문에, 누가 시키든 시키지 않든 알아서 '과잉 의전'을 하게 되는 구조가 형성되었다는 것이다.[18]

## "의전은 근사한 야만이다"

의전의 폐해에 관심이 있는 분이라면, 이 분야의 선각자인 허의도가 2017년 8월에 출간한 『의전의 민낯: 겉치레를 죽여야 나라가 산다』는 책을 꼭 읽어보실 걸 권하고 싶다. 그는 "의전의 뿌리는 봉건제도에 있다"며 "오늘의 민주체제에서 말하면 야만, 한마디로 근사한 야만이다"고 했다. '권위주의'와 '근사한 야만'이 좋다면 할 말은 없지만, 그게 아니라면 이대로 좋은지 다시 생각해볼 필요가 있겠다. 우선 『의전의 민낯』에 소개된 사례들을 포함해 그간 알려진 의전의 진풍경을 감상해보자.

의전의 주요 목적 중 하나는 사람들의 복종을 이끌어내기 위한 '겁주기'다. 위압감을 주기 위해선 집무실에서부터 자동차에 이르기까지 일단 무조건 커야 한다. 10여 년 전 장관실(50평)보다 넓은 시장·군수·구청장실이 50개나 된다는 언론 보도가 있었는데, 지금은 어떤지 모르겠다. 공기업은 어떤가? 허의도는 기자 시절 찾아간 공기업 임원실에서 '운동장'이라는 신음을 내뱉을 뻔한 경우가 한두 번이 아니었다고 했다.

자동차의 크기도 서열에 따라 달라진다. 허의도는 "자리마다 제공되는 차량의 배기량을 3300cc네, 2800cc네 규정으로 정해놓고 있는 나라가 얼마나 있을까?"라고 묻는다. 하긴 우리는 자동차 번호판부터 의전 서열이 있는 나라가 아닌가? 죽는다고 해서 그 의전 서열이 사라지는 게 아니다. 무덤의 크기도 서열에 따라 달라진다. 그런 이상한 일이 벌어지고 있는데도 사람들은 그러려니 한다. 한국이 세계 최고 수준의 의전 강국이 된 건 결코 우연이 아닌 것 같다.

어떤 야외 추모 행사장의 잘 정렬된 플라스틱 의자 앞좌석에 행사 시작 2시간 전부터 사람들이 줄을 지어 앉는 일이 벌어졌다. 고위층 참석자의 '자리 알박기'를 위해 동원된 직원들이었다. 어느 지방자치단체가 네덜란드 투자단을 초청했을 때 벌어진 일을 보자. 지자체는 인천공항에 영접단을 내보냈고, 지자체 주요 거리와 시청 내부에 대형 환영 현수막을 내걸었다. 이건 눈감아주자. 도저히 이해하기 어려운 것은 정상 근무 시간임에도 투자단이 도착하는 시청 앞에 정장 차림의 공무원 수백 명을 박수 부대로 도열시켰다는 사실이다.

어느 외국 기업의 고위 책임자 A가 국내 재벌 계열사의 CEO

와 약속을 잡다 잡다 안 되어서 결국 일요일 아침 이른 시간에 만나기로 했다. 편리한 동네 카페 정도를 원했지만 CEO는 자신의 집무실에서 보자고 했다. A는 대화를 나누긴 했지만 충격을 받았다. 휴일임에도 그 CEO가 놀랍게도 직원 13명을 불러내 이런저런 의전 수발을 들게 했기 때문이다.

우리 정부 기구 중엔 외교부라는 게 있지만, 이는 '의전 접대부'로 이름을 바꾸는 게 좋을 정도로 외국을 방문하는 국내 권력 엘리트 수발드느라 바쁘다. 유럽 지역의 대사를 지낸 어떤 이는 2년여 동안 200여 차례 한국 손님을 맞았다고 했다. 1년에 100차례 꼴이었다.[19]

대기업의 해외 사업장에 고위층이 방문하면 초비상이 걸린다. 3시간 체류를 위해 3개월 전부터 난리법석인 경우가 허다하다. 현지인 근로자들은 도대체 뭐 하는 건지 이해할 수 없어 마냥 고개를 갸우뚱한다지만, "일의 실패는 용서 받아도 의전의 실패는 용서받을 수 없다"는 게 한국인 직원들의 좌우명임을 이해할 리 만무하다.


## "의전은 상명하복과 아부의 수단"

국내 모 대기업의 프랑스 법인장을 지낸 에리크 쉬르데주가 출간한 『한국인은 미쳤다!』는 책은 사실상 '의전에 미친 한국인'에 대한 고발서다. 기가 막힌 이야기들이 실려 있는 이 책을 읽다 보면 한국인의 궁극적인 꿈은 '의전 갑질'을 할 수 있는 위치에 오르는 게 아닌가 하는 생각이 들 정도다.

'의전 갑질'을 당하는 직원들은 피해자일 뿐인가? 꼭 그런 건 아니라는 데에 진짜 비극이 있는 건지도 모르겠다. 쉬르데주가 진급해 '상무'라는 직함을 갖게 된 순간 한국인 직원들의 태도가 180도로 달라졌는데, 그는 갑자기 달라진 의전의 무게를 불편해하면서 그걸 거부했다. 그러나 그는 "지나고 나서 생각해보니 내가 실수한 게 틀림없다"며 다음과 같이 말했다.

"자동차에서 내려 공항 대합실까지 내 짐을 내가 들고 가는 일은 소탈함을 보여주는 행동이 아니라 새로운 지위에 걸맞게 행동하길 바라는 사람들에게 내가 얼마나 그 기대를 벗어나는 사람인가를 보여주는 행동이었다. 내가 우습다고 생각한 게임에 참여하지 않음으로써 한국인들에게 어쩌면 나는 그들이 생각한 것만큼 법인장에 어울리는 사람이 아닐지도 모른다는 부정적인 생각을 심어준 것이다."[20]

점잖은 냉소로 이해하는 게 옳겠지만, 의전은 쌍방의 공모에 의해 유지되기도 한다는 걸 시사해준다. 허의도는 "의전 자체가 경쟁 구도로 빠져들면서 차츰 상명하복과 아부의 수단으로 변질된다"며 "폐쇄적이고 경직된 구조의 안락함을 사수하는 수단으로 의전만큼 좋은 것은 없다"고 말한다. 그래서 중간 관리자가 의전으로 리더를 조직에서 격리시키는 일도 벌어진다.

양쪽 모두 익숙해지면 의전은 마약이 되고 만다. 허의도는 '의전 마약'의 가장 큰 문제는 "리더를 조직의 본질과 격리시킨다는 사실이다"고 말한다. "당사자는 그렇게 공중에 붕 뜬다.……의전에 휩싸인 리더는 허수아비나 피에로처럼 권력을 행사한다. 정작 본인은 제법 근사하게 리더십을 발휘하고 있다는 착각 속에서. 실로 안타깝고 위험한 독극물이 아닐 수 없다."

어떤 분야의 고위층이건 의전은 자신에 대한 의전만으로 끝나지 않는다. 배우자 의전까지 챙겨야 한다. 특히 지방자치단체장 부인 수행에 공무원들이 동원되고 단체장 못지않은 의전으로 눈살을 찌푸리게 하는 일이 많이 벌어진다. 2016년 단체장 배우자들의 일탈 행위를 보다 못한 행정자치부가 '지방자치단체장 배우자의 사적 행위에 대한 지자체 준수 사항'을 마련해 자치단체에 통보했지만, 그게 잘 지켜지고 있을 것이라고 믿으시는가?


## 이재명과 '김혜경 불법 의전' 사건 ────────

2022년 1월 말 '김혜경 불법 의전' 사건이 터졌을 때, 나는 김혜경보다는 이재명에 대해 놀랐다. 이재명의 공사公私 구분 의식이 박약하다는 글을 썼다가 선거 시기의 민감성을 감안해 발표하진 않았지만, 이 글에서 내가 문제 삼은 것 중의 하나는 이재명의 성남시장 재임 시절인 2011년에 일어난 '김혜경 과잉 의전' 사건이었기 때문이다. 10여 년간 달라진 게 전혀 없었단 말인가? 이 사건을 간략히 소개하자면 이렇다.

2011년 11월 25일 성남시의회 본회의 5분 자유발언에 나선 시의원 이덕수는 "금년 10월 모 봉사단체 행사에 사모님이 관용차를 이용해 오셨는데, 공무원이 약 20여 명은 도열을 했습니다. 이를 목격한 주민들이 얼마나 욕을 퍼부었는지 본 의원조차 낯이 뜨거웠다"면서 "사모님 홀로 관용차를 이용하는 것은 시민들은 반기지 않을 것이며 적절한 처신인지 되돌아보아야 한다"고 말했다. 그는 "사모님께서 관용 차량을 이용한다는 의혹과 관련해 시장 관용차 운행 일지를 요구했는데 제출을 거부했다"면서 "시정을 감시 견제하라고 선출해준 의원이 자료를 요구하는데 무엇이 두려워 공개를 기피하는 것"이냐고 비판했다.[21]

작게나마 그런 논란이 있었으면 조심하고 또 조심했어야 했는데, 이재명은 이 논란에서 아무런 교훈을 얻지 못했다. 그래서 결국 대선을 한 달 여 앞둔 시점에서 '김혜경 불법 의전' 사건으로 큰 타격을 입은 게 아닌가? 사실 이 문제는 당사자의 폭로만 없었을 뿐 2021년 11월에도 논란이 된 사안이었다. 11월 24일 국민의힘은 다음과 같은 성명을 발표했다.

"이재명 후보의 부인 김혜경 씨를 지근거리에서 수행하는 배 모 씨가 얼마 전까지 경기도청 5급 공무원 신분이었다는 의혹이 제기됐다. 경기도민의 세금이 이재명 일가—家를 위한 쌈짓돈인가. 행정안전부에 따르면, 지자체장 배우자의 사적 활동에 공무원을 수행하게 할 수 없다. 이를 피하기 위해 경기도는 배씨를 사무관으로 임명하면서 맡은 업무를 '국회, 도의회 등 소통 협력 사업'이라 적시했다고 한다. 관계 법령에도 없는 아내의 수행을 위해 공무원직을 하사하고, 수행원 월급은 도민의 세금으로 대납하는 행태는 명백한 권력 남용이다."[22]

이는 평소 이재명이 공사 구분을 유난히 강조했던 것에 비추어 본다면 그에 대한 근본적인 신뢰를 추락시킬 수 있는 중대 사건이었다. 이 사건의 본질은 '황제 의전'이 아니라 "공무원을 몸종처럼 부린 불법적인 권력 남용이자 공적 권력의 사유화"라는 시각도 있지만,[23] 문제의 출발점은 의전에서 비롯된 것으로 보아도 무방할 것이다.

의전은 사회 각 분야의 고위 인사들을 타락시키는 주범 중의 하나다. 무엇보다도 평등의 개념을 훼손하며 현실 감각을 마비시키기 때문이다. 진보적인 사람마저 "내가 누군지 알아?"를 외치면서 서열에 목숨을 거는 수구꼴통으로 만드는 마력을 발휘한다. 보통 사람들이라고 해서 의전의 문제에서 자유로운 건 아니다. 의전은 한국 사회의 완고한 서열주의와 그에 따른 갑질과 분리할 수

없다. 서로 영향을 주고받으면서 우리 모두의 삶을 피폐하게 만든
다. 구체적인 해법까지 제시한 『의전의 민낯』이라는 책이 다시 널
리 읽히면서 '의전 죽이기'에 가세하는 사람이 많아지기를 기대
한다.

# 왜 중도는
## 설 땅이 없을까?

포스텍 석좌교수 송호근이 2021년 2월에 출간한 『정의보다 더 소중한 것』이란 책을 재미있고 유익하게 읽었다. 가장 내 눈길을 끈 건 서문에 쓴 '중도'에 관한 이야기였다. 그는 자신에 대해 이렇게 말한다. "영역과 대상에 따라 좌우를 진자振子 운동하는 자유부동적 인간이다. 어떤 정권에 내 인생을 송두리째 바치는 이타적 유형이 아니다. 다만 진자 운동하는 그 폭이 중도를 기점으로 좌우 얼마쯤에 걸쳐 있을 뿐이다. 중도파라 불러주면 고맙다. 좌파 정권이 집권하면 중도우파로, 우파 정권이면 중도좌파로 변신을 거듭했다."[24]

송호근이 문재인 정부 초기 보건복지부 장관직 제의를 비롯해 여러 차례 그런 유혹을 뿌리친 것도 바로 그런 이유 때문이었을 게다. 맹종盲從의 기질이 없는 사람은 장관 해먹기 어려운바, 현명한 판단이었다는 생각이 든다. 나는 그를 '적극적 중도파'로 부르고 싶다. 10여 년 전 인하대학교 교수 김진석이 말한 것처럼 "중도가 적극적이고 활동적인 의미로 확보되려면, 오른쪽과 왼쪽 양편의 극단과 부딪치는 일이 긍정적이고도 적극적으로 파악되어야 한다"는 의미에서다.

그렇다면 '소극적 중도파'는 누구인가? 굳이 누구라고 말할 것도 없이, 우리가 흔히 말하는 중도파를 생각하면 되겠다. 한국리서치와 한국갤럽의 최근 2년간 조사 결과에 따르면, 이런 중도의 비율이 전체 유권자의 40~45퍼센트에 이른다. 보수(25퍼센트 내외)나 진보(30퍼센트 내외) 비율보다 훨씬 더 많다.[25] 이렇듯 중도의 수요는 높지만 정치권의 공급은 형편없다. 중도에 대한 수요와 공급의 괴리야말로 한국 정치의 근본 문제인지도 모른다.

정치권에선 보수와 진보를 막론하고 대체적으로 중도를 싫어한다. 어느 쪽이 더 싫어하는지는 분명치 않지만, 그간 비교적 더 많이 거론된 건 진보 쪽에서 이루어진 중도 비판이었다. 민주당 대선 후보 이재명은 아예 "중도라는 개념은 보수 언론이 만든 프레임의 산물"이라고 주장한다.[26] 그 밖에도 "중도층은 미신이다. 쟁점마다 다른 투표를 하는 스윙보터층이 있을 뿐이다"라거나,[27] "수구적 보수의 가치 노선에 대해 선명한 경쟁 구도를 형성하는 것을 두려워하는 경향"이라거나,[28] "개혁 과제가 산적한 나라에서

'중도화' 운운은 결국 수구의 길이다"는 식의 주장이 나온다.[29]

하지만 사회 영역에선 중도는 정치적 양극화가 극에 이를 때마다 소환된다. '중도의 세력화'가 이루어져야 진보와 보수 양 진영의 파괴적인 정치 전쟁을 막을 수 있다는 의미에서다. 그래서 중도파가 목소리를 내야 한다거나 중도파의 단결이 필요하다는 주장이 나오긴 하지만, 이건 결코 쉽지 않은 일이다. 전문가들은 중도를 정책 이념 중심으로 분류하는 경향이 있는데, 그것 못지않게 중요한 건 참여 성향이나 기질이기 때문이다.

"나는 보수도 진보도 아니다. 그 중간쯤 된다"거나 "보수나 진보라는 단어로 편을 가르지 말아 달라"는 말을 하는 중도파는 우선적으로 편 가르기와 이에 따라붙는 뜨거운 열정 자체를 싫어하는 경향이 있다. 자기 목소리를 내거나 단합을 하는 데에 꼭 필요한 열정이 없거나 약하다는 이야기다. 우리보다 중도 논쟁이 앞선 서양에서 중도를 가리켜 "열정 없는 사람들이 모이는 곳"이라는 식의 담론이 많은 것도 그걸 잘 말해준다.

이 점에선 '중도 미신론'이 그럴듯해 보이긴 하지만, 투표 행위에 그런 열정이 꼭 필요한 건 아니다. 정당들이 단합된 조직력을 기반으로 목소리를 크게 내는 일부 강경파에 휘둘렸다가 선거를 망치는 사례들이 자주 나오듯이, 중도는 '선거의 보이지 않는 실세'로서 잠재력을 갖고 있다. 여론조사를 통해 자신의 뜻을 표출할 수도 있다.

문제는 중도가 선거나 여론조사 이외엔 거대 양당 체제 자체를 바꿀 수 있는 파괴력을 평소 실력의 형식으론 보여주기 어렵다는 데에 있다. 정치는 상당 부분 이익 투쟁이건만 중도는 이익 투쟁의 밖에 머무르고 있기 때문이다. 이익 투쟁에 참여한다 하더라도 이익을 쟁취할 확률이 낮아 많은 사람을 끌어들이기 어렵다는 점도 있다. 어느 지식인이 사석에서 했다는 다음 말에 그 이유가 잘 담겨 있다. "중도는 설 땅이 없죠. 좋든 싫든 한 진영을 선택해야 발언과 영향력, 자리와 계급을 보장받거든요."[30]

　특정한 이념 지향성을 갖고 있더라도 진영 논리에 충실하지 않으면 도태되는 게 현실이며, 이는 미디어도 마찬가지다. 뉴라이트 계열 격월간지 『시대정신』이 '무기한 정간'에 들어간 이유도 바로 그것이다. 이 잡지의 편집인 홍진표는 "탄핵 이후 '태극기', '대깨문' 등 양극단으로 시민 후원이 쏠리게 돼버렸어요. 『시대정신』 같이 '진영'과 거리를 두려고 노력하는 잡지는 후원을 받기 어려워요"라고 말했다.[31]

　자리와 계급을 노리는 사람들은 열정이 매우 강하다. 아니 살벌할 정도로 강하다. 나는 평소 "밥그릇의 크기와 열정의 강도는 정비례한다"고 주장해왔는데, 이 가설엔 상당한 근거가 있다. 국민의힘은 2020년 공공기관·정부 산하 기관의 전체 임원 2,727명을 전수全數 조사한 결과 문재인 정권의 캠코더 인사로 의심되는 사례가 17.1퍼센트(466명)로 나타났다고 주장했다.[32] 이 수치보다 적을 순 있겠지만, 그런 '낙하산 취업'에 대해 수혜자들이 당당하기는 어렵다. 따라서 자존감을 키워야 한다. 어떻게? 개혁과 적폐 청산을 강하게 부르짖으면 된다. 문재인보다 훨씬 더 치열하고 격렬하게. 누군가 이의 제기를 하면 들어볼 것도 없다. 무조건 '수구꼴통'이나 '적폐 세력'으로 몰면 간단히 해결된다. 그러면 낙하산 취업이 정당화될 뿐만 아니라 미화되기까지 한다.

송호근의 책을 읽다가 웃음이 터져 나온 대목이 있었는데, 그건 바로 그런 강한 열정에 대한 생생한 증언이었다. 아니 강한 정도를 넘어 오만하고 거칠고 무례한 열정이었다. 2018년 11월 중순 어느 날 송호근은 서울대학교에서 낙하산을 타고 내려온 공기업 감사들을 대상으로 특강을 했나 보다. "오십 줄에 들어선 학생들의 표정은 진지했다. 중년의 향학열이 존경스러웠다. 그게 실수였다."

송호근은 문재인 정부 잘되게 하자는 마음이 이해받을 걸로 생각하고 자신의 전공 분야인 정부의 고용 정책에 대해 쓴소리를 했던가 보다. 열정이 흘러넘치는 늙은 학생들은 가만있지 않았다. 거칠게 반론, 아니 결코 반론이라고 할 수 없는 악플 수준의 배설을 했다. "시대착오적 발상입니다." "그럼 대찬 교수께서 정책을 맡아 끝까지 밀고 나가세요. 경제와 정권을 절벽에 떨어뜨려 보시죠!" 심지어 송호근이 과거에 쓴 칼럼의 내용까지 왜곡하면서 이렇게 외친 사람도 있었다고 한다. "교수님, 왜 박근혜 패션에 그리 관심이 많으셨나요? 말해보세욧!"[33]

재미있지 않은가? 정부의 정책 비판을 자신의 자존감을 훼손하는 걸로 여기는 행태가 말이다. 좋은 밥그릇을 차지한 사람들만 그러는 게 아니다. 서강대학교 교수 이철승의 『불평등의 세대』에 잘 표현되었듯이, "친구가, 친구의 친구가 권력을 잡았다는 것은 그만큼 나의 권력도 증대되었음을 의미한다".[34] 이런 친구와 친구의 친구들이 모두 열정적인 정권 수호대로 뛰게 되는 건 두말할 나위가 없다.

좀 점잖게 말하자면, 그만큼 거대 양당 체제가 영향을 미치는 자장磁場의 범위와 강도가 넓고 강하며, 따라서 중도파의 정치 세력화가 그만큼 어렵다는 뜻이다. 게다가 거대 양당이 자신들의 '적대적 공생'을 위해 중도의 성장을 방해하는 공세를 펴는 것도 문제다. 중도의 설 땅을 넓혀나가기 위해선 일단 적극적 중도파가 많아지도록 하는 게 출발점일지도 모르겠다.

나는 이 글의 일부를 『UPI뉴스』(2021년 3월 11일)에 기고했는데, 중도 문제에 관한 전문가로 추정되는 어떤 분이 댓글을 통해 반론을 주셨다. 감사의 말씀을 드린다. 그는 "국내 중도 유권자들의 주된 태도는 '판단 유보'에 가깝다. 정파성 따위와는 거리를 두고 추이를 관망하려는 쪽이다. 그런데 글쓴이가 적극적 중도라며 예시로 든 송호근 교수의 경우는 오히려 확고한 견해를 가졌고 정당과의 접촉에도 개방적이다. 글쓴이는 송 교수가 그렇게 처세할 수 있는 배경을 전혀 진단하지 않으니 황당할 따름이다"며 다음과 같이 말한다.

"송 교수는 거대 양당에서 골고루 공직 제안을 받는 건 물론 공론장을 쥐고 흔들 만한 명망을 갖고 있다. 즉 현실 정치에 직접적이고 광범한 이해타산을 가졌고, 당연히 그것들은 정치에 적극성을 보일 만한 합리적 동기이다. 그런데 보편적인 중도 유권자들에게는 송 교수의 경우처럼 정치가 곧 직분 및 명성이 걸린 베팅이 되는 일은 어지간해서는 있지 않다. 즉 송 교수가 지금 보여주는 정치적 관점은 그가 운신의 폭이 넓은 엘리트라는 '입장'과 무관하다 보기 어렵다. 그런 특이 케이스 비슷한 무리들의 수를 늘려 적극적 중도라는 이름으로 세력화하자니, 이건 완전히 전후 맥락이 결핍된 사이비 사회과학 아닌가? 실현 가능성도 없거니와 적극적 중도라는 게 무슨 문벌귀족 정치인가?"

내 글이 그렇게 읽혔다는 게 흥미로웠다. 물론 내가 볼 때엔 명백한 오독誤讀이지만, 그 책임은 내가 지련다. 나는 중도의 정치 세력화에 대해 비관적이다. 한국과 같은 승자 독식형 대통령제 국가에서는 어렵다고 본다. 비판자는 "중도의 설 땅을 넓혀나가기 위해선 일단 적극적 중도파가 많아지도록 하는 게 출발점일지도 모르겠다"는 나의 말을 '문벌귀족 정치'로 나아가자는 주장쯤으로 본 것 같은데, 그건 교수들이 선거 때만 되면 떼를 지어 거대 양당 캠프로 몰려가는 행태에 대한 비판과 개탄을 돌려서 표현한 것일 뿐이다.

나는 송호근이 그런 식으로 벼슬을 탐하는 폴리페서는 아니었다는 점을 평가한 것뿐인데, 이게 그만 비판자의 화를 돋운 게 아닌가 싶다. "거대 양당에서 골고루 공직 제안을 받는 건 물론 공론장을 쥐고 흔들 만한 명망을 갖고 있다"는 건 아무나 누릴 수 있는 건 아닐 것이기에 말이다. 아니, 내가 송호근의 그런 파워를 과소평가했던 건지도 모르겠다. 비판자의 너그러운 이해를 바라마지 않는다. 나는 그런 파워가 별 거 아니라고 보는 사람이니까 말이다.

중도가 설 땅이 없는 이유는 정치판의 밥그릇 쟁탈전에서 소외되어 있기 때문이라는 게 내 글의 주요 논지였다. 거대 양당이라는 적대적 공생 세력과 이 세력의 영향권하에 있는 각종 이익 공동체에 속한 보통 사람들, 이들에게도 중도를 죽여야 할 충분한 이유가 있다는 것도 밝혀둘 필요가 있겠다. 이런 논지를 정확히 그리고 충분하게 전달하지 못한 책임은 물론 내게 있다.

## 제4장

# 이재명
# '만독불침'의
# 종언인가?

## '팬덤의 CEO'가 된 이재명의 '팬덤 정치'

### '재명학'의 가장 중요한 질문

"국회의원을 움직이는 최고 단위 정치 행위는 팬클럽이다."[1] 민주당 의원 정청래가 『정청래의 국회의원 사용법』에서 밝힌 명언이다. 실제로 그가 2016년 제20대 총선 공천에서 탈락했을 때 그의 팬클럽이 전화, 문자 폭탄, 탈당계 팩스 등의 공세를 퍼부어 거의 일주일 내내 중앙당과 17개 시·도당의 업무가 마비되었다고 한다.

정치학자들은 정당 등과 같은 공식적인 조직을 연구하는 데에 집중하는 경향이 있지만, 나는 그들이 번지수를 잘못 짚고 있다고 생각한다. 적어도 한국 정치에선 팬덤이 더 큰 힘을 발휘하는 상위 조직이며, 정당은 그 하부 기구에 불과하다. 의원들에게 가장 중요한 건 공천과 더불어 후원금인데, 이 2가지는 사실상 팬덤의 규모와 열정의 영향을 많이 받는다.

만만치 않은 팬덤을 가진 의원들이 가끔 "(국정감사 준비를 위한) 군자금이 부족하다. 저랑 의원실 보좌진이 밥을 굶고 있다. 매일 김밥이 지겹다. 염치없지만 후원금 꽉꽉 부탁드린다"(김용민)거나, "통장이 텅 비어 마음마저 쓸쓸하다. 한 푼 줍쇼"(정청래)라는 이른바 '앵벌이성 후원금 모집 글'을 올려 성과를 얻는 것도 팬덤의 힘을 잘 말해주는 것으로 볼 수 있겠다.[2]

추미애의 '윤석열 때리기'는 윤석열에 대해 비판적인 사람들조차 "이제 좀 그만하지"라는 생각을 하게 만들 정도로 집요한 면이 있었는데, 추미애가 그럴 수 있는 원동력도 바로 팬덤에서 나온 것이었다. 환호하는 팬덤이 있는 한 무슨 일이든 할 수 있는 사람들이 바로 정치인이며, 이를 한국 현대사에서 가장 드라마틱하게 실천해 보인 인물이 바로 문재인이다. "대한민국은 문재인 보유국"이라고 외치는 사람들을 어찌 실망시킬 수 있었겠는가 말이다.

그렇다면 이재명은 어떤가? 문재인보다 한 수 위인가, 아래인가? 그렇게 조잡하게 비교하기는 어렵다. 스타일이 전혀 다르기 때문이다. 문재인은 팬덤의 창업자는 아니다. 그는 모든 걸 노무현에게서 물려받았다. 그는 팬덤의 비위를 맞추는 데에 급급했을 뿐 팬덤의 구성과 운영에 개입할 수 없었고 개입하지도 않았다. 반면 이재명은 팬덤의 창업자다. 팬덤의 구성과 운영에 직접 개입

한 '팬덤의 CEO'였다. 매우 독특하고 희귀한 유형이다.

한동안 민주당에 불어닥친 '재명학 열풍'은 야당에서 "1980년 대 운동권의 주체사상 교육을 보는 것 같다"(윤희숙)는 비아냥을 듣기도 했지만,[3] 한 편의 신파극이었다고 보는 게 더 어울릴 것 같다. 막강 팬덤을 거느린 '나꼼수' 출신 김용민이 "SNS 활동이 저조한 의원 하위 80% 명단을 공개하겠다"고 겁을 준 탓인지는 몰라도, 의원들은 '재명학'의 교재인 『인간 이재명』을 읽은 독후감을 SNS에 올리기 바빴는데, 다음 독후감에 1등상을 주어도 무방할 것이다.

"인간 이재명 책을 단숨에 읽었다. 이토록 처절한 서사가 있을까? 이토록 극적인 반전의 드라마가 또 있을까? 유능한 소설가라도 이 같은 삶을 엮어낼 수 있을까? 한 장 한 장 책장을 넘기면서 인간 이재명과 심리적 일체감을 느끼며 아니 흐느끼며 읽었다."(정청래)[4]

정치판의 산전수전을 다 겪은 50대 후반의 정치인을 흐느끼게 만들 수 있는 이재명의 힘은 도대체 어디에서 나오는가? 나는 이게 '재명학'의 가장 중요한 질문이 되어야 한다고 생각한다. 이는 흐느끼면서 이재명을 지지하는 열성 팬덤을 이해할 수 있는 길이기도 하다. 2022년 대선은 끝났지만, 향후 한국 정치의 이해에 기여할 수 있는 중요한 정치학적 연구일 수 있다는 점에서 이 논의를 이해해주시기 바란다.

## 이재명은 'SNS 대통령'

이재명은 2005년 열린우리당에 입당해 2006년 지방선거에서 단수 공천으로 성남시장 후보로 출마했지만, 전 시장인 한나라당 후보 이대엽에 밀려 낙선했다. 그는 2007년 대선 시엔 대통합민주신당 후보 정동영의 비서실장이자 팬 카페인 '정통들(정동영과 통하는 사람들)'의 공동대표를 맡아 활동했다. 그는 "노사모가 분기탱천한 농민군이라면 정통들은 정예 기병부대"라며 특히 경선 과정에서 이른바 '천지인 운동'을 펼쳐 큰 성과를 보았다고 했다. 천지인 운동은 "아는 사람 1,000명을 찾아내자"는 것으로 이 운동을 통해 정동영이 대통령 후보로 선출되는 데에 일조했다는 것이다.[5]

이재명은 꾀 또는 아이디어가 많은 사람이다. "아는 사람 1,000명을 찾아내자"는 천지인 운동의 숨은 저작권자가 따로 있는지는 모르겠지만, 나는 이게 이재명의 아이디어였을 것이라고 생각한다. 이후 보여준 그의 팬덤 관리술과 일맥상통하는 점이 있기 때문이다.

세 차례나 낙선의 고배를 마신 이재명은 2010년 6·2 지방선거에서 민주당 소속으로 경기도 성남시장 선거에 출마해 51.2퍼센트의 득표율을 얻어 당선되었다. 놀랍지 않은가? 기초자치단체장이 불과 11년 만에 집권 여당의 대선 후보의 자리에 올랐다는 게 말이다. 이건 순전히 때마침 만개하기 시작한 SNS 덕분이었다.

『2021·2022 이재명론』의 공동 저자인 장동훈은 "이재명은 'SNS 대통령'이라는 별칭을 들을 정도로 온라인상에서 많은 지지자를 확보하고 있다"며 "어쩌면 SNS 시대의 개막과 함께 정치를 시작한 이재명은 행운아다. 그는 SNS 시대에 최적화된 정치 지도자인 까닭이다"고 했다.[6] 전적으로 동의하지 않을 수 없는 탁견이지만, 이재명의 'SNS 정치'엔 명암이 있었다.

2012년 12월 31일 성남시의회는 임시회 본회의를 열어 2013년도 예산안을 처리하려고 했으나, 다수당인 새누리당 시의원이 등원을 거부해 의결 정족수 미달로 자동 산회했다. 당시 재적의원 34명은 새누리당 18명, 민주통합당 15명, 무소속 1명으로 구성되어 있었다. 새누리당 시의원들은 이재명이 추진한 핵심 사업인 '도시개발공사 설립'에 재정 부담이 가중된다며 당론으로 반대했고, 등원마저 거부했다. 이에 따라 준예산 체제가 7일간 이어졌는데, 그 과정에서 이재명 지지자들은 새누리당 시의원들에게 문자 폭탄을 보냈다.

2013년 1월 3일 한 지지자는 트위터에 "오늘 저희 지역구 시의원님 땀 좀 빼질 흘리신 듯. 동네 엄마들이 문자 폭탄에 전화 폭탄을 선물하셨거든요. 저도 동참했답니다"라는 글을 올렸고, 이재명은 "그래서 새누리당 의원님들께서 조금 정신이 드신 걸까요?"라는 답글을 올렸다. 이는 훗날 이재명이 자신에 대한 문자 폭탄에 대해 부정적인 입장을 취할 때에 '자업자득自業自得'이자 '내로남불'이라는 비판의 한 근거가 된다.[7]

## 이재명이 밝힌 손가혁의 모집 요강

이재명은 본격적인 'SNS 정치'로 전국적인 주목을 받기 시작했다. 그는 그런 지명도를 업고 2015년 3월 27일 김어준의 〈파파이스〉 43화에 출연해 성남 의료원 설치, 무상 산후조리 사업 등의 복지 사업에 관한 자신의 철학과 비전을 설명해나갔다. 이에 나꼼수 김용민이 "대통령이 되면 전국적인 무상 산후조리원 하실 겁니까?"라고 묻자, 이재명은 "산후조리원뿐만이 아니라요.……그 전에 작살을 좀 내야죠"라고 말해 녹화장을 술렁이게 만들었다.

이재명의 발언에 김용민과 김어준은 한동안 멍하니 이재명만을 바라보았고, 잠시 침묵이 흐른 뒤 박수가 쏟아졌다.[8] 이는 이재명의 여러 별명 중의 하나인 '작살'이 생겨나게 된 사건이었지만,[9] 열성적인 팬덤을 구축하는 계기이기도 했다. 한 지지자는 "온 몸에 전율이 일었다"며 환호했는데,[10] 이렇게 전율한 지지자가 적지 않았다.

이재명의 관심사는 다양했다. 그는 2015년 5월 병역 회피와 입국 금지 문제로 논란을 빚은 가수 유승준에 대해 여러 차례 독설을 퍼부었다. 비판을 하더라도 굳이 "한국인들 주머니의 돈이 더 필요합니까?"라거나 "한국민을 능멸한 것" 등과 같은 악플 수준의 비난을 할 필요가 있었을까? 기초자치단체장이 할 일도 많을 텐데 굳이 그럴 필요가 있었겠느냐는 것이다.

그러나 그건 무엇을 모르는 말씀이다. 당시 유승준 논란은 핫이슈였기 때문에 이재명의 유승준 비판은 이재명의 전국적 지명도를 높이는 데에 큰 기여를 했다. 이재명은 이즈음 트위터에서 12만 7,000명의 팔로어를 거느린 'SNS 스타'로서 다양한 사회이슈에 직접 '돌직구'를 던지고, 연예 매체까지 발언을 중계하는 몇 안 되는 정치인이 되었다.

네티즌들의 피를 끓게 만들 수 있는 주제로 병역 문제와 쌍벽을 이루는 건 반일 감정이 아닌가? 이재명은 2015년 11월엔 SBS 〈그것이 알고 싶다: 꽃들에 관한 인권보고서 2부〉와 관련, 자신의 페이스북에 "일제의 일본군 위안부, 박정희 정권의 미군 위안부, 그리고 박근혜 정부의 위안부 지원금 금지 조치"를 나열하며 "대체 대한민국의 정체성은 무엇이고 대한민국은 누구를 위한 존재냐"고 분개했다. 그는 또 다른 페이스북 글을 통해 "일본군 장교 출신으로 일본군 위안부를 모방해 미군 위안부를 만든 박정희 대통령. 일본군 위안부에 대한 박근혜 정부의 이 잔인한 조치는 과연 박정희의 미군 위안부와 무관하다 할 수 있을까요?"라고 질타했다.[11]

이렇게 속 시원한 말씀을 거침없이 해대는 정치인을 본 적이 있었는가? '손가락 혁명군(손가혁)'이라는 이재명 팬덤이 탄생한 건 당연한 일이었다. 이재명은 이런 식으로 축적한 자신의 '명성 자본'을 '정치적 자본'으로 활용했다. 그는 2015년 9월 29일 다음과 같은 글을 올렸다.

"'손가락 혁명' 동지들의 도움이 필요해요.……기사에 욕설 댓글 난무……응원 댓글 좀 부탁합니다^^ (중략) 얼마나 효과가 크면 국가공무원인 국정원 직원, 군인까지 목숨 걸고 하겠습니까? 기사를 보면 꼭 공감 누르고 댓글 달고 댓글 추천해주세요. 그게 바로 손가락으로 대한민국을 바꾸는 손가락 혁명입니다."[12]

이재명은 12월 15일엔 자신의 페이스북에 성남의 한 시민을 공개 수배한다는 게시글을 올렸다. "수배합니다. 제 청년배당 관련 글에 들어와 폭언성 댓글을 다신 분입니다. 페북 보니 성남분이시라는데, 혹 이분 연락처나 인적사항 아는 분 DM 좀 부탁합니다. 저한테 무슨 억하심정이 있는지, 왜 얼굴까지 내놓고 제 페북에 들어와 이런 폭언을 퍼붓는지 이유가 궁금합니다. 본인도 하실 말씀 있으면 이 글에도 댓글 다세요.^^" 이틀 만에 4,000명이 '좋아요'를 누르고 340명이 공유를 한 것으로 나타났다.[13]

좀더 체계적인 활동이 필요하다고 판단한 이재명은 12월 25일 자신의 트위터에 글을 올려 손가혁의 모집 요강을 밝혔다. 본격적인 팬덤 CEO로 등극한 셈이었다. 이재명이 밝힌 모집 요강은

"첫째, 손가락이 건강하고 건전할 것. 둘째, 옳은 말과 글에는 마구 흥분할 것. 셋째, 세상을 바꾸겠다는 의지가 있을 것. 넷째, 새누리당·일베 요원이 절대 아닐 것. 다섯째, 비록 적이라도 욕은 하지 말 것" 등의 내용을 담고 있었다. 이후 손가혁의 숫자가 급격히 늘기 시작했다.[14]

중앙선거관리위원회가 이재명에 대해 SNS 시정 홍보가 사전 선거운동이라고 검찰에 수사 의뢰한 것으로 알려지자 이재명은 2016년 2월 2일 자정 무렵 트위터에 "허허 이제 본격 시작하는가 보군.……공무원들에게는 수차례 정치적 중립 의심 받을 행위 하지 말도록 지시했는데 내가 공모?……"라고 반박하며 "내 팔로어가 20만에 가까운데 공무원을 동원했다구요? 이제 제대로 시작할 모양인데 손가락 혁명 동지들이 나서 주세요"라고 알렸다.[15]


## "최초로 박근혜 하야를 주장한 대권 주자"?

2016년 10월 '박근혜·최순실 게이트'가 서서히 그 모습을 드러내기 시작하면서 손가혁도 바빠졌다. 10월 23일 이재명은 서울 세종문화회관 세종홀에서 손가혁을 위한 '작당모의' 토크 콘서트를 열었다. 행사장에 몰려온 약 3,000명의 시민들은 "나가자, 싸우자, 이기자" 구호를 외치며 이재명을 향해 환호를 보냈다. 일부

지지자들은 "이제는 이재명이다, 나라를 구할 이재명이다" 문구가 적힌 플래카드를 흔들기도 했다. 지금껏 SNS 공간에서 활동했던 손가혁이 본격적으로 오프라인 세를 불리기 시작한 것이다.

이재명은 "대한민국의 새로운 변화를 준비하는 우리의 동지들 손가락 혁명 동지들한테 큰절을 드리겠다. 제가 먼저 두려움을 뚫고 혁명적 변화, 국민 변화의 폭풍 속으로 뛰어들겠다"고 화답했다. 토크 콘서트에 참석했던 손가혁은 "지지자들의 반응은 폭발적이었다. 전국에서 버스를 대절해서 왔고 미국 뉴욕에서도 지지자들이 왔다"고 알렸다.[16]

바로 다음 날인 10월 24일 JTBC의 '최순실 태블릿PC' 특종 보도가 나온 이후 '박근혜·최순실 게이트'에 본격적인 발동이 걸렸다. 10월 29일 광화문광장과 서울광장 사이에 있는 청계광장에 2만 명이 모여 촛불 집회를 열었다. 이 촛불 집회의 주인공은 단연 이재명이었다. 그는 이 집회에서 한 연설로 '최초로 박근혜 하야를 주장한 대권 주자'라는 타이틀을 얻으면서 대선 후보로서 탄력을 받기 시작했으니 말이다. 그는 이 집회에서 다음과 같이 말했다.

"박근혜는 국민이 맡긴 무한 책임의 권력을 근본을 알 수 없는 저잣거리 아녀자에게 던져주고 말았습니다. 박근혜는 이미 대통령으로서의 권위를 잃었습니다. 박근혜는 이미 이 나라를 지도할 기본적인 소양과 자질조차도 전혀 없다는 사실을 국민 앞에 스스로 자백했습니다. 박근혜는 이미 대통령이 아닙니다. 즉각 형식적 권력을 버리고 하야해야 합니다. 아니 사퇴해야 합니다. 탄핵이 아니라 지금 당장 집으로 돌아가십시오."[17]

현장에서 이 연설에 깊은 감명을 받은 백승대는 훗날 『이재명, 한다면 한다』라는 책에서 이렇게 회고했다. "촛불 광장에서 수많은 사람이 박근혜 퇴진을 외치고 있을 때 문재인 당대표를 비롯한 민주당 국회의원들이 '대통령은 국정에서 손 떼라' 팻말을 들고 앉아 있던 모습은 지금까지 (대통령이 된 지금까지) 내가 본 문재인 모습 중 가장 비루했던 모습이었다."[18]

나도 그간 이재명이 '최초로 박근혜 하야를 주장한 대권 주자'라고 알고 있었는데, 2022년 2월에 출간된 『이재명, 허구의 신화: 이재명의 대표적인 '업적'을 검증한다』라는 책은 전혀 다른 이야기를 들려준다. 이재명은 이 발언을 하기 보름 전인 10월 14일 김어준의 〈파파이스〉에 출연해 '박근혜 탄핵 불가론'을 다음과 같이 역설했다는 것이다.

"국회에서 의결될 가능성 제로. 거기다 역량을 소진할 순 없어요. 그러면 이게 헌법재판소에서 가결됐다고 통과되냐? 제로. 현실성이 없잖아요.……실현 불가능한 탄핵 얘기만 하면 기분만……기분이나 좋을까? 나중에 되도 않는 거 했다고 성질만 나겠지."[19]

『이재명, 허구의 신화』는 박근혜의 '하야'를 가장 먼저 말한 정치인은 정의당의 이정미, '탄핵'을 가장 먼저 말한 정치인은 박원순이고 노회찬과 심상정이 다음인데, 이재명 지지자들 사이에선 이상한 '허구의 신화'가 만들어졌다고 말한다. 이 책은 이재명은 "분위기가 바뀌자 잽싸게 여론에 숟가락 얹기에 나선 것"일 뿐이라며 다음과 같이 말한다.

"당시 이재명의 입장을 정리하면, 10월 14일부터 11월 2일까지 불과 3주도 안 되는 동안 '탄핵 불가→즉시 하야하고 탄핵 절차 돌입→탄핵보다는 즉시 하야→하야 요구가 아니라 탄핵하고 구속할 때'로 어지러울 정도로 변화무쌍하게 바뀐다."[20]

## "그들은 인간이 아니다"

11월 12일 제3차 촛불 집회엔 처음으로 100만 명이 넘는 사람이 모였다. 성남 지역의 손가혁이 모인 한 밴드 모임은 광화문 촛불 집회 공지를 올렸다. 공지는 "이 시장이 태극기를 가져오라고 했다. 박근혜 탄핵 촛불 집회를 태극기로 가득 채우자"고 독려하는 내용이었다. 이렇듯 '이재명과 손가락 혁명군 사령부' 등 각종 밴드 모임은 손가혁의 오프라인 모임을 주도하고 있었다.

이재명이 11월 16일 「이재명 지지율 10.9%, 빅3 첫 진입했다」는 기사를 인용한 순간 손가혁은 너도나도 기사를 '리트윗'했다. 손가혁의 한 회원은 "대권 주자들이 시장을 따라하고 있다. 시장님은 소신껏 의사를 펼치는 반면 다른 야권 주자들은 관망하고 있다. 축하할 일이다"는 댓글을 달았다. 다른 회원은 "우리는 이재명호, 청와대로 가고 있다고 전해라"며 자신감을 드러냈다. 『일요신문』은 「이재명 급부상 뒤엔 '손가락 혁명군' 지원사격 있다」는 기사에서 "100만 촛불 집회 이후 그의 상승세는 고공 행진을 거듭하고 있다"고 했다.[21]

12월 3일 열린 제6차 촛불 집회는 참여 인원 232만 명으로 사상 최대 인원을 기록했다. 이 집회에서 이재명은 "여러분의 손으로 박근혜의 무덤을 파, 우리 손으로 역사 속으로, 박정희의 유해 곁으로 보내줍시다"고 외쳤다. 또한 그는 "박근혜 '전' 대통령이……법률상 권한을 행사하고 있지만 이미 대통령이 아닙니다"라며 박근혜를 '전 대통령'이라고 불렀다. 이 발언에 청중은 열광했다.[22]

이날 종로구 내자동의 카페 앞에서 "박근혜 대통령 퇴진"을 외치던 300여 명의 촛불 시민이 입을 모아 한 정치인의 이름을 연호했다. "이재명!" "사이다!" "한마디 해주세요!" 집회 뒤 늦은 저녁식사를 하던 이재명은 시민들의 요청에 따라 거리에서 30여 분간 즉흥 연설을 펼쳤다. 이재명은 "재벌 체제 해체하고 재벌 총수 구속하라!"고 외치기도 했는데, 이게 또 지지자들에게 깊은 감동을 주었다.

이재명의 과격한 발언은 '사이다 발언'으로 불리면서 동영상을 통해 널리 유포되었다. "박근혜는 청와대를 나오는 순간 수갑을 채워야 합니다." "머슴(정치인)들이 간이 부었어요. 간이 배 밖으로 나와서 주인(국민) 알기를 개떡으로 알게 됐어요." "한일군사정보보호협정(체결한 이들), 그거 미친 인간들 아닙니까." "내가 노무현 대통령을 보면서 타산지석으로 배운 게 있다. 노무현 대통령은 너무 착해서 상대 진영도 나처럼 인간이겠거니 하며 믿었다. 하지만 그들은 인간이 아니다. 어설픈 관용과 용서는 참극을 부른다."

문재인 팬덤이 SNS에서 이재명이 형수에게 욕설한 내용을 퍼뜨리는 등 공세를 강화하자 손가혁은 이재명을 위한 앱을 출시했다. '손가혁 앱'은 이병부터 4성 장군까지 승급 기준으로 논란을 불러일으켰다. 손가혁 앱 회원은 가입 즉시 '전사' 계급을 받고 백인장(손가혁 앱 설치 추천인 10명 또는 공유 100회)부터 대장(손가혁 앱 설치 추천인 1,000명 또는 공유 1만 회)까지 8개 계급으로 승급할 수 있었다. 회원이 SNS에 이재명이 올린 글을 공유한 횟수에 따라 1점씩 점수가 쌓이는 방식이었다. 점수가 올라가면 승급이 가능했다.[23]

## 이재명의 '문자 폭탄 내로남불'

2017년 초 민주당 싱크탱크인 민주연구원의 '개헌 저지 보고서' 사건이 터졌다. 민주당의 주요 대선 주자 중 거의 유일한 개헌 반대론자인 문재인은 얼마 전부터 이 시점에서 개헌이야말로 "촛불 민심 배반"이라고 해왔는데, 이 보고서는 개헌을 추진하는 사람들을 야합野合 세력으로 몰아붙여야 된다는 내용을 담고 있을 뿐만 아니라 문재인이 당 대선 후보로 이미 확정되었다고 전제하고 쓴 내용도 곳곳에 들어 있었다.

이에 대해 민주당 의원들 사이에서 거센 반발이 터져 나오자 친문 팬덤은 문자 폭탄 공세로 대응했다. '개헌 저지 보고서'를 비판한 김부겸은 24시간도 채 안 되는 시간에 3,000개가 넘는 항의·욕설 문자메시지를 받고 휴대전화 번호를 바꿔야 했다. 박용진도 비슷하게 당했다. 이에 이재명은 "입장이 다르다고 어떻게 그런 식의 공격을 하느냐"며 "당을 망치고 민주주의를 파괴하는 행위"라고 비판했다. 백번 옳은 비판이었지만, 문제는 늘 내로남불이었다.

이재명이 "민주주의를 파괴하는 행위"라는 옳은 말씀을 하기 바로 전날인 1월 5일 이재명이 자기 팬덤의 문자 폭탄을 요청한 건 어떻게 이해해야 할까? 그는 자신의 SNS에 "성남시청 스케이트장이 새누리당 시의원들의 반대에 따른 예산 삭감으로 사라지게 되었다"며 성남시 야외 스케이트장 가설 건축물에 부착되었다는 '야외 스케이트장 예산 삭감에 대한 안내문'의 이미지를 올렸는데, 해당 이미지엔 반대했다는 새누리당 시의원들의 실명까지 적혀 있었다.

그러나 관련 예산 심사 시 이재명은 '민주당 인천시당 당원 간담회'와 '인천대학교 초청 강연'에 참석하기 위해 자리를 비웠으며, 이재명의 SNS 내용도 사실을 왜곡한 것이었다. 스케이트장이 주차장에 들어서 주차난이 심해졌고, 대체 유휴부지로 이전하고 부지 결정 시 추후 예산 편성하기로 여야 합의한 사항이었기 때문이다. 성남시의회 새누리당협의회는 "사실관계도 확인하지 않은 채 자신의 SNS에 불법 안내문을 따라 올린 것은 명백한 명예훼손"이라며 이재명을 강하게 비판했다.

이 안내문이 인터넷 포털사이트와 카페, 블로그 등으로 일파만파 퍼져나가면서 악성 댓글과 인격 모독성 막말들이 줄줄이 달렸다. 심지어 해당 의원들의 연락처가 담긴 신상마저 공개되어 협박성 문자마저 끊이질 않았다. 이재명의 이러한 '인민재판식' SNS 운영은 하루 이틀 일이 아니라는 말도 나왔지만,[24] 흥미로운 건 이게 또 지지자들에겐 이재명의 장점이자 강점으로 여겨졌다는 사실이다.

나꼼수 김용민은 『마이너리티 이재명』이라는 책에서 이 사건이 자신이 이재명의 지지자가 되기로 마음먹게 된 이유 중 하나라고 했다. 그는 이재명의 해당 트위터 메시지는 "시민이 나서 혼내 달라"는 의중이었다며 이렇게 말했다. "나는 여기서 '이재명은 금세기에 다시 만나기 힘든 전대미문의 싸움꾼'임을 직감했다"는 것이다.[25]

손가혁은 '싸움꾼' 이재명을 사랑했고, 이재명은 그런 사랑에 부응했다. 그는 1월 7일 "지난 대선은 3·15 부정선거를 능가하는 부정선거", "세월호 참사는 제2의 광주학살" 등과 같은 과격한 발언을 난사했다. 그는 1월 15일 '손가락 혁명군 출정식'에 앞서 이런 SNS 공지를 올렸다. "70년 적폐를 청산하고 공정한 나라를 만들 손가락 혁명군이 출정합니다. 1월 15일(일) 오후 2시 광주 김대중컨벤션센터, 특무상사 이재명도 함께합니다. 전국 아니, 전 세계 손가락 혁명 동지 여러분, 광주에서 만납시다!!"[26]

1월 15일 광주에서 이재명은 전국 각지에서 모여든 7,000여 명의 지지자 앞에서 이렇게 외쳤다. "여러분, 진실과 정의가 승리하는 세상을 위해 손가락을 많이 써야 합니다. 뜻이 같은 사람과 소통을 자주 하고 필요한 정보를 주고받으며 함께 행동하면 부패한 대한민국은 결국 엎어질 것입니다."[27]

## "세상을 바꾸려면 손가락부터 움직여라"

손가혁은 '싸움꾼' 이재명의 싸움 방식을 추종했다. 데이터 기반 전략컨설팅업체 아르스프락시아가 국회 탄핵소추안이 가결된 12월 9일부터 1월 말까지 유력 대선 주자 5명의 팬 카페와 트위터를 대상으로 분석한 결과에 따르면, 공격성과 활동성이 가장 두드러진 집단은 단연 손가혁이었다. 회원 수로는 문재인 팬덤의 6분의 1 수준이었지만, 게시글 수를 회원 수로 나눈 활동률은 91퍼센트에 달해 문재인 팬 카페(18퍼센트)를 압도했다. 또한 손가혁은 문재인을 명시적 라이벌로 놓고 강도 높은 비난과 비판을 쏟아내는 것으로 확인되었다. 손가혁은 문재인 지지자를 '친문독재패거리들', '문베충(일베충을 빗댄 말)'으로 불렀다.[28]

친문 진영 내부의 갈등을 다룬 책인 『김어준이 최순실보다 나쁘다』의 저자 최인호는 손가혁은 "문재인 저주와 이재명 신격화"를 정체성으로 삼으면서 '문재앙'이나 '문제인', '문죄인이 문제다' 같은 언어를 유포했다고 말한다. 물론 그 반대편엔 "오로지 이재명에 대한 저주, 혐오, 음해만을 자신의 에너지로 삼고 문재인을 신성화하는 민심 조작 그룹"이 있었다고 했다.[29] 그 유례를 찾기 어려울 정도로 뜨겁고 치열한 팬덤 전쟁이었다.

이재명은 2017년 2월에 출간한 『이재명은 합니다』에서 "나는 하루에도 수십만 명과 대화를 나눈다. 대화 창구도 셀 수 없이 다양하다. 카카오톡, 밴드, 트위터, 페이스북, 카카오스토리, 유튜브, 인스타그램, 인터넷 카페, 게시판, 블록, 댓글 등 수많은 채널을 통해 각계각층의 사람들과 친구를 맺고 정보 공유를 한다. 이 과정에서 나는 집단지성의 놀라운 힘을 피부로 느낀다"며 다음과 같이 말했다.

"SNS 세계에서는 하루에 30분씩만 손가락을 움직여도 충분하다. 그런 사람이 1만 명만 넘어도 대한민국에는 변화의 태풍이 불 것이다. 이것이 바로 '손가락 혁명'이다. 나는 일찌감치 SNS 세계에서 '이재명의 손가락 혁명군'을 만났다. 나를 지지하는 팔로어들이 '이재명의 손가락 혁명군'을 자처하며 위대한 집단지성을 형성한 것에 한없는 행복을 느낀다.……단언컨대 이제 대한민국의 진정한 변화는 손가락 끝에서 나올 것이다. 그러니 세상을 바꾸고자 한다면 손가락부터 움직여야 하지 않을까?"[30]

그러나 어이하랴. 손가락은 혁명을 먹고사는 것을! 이재명을 지지하는 손가락의 힘은 3월 10일 헌법재판소의 탄핵 심판 선고와 함께 안정 국면이 조성되면서 약화되었고, 4월 3일 민주당 경선은 문재인의 승리로 막을 내리고 말았다. 그러나 그대로 주저앉을 이재명은 아니었다. 그는 경선 패배 후 경기도지사 자리를 염두에 두고 있었으니, 5월 9일 대통령 선거에서 당선된 문재인은 더는 공격해야 할 대상이 아니었다.

## "나는 '만독불침'의 경지"

이재명이 거칠었던 문재인 비판을 멈추고 오히려 찬양조로 돌아서자, 일부 팬덤은 강한 불만을 표시했다. "한때 이재명 지지했는데, 내가 손가혁이었는데 왜 (이재명이) '문빠'가 됐냐?"고 비판한 손가혁이 적지 않았다. 이에 대해 이재명은 "이런 극렬 지지자는 부담스럽다"고 했지만, 이 말은 절반의 진실만 담고 있을 뿐이었다. 달라진 건 이재명이지, 손가혁이 아니었으니까 말이다.

이재명은 '문재민(문재인+이재명+민주당)'이란 표현을 만들어 유세장에서 틈날 때마다 "문 대통령과 이재명은 문재인 정부를 함께 만든 동지다. 문재인과 이재명은 한 몸"이라고 강조했다.[31] 그 덕분에 이재명은 6·13 지방선거에서 압도적 승리를 거두었고, 2개월 후 민주당의 '대통령 후보 감별사'를 자처하는 김어준에게서 '포스트 문재인'이라는 말을 듣게 된다.

그러나 '포스트 문재인'에겐 여전히 넘어야 할 산이 많았다. 그간 제기된 의혹이 하나둘이 아니었다. 그는 자신의 정면 돌파 의지를 강조하는 취지로 2018년 11월 1일 기자간담회에서 두고두고 회자될 명언을 남겼다. 그는 "무협지 화법으로 말하자면 난 '만독불침萬毒不侵'의 경지"라며 "포지티브가 아니라 네거티브 환경에서 성장했다. 적진에서 날아온 탄환과 포탄을 모아 부자가 되고 이긴 사람"이라고 했다.[32]

‘만독불침’의 시험대를 여러 차례 돌파해낸 이재명에게 가장 큰 시련은 선거법 위반 등으로 인한 당선 무효 위기였다. 그는 대법원 판결을 5개월 앞둔 2020년 2월 “지사직을 잃고 피선거권이 박탈되는 정치적 사형은 두렵지 않다. 그러나 이제 인생의 황혼녘에서 경제적 사형은 두렵다”는 글을 올릴 정도로 벌벌 떨지 않을 수 없었다.[33]

　그런 두려움 때문이었는지 그간 법조계 전관예우를 뿌리 뽑겠다고 공언했던 그는 전관예우를 노린 게 분명한 ‘호화 변호인단’을 꾸렸다. ‘경기도지사 이재명 지키기 범국민대책위원회’가 이재명의 무죄 선처를 구하는 시민 13만여 명의 탄원서를 대법원에 제출했고, 유명 인사 팬덤이 대거 가세했다. 그 규모가 어찌나 대단했는지, 한 야당 의원은 “팬덤이 있는 정치인은 무죄를 호소하고 평범한 서민은 아무리 옳아도 지원을 못 받는다면 ‘팬덤 무죄, 무팬덤 유죄’인가”라며 비판했을 정도였다.[34]

　2020년 7월 16일 대법원 전원합의체는 이재명을 공직선거법상 허위사실공표죄로 처벌할 수 없다는 다수 의견으로 원심을 파기하고 무죄 취지로 파기환송함으로써 이재명의 ‘만독불침’을 다시 입증해보였다. 당시 이 판결에 결정적 역할을 했던 대법관 권순일에 대한 로비 의혹이 1년여 후 대장동 사태가 터지면서 불거지지만, ‘방탄검찰’이라는 방패가 더해지면서 이재명의 ‘만독불침’을 뚫진 못했다. 물론 앞으로 더 두고 봐야 하겠지만 말이다.

## 이재명은 '유튜브 대통령'

2021년 7월 민주당 대선 경선에서 이재명의 경쟁자인 이낙연을 '기레기'로 부르고, '친일'로 규정한 게시물도 공유하는 등의 활동을 벌인 '이재명 SNS 봉사팀'이 쟁점으로 부각되었지만, 이 또한 흐지부지되고 말았다. '이재명 SNS 봉사팀'의 실체가 무엇이었건, SNS를 통한 이재명 홍보에 관한 한 최고의 선수는 단연 이재명이었다. 하루 종일 틈틈이, 그리고 새벽까지 지지자들의 댓글·문자를 탐독했으니 말이다.

이재명이 페이스북에 "여러분 쓰시기 편한 커뮤니티와 포털 댓글란에 글 남기시면 다 찾아 읽겠습니다. 귀한 말씀들을 발품, 손품 팔아 하나하나 모으겠습니다"라는 글을 올리면 댓글 660개가 달렸다. 민주당의 한 의원은 "이 후보에게 'SNS를 어떻게 하면 잘 활용할 수 있느냐'고 물었더니, '나는 침대 위에서 SNS를 보다가 굴러떨어지기도 할 정도로 많이 본다'고 하더라"고 전했다.[35]

이재명은 'SNS 대통령'일 뿐만 아니라 '유튜브 대통령'이기도 했다. 유튜브 공간은 이낙연과 비교해볼 때에 이재명의 독무대였다. 『경향신문』(2021년 9월 2일)의 취재 결과, 유튜브 구독자 수 기준으로 '친이재명 283만 대 친이낙연 10만'으로, 친이재명 쪽이 28배나 넘는 화력 우세를 보이는 믿기지 않는 일이 벌어졌으니 더 말해 무엇하랴. 당시 이낙연 캠프는 '이낙연 때리기'에 앞장선 친

이재명 유튜브에 대해 경기도의 금전적 지원 의혹을 제기했지만, 이미 확 기울어버린 유튜브 운동장을 바로잡기엔 역부족이었다.

이재명을 지지하는 유튜브에선 "드루킹 잔당은 지금 다 이낙연 쪽에 가 있다. 이낙연은 그걸 활용하고 있다"(이동형TV·구독자 37만 명)는 근거 없는 주장이나, "생계형 기자 이낙연의 전두환 찬양 굴욕기"(김용민TV·구독자 50만 명) 같은 자극적인 내용이 나오고 있었지만,[36] 이낙연 캠프는 속수무책으로 당할 수밖에 없었다.

경기도의 금전적 지원 의혹의 진실은 알 수 없지만, 미디어 마인드와 인플루언서 관리에 쏟는 에너지와 정성의 차이가 유튜브를 이재명의 독무대로 만든 건 아니었을까? 2021년 6월 경기도 이천 쿠팡 덕평물류센터 화재 사고로 고故 김동식 구조대장이 현장에 고립되어 연락 두절된 시각에 이재명이 황교익의 '먹방 유튜브'를 촬영하고 있었으며, 그래서 화재 발생 후 20시간 만에서야 현장을 찾았다는 건 무엇을 의미하는가? 이건 뒤늦게 문제가 되긴 했지만, 이게 알려지면 맹비난이 쏟아지리라는 걸 예상 못했을까? 이재명의 유튜브 홍보에 대한 집착 이외에 달리 설명할 길이 없는 사건이었다.

이재명은 유튜브 인플루언서들에게도 개인적으로 공을 들였다. 예컨대, 2020년 2월 어느 늦은 밤, 이재명이 유튜브계의 강자인 나꼼수 김용민과 가진 술자리에서 "아무래도 내 운명은 임격정이 될 것 같아"라고 말함으로써 김용민을 감동시킨 것도 그런

'공들이기'로 볼 수 있지 않을까? "이재명이 대통령이 되면 나라가 뒤집힐 것"이라고 기대하는 김용민으로선 "이재명이 임꺽정으로만 소비"되지 않도록 '이재명 대통령 만들기'에 최선을 다해야겠다는 생각을 하지 않았겠느냐는 것이다.[37]

## "우리가 언론사가 되어야 한다"

민주당 대선 후보 자리를 쟁취한 이재명은 지지자들을 향해 "우리가 언론사가 되어야 한다"고 외쳤다. 손가락 혁명을 다시 해보자는 것이었다. 이에 대해 국민의힘은 "민주당 지지자들에게 메신저, 댓글, 커뮤니티에서 유리한 내용으로 도배를 하라는 지령"이라고 했지만,[38] 그렇게 할 수 있는 팬덤을 갖지 못한 것에 대한 안타까움의 토로일 수도 있겠다.

게다가 이재명은 '팬덤 CEO'로서 침대 위에서 굴러떨어질 정도로 스마트폰에 중독된 역전의 용사가 아닌가? 한 이재명 선대위 고위 관계자는 『중앙일보』 인터뷰에서 "내가 지켜본 이재명은 '포노 사피엔스(휴대폰을 신체 일부처럼 사용하는 새로운 세대)'"라며 "마치 스마트폰을 들고 태어난 것처럼 온라인을 통한 여론 파악이나 업무 지시에 능숙하다"고 말했다.[39]

사실 이재명은 '포노 사피엔스'의 지존이며, 이건 감히 그 누구도 넘보기 어려운 이재명만의 강점이다. 일반인들이 보낸 문자들도 챙겨 보고 때론 전화를 거는 정치인이 얼마나 있겠는가?[40] 어디 그뿐인가? 이재명이 크리스마스를 맞아 산타 복장으로 친문 커뮤니티 성지인 '클리앙'을 찾아 "본진에 인사드리러 왔다"고 한 걸 보라.[41] 그는 이곳에만 인사를 드린 게 아니다. 이재명 이외에 그 어떤 후보가 이런 성지 순례에 그토록 지극한 열성을 보일 수 있겠는가?

우리는 정파적으로 자신이 원하는 정보에만 둘러싸인 '필터 버블'의 시대에 살고 있다. 그게 좋건 좋지 않건 사실상 테크놀로지가 강요한 현실이다. 도올 김용옥은 이재명을 "하늘이 내린 사람"이라고 했다지만,[42] 내가 보기엔 "테크놀로지가 만들어낸 사람"이다. 물론 세상의 변화를 읽어낸 이재명의 탁월한 감각과 능력을 빼놓을 순 없겠지만 말이다.

그렇다면 이재명의 이런 '팬덤 정치'가 초래할 사회적 비용은 무엇일까? '팬덤의, 팬덤에 의한, 팬덤을 위한' 국정 운영을 해온 문재인 정권의 경험에서 그 답을 찾을 수 있다. 팬덤 관리의 스타일은 전혀 다르지만, '두 개로 쪼개진 나라'를 향해 나아가는 건 같을 가능성이 높다. 이런 우려를 눈치챈 이재명은 '진영 논리'를 넘어서는 '실용 내각'을 구성하겠다고 했지만,[43] 그는 불과 5개월 전 민주당에 "민생 법안은 과감하게 날치기해줘야 한다"고 요구하지 않았던가?[44] 임대차 3법이야말로 대표적인 민생 법안일

진대, 취지만 좋을 뿐인 그런 엉터리 실험 법안을 날치기 통과시키는 게 '실용'이란 말인가? 아니면 5개월 만에 생각을 바꾼 것인가? 이런 의문을 제기할 수 있는 사례는 무수히 많다.

문재인은 '팬덤의, 팬덤에 의한, 팬덤을 위한' 국정 운영을 해온 덕분에 이른바 '집토끼'는 지켜냄으로써 "임기 말 레임덕이 없는 유일한 대통령"이라는 여권의 찬사를 받고 있다. 물론 그게 잘한 일이라고 박수 치기는 어렵다. 대선에서 패배했지만 정치에 대한 의욕을 포기하지 않은 이재명이 재수를 해서라도 대통령이 된다면 "극렬 지지자는 부담스럽다"며 문재인과는 다른 길을 걸을 수 있을까? 하지만 "눈에 보이는 게 전부라고 생각"(서울아산병원 정신건강의학과 교수 김창윤)하는 그의 성향이 그런 변신을 허용할지는 의문이다.[45] 눈에 보이는 자신의 이익을 넘어서 눈에 잘 보이지 않는 국익을 위해 그럴 수 있을 것인지, 그것이 알고 싶다.

# 이재명의 '안면몰수' 화법

"최소한 7회 이상으로 법정 토론을 의무화하는 법 개정이 필요하다." 민주당 대표 송영길이 2021년 12월 22일 국민의힘 대선 후보 윤석열에게 TV 토론 참여를 요구하면서 한 말이다. 민주당 선대위 방송토론콘텐츠단장 박주민은 "(이재명) 후보가 여러 차례 소상공인 관련 재난 지원 같은 주제를 가지고 토론을 하자고 얘기했는데 응하지 않고 있다"고 비판했으며, 윤석열 측의 토론 거부를 "침대 축구"에 빗대며 조롱하는 목소리도 나왔다.[46]

이재명은 물론 민주당 의원들도 이재명이 토론을 잘한다고 생각하는 것 같았다. 그렇지 않다면 윤석열에게 토론을 하자고 집요하게 요구하진 않았을 게다. 윤석열이 토론을 거부하면서 내세운 이유들은 설득력이 없었다. 차라리 "토론을 하면 내가 불리하니 3회의 법정 필수 토론만 하자"고 솔직하게 말하는 게 더 나았을 것이다.

민주당은 토론을 거부하면 대통령 자격이나 자질이 없다는 듯 공세를 폈지만, 그건 문재인에 대한 모독이었다. 민주당 대선 후보 경선이 치열했던 2017년 2월로 돌아가보라. 당시 이재명은 문재인을 향해 제발 토론 좀 하자고 외쳤지만, 문재인은 토론을 한사코 피해 다녔다. 예정되었던 민주당 지방의원협의회 초청 대선 후보 토론회마저 일방적인 불참 통보로 무산시키기도 했다.

문재인이 토론을 피해 다닌 이유는 3월 6일 토론회에서 입증되었다. 이재명은 동문서답하는 문재인을 숨 쉴 틈도 주지 않고 몰아세웠다. "A를 물으면 A를 답해야지요. 왜 B를 말합니까." "자기가 발표한 정책 내용이 뭔지는 아셔야 합니다." 문재인의 얼굴이 벌겋게 달아올랐다. 이재명은 이 장면을 포함해 문재인에게 함부로 대한 걸 두고두고 후회하게 된다. 문재인을 사랑하는 친문 지지자들의 원수가 되었기 때문이다.

그러나 이재명은 당당히 민주당 대선 후보 자리를 쟁취했고 민주당을 '재명학'의 학숙學宿으로 만들면서 사실상 대통령 이상 가는 권력을 행사할 수 있었다. 게다가 2022년 초까지만 해도 윤석열과 국민의힘은 스스로 내리막길을 걷고 있었으니, 이재명으로선 자신감이 흘러넘쳤을 게다. 그러나 자신이 토론을 잘한다는 착각은 하지 않는 게 좋았을 것 같다. 그런 착각은 토론을 못하는 것보다 훨씬 더 심각한 문제를 낳을 수 있으니까 말이다.

이재명의 강점은 토론이 아니라 '강심장'이다. 속된 말로 하자면, '안면몰수' 화법에 능하다. 처음 듣는 말이라고 생각할 분들도 있겠지만, 누구나 한 번쯤은 겪어본 화법일 게다. 확실한 심증과 정황 증거들을 갖고 상대편에게 질문을 던져본 적이 있는가? 도무지 빠져나가기가 어려운 상황인데도 질문을 받은 사람이 당황한 기색도 없이 차분하고 냉정하게 '모른다'고 딱 잡아뗀다면, 그게 바로 '안면몰수' 화법이다.

듣기엔 쉬워 보이지만, 이건 아무나 할 수 있는 게 아니다. 무엇보다도 '강심장'을 갖고 있어야 한다. 그래야 정말 모른다는 듯 평온한 표정을 유지할 수 있으니까 말이다. 당황하는 건 오히려 질문을 던진 쪽이다. 상식의 범주 안에서 부인할 수 없을 것이라 생각하고 던진 질문인데 상대편이 상식의 범주를 확 벗어나버리니 그저 기가 막힐 따름이다.

'안면몰수' 화법은 거짓말을 초연하게 잘한다는 의미로 많이 쓰이지만, 그렇지 않을 수도 있다. 내가 더 관심을 갖는 건 거짓 여부와 무관하게 '합리적 의심'을 대하는 태도다. 자신이 억울한 누명을 썼다고 가정해보자. 상대방이 그렇게 의심할 만하다는 생각이 들면 보통 사람들은 그 의심을 해소하기 위해 최선을 다하려고 애쓴다. 그런데 그런 노력을 보여주지 않으면서 냉정하고 단호한 태도로 짧게 부인만 하는 것, 이것 역시 '안면몰수' 화법이라는 게 내 생각이다. 물론 억울한 누명을 쓴 게 아닐 수도 있지만, 인권 보호 차원에서 일단 선의 해석의 여지는 남겨두자는 것이다.

나는 이재명이 두 번째 유형의 '안면몰수' 화법에 능한 게 아닌가 하는 생각을 했다. 2021년 10월 20일 경기도청에서 열린 국회 국토위 국정감사 현장으로 가보자. 나는 TV 중계방송을 지켜보다가 혀를 내두르지 않을 수 없는 장면 하나를 목격했다.

이재명은 국민의힘 의원 김은혜의 질문에 답하는 과정에서 "(유동규가) 압수수색 당시에 극단적 선택을 한다고 약을 먹었다고 해요. 그래서 뭐 침대에 드러누워 있었다"고 말했다. 김은혜가 "본인밖에 알 수 없는 상황을 어떻게 그렇게 잘 아세요? 누가 그렇게 보고를 해주셨어요?"라고 묻자, 이재명은 "잘 기억이 안 납니다"라고 답했다.[47] 얄미울 정도로 담담하게 말하는 그의 표정과 어투를 글로는 전달할 수 없는 게 안타깝다.

기억이 안 나는 게 가능할까? 압수수색 일은 9월 29일로, 불과 21일 전 일이었다. 그리고 유동규 문제는 당시 그에게 가장 중요한 일이었다. 그런 보고를 해줄 수 있는 사람의 수도 극히 제한되어 있었다. 그런데도 기억이 안 난다고 말하니, 어찌 혀를 내두르지 않을 수 있었겠는가? 사실 '극단적 선택' 발언은 할 필요가 없는 것이었다. 엉겁결에 나온 것이었으니, 그로선 수습을 해야만 했다. 그가 택한 수습책이 바로 '안면몰수' 화법이었던 셈이다.

그런데 이 문제의 기원은 9월 30일에 열린 민주당 대선 경선 토론회로 거슬러 올라간다. 이재명은 이 토론회에서 유동규는 자신의 '측근'이 아니라고 강변했다. 이후 언론은 유동규를 이재명의 측근으로 볼 만한 정황 증거들을 열심히 보도했지만 아무 소용 없었다. '측근'을 주관적 개념으로 승화시킨 이재명의 묘기에 상식의 힘은 무력했다. 물론 시간이 흐를수록 이재명의 언어는 조금씩 달라져가긴 했지만 말이다.

12월 19일에 일어난 성남도시개발공사 개발1처장 김문기의 '극단적 선택'과 관련, 이재명은 성남시장 시절 김문기의 존재를 몰랐다고 했다. 언론은 이재명의 주장을 반박하는 정황 증거들을 열심히 찾아내 보도했다. 여러 건의 정황 증거가 제시되었지만, 가장 강력한 건 2015년 1월 이재명과 김문기를 포함한 11명의 성남시 공무원이 다녀온 11일간의 호주·뉴질랜드 출장이었다.

그럼에도 이재명은 여전히 김문기의 존재에 대해 "기억이 나지 않는다"고 버텼다. 전 국민의힘 의원 윤희숙은 "밥을 먹어도 30끼를 같이 먹은 사인데 모르는 사람이라고 발뺌한다"며 "이재명 후보는 여차하면 거울에 비친 자기 얼굴도 모르는 놈이라고 우길 사람"이라고 비판했다.[48] 상식의 차원에선 그렇게 볼 수도 있었겠지만, 정말 기억이 안 난다는 걸 어쩌겠는가?

모두 비상식적인 답이었지만, 그가 유일하게 상식적으로 답한 건 나중에 나온 이 한마디였다. "숨길 이유가 뭐가 있나." 맞다. 숨길 이유가 없음에도 그는 일단 안면몰수부터 하고 본다. 자신도 어찌할 수 없는 버릇이라는 이야기다. 대장동 사태가 터지자 "단군 이래 최대 규모의 공익 환수 사업", "모범적 공익사업" 등과 같은 자화자찬으로 치고 나간 것에서부터 전 성남도시개발공사 본부장 유동규의 측근 여부 논란에 이르기까지, 이재명의 정치 생애에 그런 '안면몰수' 화법 사례는 무수히 많다. 표를 위해선 말을 자주 바꾸는 '유연성'을 발휘했지만, 자신의 과오 가능성을 인정하는 데엔 놀라울 정도의 '경직성'을 보였다.

편을 갈라 반대편을 무조건 공격하고 물어뜯는 지금과 같은 '좀비 정치'에선 그런 '안면몰수' 화법에 그 나름의 효용이 있다는 걸 부인하긴 어렵지만, 과유불급의 원리는 여기에도 적용된다. 이재명은 8년 전 "소통 없는 정치는 정치가 아니라 지배다"고 했다.[49] 이 말이 진심이라면 생각을 달리하는 사람들과의 소통을 거부하는 '안면몰수' 화법에 대해 다시 생각해봐야 한다.

나는 그가 최악의 빈곤 상황에서 "아주 작은 것일지라도 밀려서는 안 된다"는 생각으로 '개천에서 난 용'이 되었다는 걸 이해한다. 스스로 밝혔듯이, 그는 "적진에서 날아온 탄환과 포탄을 모아 부자가 되고 이긴 사람"이다. 그러나 이젠 '용'의 반열에 올랐으니 절박하고 처절했던 과거의 버릇과 결별하는 게 자신은 물론 우리 모두에게 좋을 것이다. 비록 2022년 대선에서 패배했지만, 스스로 "저는 정치를 끝내기에는 아직 젊다"고 말한 것처럼 아직 남은 일이 많잖은가?

# 이재명은 '진짜 실용주의자'인가?

"종합 국력 세계 5위(G5)를 목표로 국민소득 5만 달러를 향해 나아가겠습니다. 이를 위해 국민 통합과 실용주의를 바탕으로 유능한 인재, 좋은 정책이라면 진영과 이념을 가리지 않겠습니다."[50]

민주당 대선 후보 이재명이 2022년 1월 4일 신년 기자 회견문에서 한 말이다. 일주일 후 『중앙일보』는 이재명 인터뷰에서 전 대통령 이명박과 자주 비교되는 걸 어떻게 생각하느냐는 질문을 던졌다. 광역단체장 시절의 추진력과 성과 등을 기반으로 대선에 도전했고, 도덕성보다는 능력이 더 높게 평가받는다는 점에서 두 사람이 닮았다고 생각하는 사람이 많다는 점에서 적절한 질문이었다고 볼 수 있겠다.

그러나 이재명은 그런 속설을 단칼에 부정했다. "그분하고는 비교 안 하면 좋겠다. 그분은 가짜 실용주의자다. 그리고 나는 실제로 실용주의자다."[51] 물론 이명박의 말로가 좋았다면 달리 답할 수도 있었겠지만, 그렇지 못하니 그리 답하는 건 당연하다고 볼 수도 있겠다.

사실 이재명은 오래전부터 실용주의자를 자처해왔다. 그는 이미 2016년 "나는 국민을 위해 필요하다면 우파, 좌파 정책 다 갖다 쓸 수 있는 실용주의자다"고 했고,[52] 기회 있을 때마다 자신은 좌파도 우파도, 보수도 진보도 아닌 '실용주의자'라는 걸 강조하는 의미에서 "저는 양兩파 또는 무無파입니다"라는 답을 내놓기도 했다.[53]

그런데 이재명은 과연 실용주의자인가? "이명박은 가짜 실용주의자"라는 그의 어법을 빌리자면, 그 역시 가짜다. 이렇게 말하는 게 결례가 될 것 같지는 않다. 몇 년 전 정치학자 안병진이 잘 지적했듯이, 한국에서 실용주의는 '우파의 전유물'로 이해되어왔기 때문이다.[54] 이재명은 우파가 아니며, 지극히 '민주당스러운' 정치인이라는 게 무슨 흠이 되겠는가?

이재명은 자신이 경험·실천·실적을 강조하는 정치인이라는 점을 강조하기 위해 '실용주의자'라는 용어를 빌려왔겠지만, 굳이 그 용어를 쓰고 싶다면 "어떤 면에서는"이라는 단서를 반드시 다는 게 옳을 것이다. 실용주의자는 이념과 절대 가치를 배격한다. 하지만 그가 비교적 짧은 기간 내에 민주당 대선 후보로 도약하면서 지지자들을 열광시킬 수 있었던 최대 비결은 이념과 절대 가치를 앞세운 '편 가르기'였음을 어찌 부정할 수 있으랴.

이재명은 촛불 정국에서 "가짜 보수 정치 세력을 거대한 횃불로 모두 불태워버리자", "그들은 인간이 아니다. 어설픈 관용과 용서는 참극을 부른다", "박근혜의 무덤을 파, 박정희의 유해 곁으로 보내주자" 등과 같은 과격 발언으로 열성 지지자들을 감동시키지 않았던가?

이재명의 역사관도 철저히 그런 절대적 비타협 노선 일변도였다. "이승만과 박정희, 전두환과 노태우, 이명박과 박근혜로 이어지는 친일 독재·매국·학살 세력", "친일 세력들이 미 점령군과 합작해서 지배 체제를 그대로 유지", "한일 합병·분단은 미국 때문" 등의 발언을 보라. 언론관도 "독극물 조작 언론을 반드시 폐간시킬 것", "(가짜뉴스) 언론사를 망하게 해야 한다" 등과 같이 과격했고, 의회관도 "민생 법안은 과감하게 날치기해줘야 한다"는 한심한 수준이었으며, 자신의 정책에 대해 비판적 보고서를 낸 연구자를 향해선 "보호해야 할 학자도 연구도 아니며 청산해야 할 적폐"라고 인신공격을 퍼붓지 않았던가?

도대체 이런 모습 어디에서 실용주의자를 찾을 수 있겠는가? 실용주의는 이념과 절대적 가치뿐만 아니라 포퓰리즘도 배격한다. 포퓰리스트라는 비판을 자주 받는 것에 대해 짜증이 났던 건지 이재명은 2018년 1월엔 이렇게 말하기도 했다. "난 포퓰리스트다. 반대되는 말이 엘리트주의인데, 이건 국민을 어떻게 보느냐에 달린 문제다. 우리 국민은 지배의 대상이 아니라 주체다. 촛불 혁명이 보여주지 않았나. 이들을 대리하는 게 정치고, 이들의 의사를 대변하는 게 곧 포퓰리즘이다."[55]

짜증을 넘어서 아예 대응 전략을 바꾼 걸까? 2018년 5월 경기도지사 선거에 출마한 이재명은 "나는 도민 뜻 존중하는 포퓰리스트"라며 "포퓰리스트라고 한 것은 국민의 뜻을 존중한다는 측면에서 바람직한 측면도 있다. 국민을 무시하고 자기들 마음대로 하는 소위 지배자적 태도를 취하는 것보다 훨씬 낫다"고 말했다.[56]

또 이재명은 2021년 8월에도 자신이 '포퓰리스트'라 비판받는 데 대해 "포퓰리즘이라 비난받는 정책들을 성공적으로 한 것 때문에 (인정받았다)"며 "저는 계속 앞으로도 포퓰리즘을 하겠다"고 말했다. 그는 "포퓰리스는 원래 나쁜 게 아니다. 소위 엘리트주의보다 인민들이 스스로 의사 결정하는 게 좋겠다는 게 포퓰리즘"이라며 "나중에 하면 안 되는 나쁜 일인데 표를 얻기 위해 하는 행위를 포퓰리즘이라 하게 된 것"이라고 설명했다.[57]

이걸 어떻게 이해해야 할까? 포퓰리즘엔 '좋은 포퓰리즘'과 '나쁜 포퓰리즘'이 있는데, 자신이 하는 것은 '좋은 포퓰리즘'이라는 게 이재명의 생각인 것 같다. 다른 사람들이 비판적 의미로 말하는 건 '나쁜 포퓰리즘'이므로, 자신은 그런 포퓰리스트는 아니라는 뜻일 게다.

무슨 말인지 이해는 하겠는데, '좋은 포퓰리즘'과 '나쁜 포퓰리즘'의 경계가 명확한지는 의문이다. 그는 2020년 8월 "제가 단언하는데 재난지원금을 30만 원씩 50번, 100번 지급해도 서구 선진국의 국가부채비율에 도달하지 않는다"는 '명언'을 내놓았는데,[58] 이걸 과연 '좋은 포퓰리즘'이라고 할 수 있을까?

영국 경제학자 폴 콜리어가 최근 출간한 『자본주의의 미래』에서 잘 지적했듯이, 포퓰리즘은 '머리가 없는 가슴'만을 들이밀고, 이념은 '가슴이 없는 머리'만을 들이민다. 콜리어는 "실용적 사고와 긴밀하게 맞물리는 우리의 가치는 가슴과 머리를 결합한다"고 말한다.[59] 머리와 가슴의 결합을 각각 어떤 비율로 하건, 가장 중요한 원칙은 생각이 다른 사람들을 공격하거나 지배하려는 욕구를 자제하는 것이다. 이왕 실용주의를 껴안기로 한 이상 뒤늦게나마 모든 면에서 진실로 실용주의 정신에 충실한 이재명을 보고 싶다.

# 문제는
# '기득권 내로남불'이다

## "기득권 체제를 송두리째 바꾸는 개혁"

"기득권 세력을 확 쓸어버렸으면 좋겠어!" 2022년 대선 기간 중 대선 후보 이재명을 지지한 사람들이 하는 말이었다. 서울만 해도 음식점 같은 곳에서 옆자리 사람이 들을 수 있을 정도로 당당하게 자신의 정치적 성향을 드러내는 사람들은 보기 힘들 게다. 나는 그게 에티켓이라고 생각하지만, 내가 살고 있는 호남은 다 좋은데 그런 에티켓이 약한 지역이다. 이재명에게 80퍼센트대의 몰표(전남 86.1퍼센트, 광주 84.82퍼센트, 전북 82.98퍼센트)를 준 지역답게 공공장소를 자신의 안방처럼 생각하면서 이재명 지지를 큰소리로 말하는 사람이 적지 않았다.

나는 김대중이 대통령이 되기 전엔 호남 몰표를 옹호했다. 옹호 논리 중의 하나로 타 지역으로 인구 유출만 있을 뿐 타 지역에서 인구 유입이 거의 없을 정도로 먹고살기 힘든 지역이라는 점을 지적하기도 했다. 인구 유입만 있다면 80퍼센트대의 지지는 나오지 않을 것이니 그 점에 주목해달라는 요청이었다. 하지만 이젠 이런 요청을 할 생각이 없다. 김대중의 대통령 당선으로 한恨을 어느 정도 푼 데다 노무현·문재인 정권의 탄생까지 보면서 20여 년의 세월이 흘렀으니, 이젠 호남인들이 각자 자기 색깔을 찾아갈 때가 되었다는 게 내 생각이다.

선거만 제외하고 호남인들이 일상적 삶에서 다른 지역 사람들에 비해 두드러지게 진보적이라고 말할 근거는 전혀 없다는 데엔 많은 호남인도 동의한다. 지역 내 '민주당 1당 독재'의 부작용에 대한 원성과 불만도 자자하다. 평소엔 그런 생각을 하다가도 투표소에만 들어가면 손가락이 영 뜻대로 움직이지 않는가 보다. 그래서 일부 돈 많은 부자들도 이재명을 택한 것 같은데, 이들마저 '기득권 타령'을 해댈 때엔 어지럽다. 터져 나오려는 웃음을 참으려고 애써야 하기에 어지러움을 느끼는 건지도 모르겠다.

물론 재산이 많다고 해서 '기득권 타파'를 외치지 말란 법은 없다. '강남 좌파'라는 말도 있고 하니, 돈 많은 좌파가 '기득권 타파'를 외치는 건 얼마든지 이해할 수 있는 일이 아닌가? 그럼에도 '기득권'이란 단어의 오남용이 불편하게 여겨져 웃음이 터져 나오려고 했던 게 아닌가 싶다. 기득권이란 말을 원래의 뜻대로 쓰면 안 되는 걸까?

"기득권 세력을 확 쓸어버렸으면 좋겠어!"는 사석에서 나온 말이었지만, 그런 말을 공개적으로 하는 '용감한' 지식인들도 있었다. 물론 열렬한 이재명 지지자들이다. 이재명은 지지자들의 그런 염원을 잘 알고 있었다. 그래서 수시로 '기득권 부수기' 담론을 생산해냈다. 2021년 3월 28일 이재명은 페이스북에 올린 '어려울수록 기본으로, 김근태 정신으로'라는 글에서 "최근 국민들 마음이 심상치 않다. 개혁 성공의 동력이라고 할 수 있는 '국민 신뢰'가 흔들리고 있다"며 "우리가 가야 할 길은 뿌리 깊은 기득권 체제를 송두리째 바꾸는 거침없는 개혁의 길뿐"이라고 말했다.[60]

좋은 말씀이다. 아닌 게 아니라 이재명은 "기득권 부수기와 문제 해결 능력이란 점에서 문재인 행정부보다 낫다"(경희대학교 미래문명원 교수 안병진)는 평가를 받을 정도로,[61] '기득권 타파의 브랜드'를 내세울 수 있는 정치인이다. 그러나 나는 '기득권' 문제에 대해 좀 다른 의견을 말씀드리고 싶다. 비단 이재명뿐만 아니라 개혁을 외치는 사람들이 한결같이 '기득권 체제'를 문제 삼고 있지만, 이재명이 비교적 강한 문제의식을 드러내왔거니와 영향력이 워낙 크기에 이재명을 중심으로 이야기해보자.

## 도대체 누가 기득권 세력인가?

이재명은 2021년 1월 3일 페이스북에서 넷플릭스 다큐 〈위기의 민주주의-룰라에서 탄핵까지〉를 언급하며 "기득권 카르텔을 개혁하지 않으면 지지율 87%의 민주 정부도 무너진다"고 했다. 이재명은 "남의 나라 이야기라고 하기엔 기시감이 든다"며 "뿌리 깊은 기득권 구조를 개혁하지 않으면 국민의 높은 지지를 받는 정부도 이렇게 쉽게 무너진다"고 밝혔다.

그는 특히 "일각에서 문재인 정부가 적폐 청산과 검찰 개혁에 몰두하는 것을 비판하지만, 시민의 삶과 기득권 구조 개혁은 분리되어 있지 않다. 선후의 문제도 아니다"라고 주장했다. "기득권 카르텔을 개혁하는 것이 곧 민생이며, 이들을 내버려두고는 어떠한 민생 개혁도 쉽게 물거품이 될 수 있다"는 것이다.[62]

이에 대해 인터넷 논객 조은산은 "기득권은 도대체 누굴 지칭하는 것인지 모르겠다"며 "'가붕개(가재·붕어·개구리)'론의 창시자이자 입시 비리의 종결자 조국을 말하는 건지, 아픔과 치유의 기생충 윤미향을 말하는 건지, 노동자가 같은 노동자의 피를 빨아먹는 억대 연봉의 귀족 노조를 말하는 건지, 수도권 요지에 집 몇 채씩 사놓고 집값을 올려 자산 불리기에 열중인 정부 고위 관료들과 민주당 의원들을 말하는 건지도 나는 알 수가 없다"고 했다.[63]

표현이 너무 거칠다는 것만 빼고 조은산이 내가 묻고 싶은 말의 핵심을 이미 다 말해버렸지만, 나는 좀더 일반적인 제안을 하고 싶다. 설명용이라면 모를까 비판이나 공격용으론 '기득권'이라는 말을 쓰는 걸 자제하거나 자기 자신이나 소속 집단은 기득권 세력이 아닌지 살펴보고 나서 말하자는 것이다. 아무 의미 없이 겉도는 말을 오남용하는 건 사회적 소통에 도움이 되지 않기 때문이다.

## '1대 99'와 '20대 80' 개혁 프레임

기득권이란 무엇인가? 기득권이란 문자 그대로 '이미 획득한 권리'란 뜻이다. 우리는 이 단어를 주로 정치적 의미로 쓰는 경향이 있는데, 이 경우엔 권력을 가진 쪽을 말한다. 진보좌파가 정권을 잡으면 진보좌파가 기득권 세력이 되지만, '기득권 세력'이란 말에 묻은 때를 꺼리는 진보좌파는 여기에 시간과 구조의 개념을 더하려고 애쓴다. 오랜 세월 동안 구조로 자리 잡을 정도로 형성된 기득권 세력이 진짜 기득권 세력이라는 식으로 말이다.

일리 있는 사용법이긴 하지만, 이는 '기득권 내로남불'을 유발하기 마련이다. 내가 가진 권력이나 금력은 개혁을 위한 것이지만, 네가 가진 권력이나 금력은 오직 너 자신만을 위한 것이라는 궤변이 성립될 수 있다는 이야기다. 역사적이고 구조적으로 누적된 '장기 기득권' 체제를 깨기 위해서라도 자신이 현재 누리고 있는 '단기 기득권'도 감시와 경계의 대상으로 삼아야 하겠건만, 그런 법은 없으니 이 어찌 안타까운 일이 아니랴.

그러다 보니 기득권은 별 의미 없는 말이 되고 말았다. 그저 싸울 때 상대를 비방하기 위해 동원하는 상투어 수준의 개념으로 전락한 것이다. 진보가 더 많이 쓰긴 하지만, '기득권 타파'는 이제 진보의 용어가 아니다. 리처드 닉슨이나 도널드 트럼프 등 미국의 보수 대통령들도 즐겨 썼던 말이다. 한국의 이명박도 2010년 8월 15일 광복절 경축사에서 "기득권자가 '공정한 사회'를 만들기 위해 노력해야 한다"고 했고, 박근혜는 2015년 12월 8일 "국회가 명분과 이념의 프레임에 갇힌 채 기득권 집단의 대리인이 됐다"고 비난한 바 있다.[64]

진보에 비해 빈도는 덜할망정 보수도 쓰는 용어인데다, 그 누구건 자신의 개혁성을 돋보이게 만드는 아전인수我田引水 용법으로 오남용되고 있다는 뜻이다. 기득권 개념을 제대로 쓰려면 보통 사람들의 입장에 서야 한다. 즉, 정치적 기득권보다는 경제적 기득권에 더 주목해야 한다는 뜻이다. 그럴 경우 가장 중요한 쟁점은 개혁 프레임이다.

2011년 전 세계를 떠들썩하게 만든 '월스트리트 점령 시위'의 슬로건처럼 "1퍼센트 대 99퍼센트 사회"를 문제 삼을 것인가? 아니면 "20퍼센트 대 80퍼센트의 사회"를 문제 삼을 것인가? 어떤 프레임을 택하느냐에 따라 결과는 크게 달라진다. 강남 좌파는

'1대 99의 사회' 프레임에 집착한다. 그래야 자신의 경제적 기득권이 면책될 수 있기 때문이다. 상위 10퍼센트나 20퍼센트에 속하는 사람들도 마찬가지다. 이들은 자신의 경제적 기득권을 지키기 위해 최상위 1퍼센트만 탓하면서 기득권 문제를 정치적인 것에 국한하려는 성향을 보인다.

상위 20퍼센트에 속하는 사람들의 양보 없이 불평등을 완화할 수 있을까? 어림도 없는 이야기다. 그런 식으론 평등지향적 개혁은 백년하청百年河清이다. 아니, 불가능하다. 중하층에 속하는 사람들의 불신과 냉소 때문이다. 그들이 여야 정당들을 가리켜 "그놈이 그놈"이라고 말하는 데엔 그만한 이유가 있다. 성난 목소리로 '기득권 타파'를 외치지 마라. 그렇게 외치는 자신도 기득권자는 아닌지 성찰해야 한다. 우리 주변에서도 쉽게 접할 수 있는 상위 20퍼센트 사람들에게 양보를 요청하려면 정중한 호소가 필요하다. 그런 합리적인 방식으로 다수의 힘이 결집될 때에 비로소 최상위 1퍼센트에 대한 개혁도 가능해진다.


## 기득권자가 '기득권 타파'를 외치는 모순 ─────

기득권은 보수·진보의 문제가 아니라 주로 강자·약자의 문제다. 여성학자 정희진이 잘 지적했듯이, "기득권 세력은 관계로 살아가고, 나머지 국민은 법대로 살아야 한다".[65] 관계로 똘똘 뭉친 엘리트 그룹이야말로 대표적인 기득권 세력이다. 민주당은 다른 정당을 향해 손가락질을 할 처지가 못 된다. 정치 컨설턴트 박성민이 『경향신문』에 기고한 글에서 다음과 같이 지적했듯이 말이다.

"'혁신'은 내가 변해야 한다고 생각하고, '기득권'은 상대가 변해야 한다고 생각한다. 민주당에서 혁신은 죽었다. 민주당은 기득권이다. 잘못에 대해 인정하지도, 사과하지도, 책임지지도 않는다. 모든 책임은 전 정권 탓, 야당 탓, 보수 언론 탓이다. 절제와 성찰은 보이지 않는다. (개혁이라는 기름을 잔뜩 싣고) 브레이크가 파열된 채 폭주하는 탱크로리 같다."[66]

지금 우리가 목격하고 있는 것은 기득권자가? '기득권 타파'를 외치는 모순이다. 세대에 따른 힘의 격차도 매우 크기에 더욱 그렇다. 2020년 9월 정의당 의원 장혜영은 국회 대정부 질문에서 자신을 87년생이라고 소개한 뒤 "1987년 민주화 운동의 주역이었던 현 집권 세력이 우리 사회의 기득권자이자 변화를 가로막는 존재가 됐다"고 정면으로 비판했다.[67]

감히 누가 이의를 제기할 수 있겠는가? 물론 보통 사람들도 기득권 세력일 수 있다. 서울시립대학교 교수 정석은 「집값이 안 잡히는 이유」라는 『경향신문』(2020년 7월 6일) 칼럼에서 "집값은 여와 야, 보수와 진보의 문제가 아니다. 기득권 대 비기득권의 문제다"며 다음과 같이 말했다.

"2019년 자가보유율은 61.2%이다. 국민 열 명 가운데 여섯 명이 집을 가지고 있고 집값이 오르기를 간절히 바라고 있다. 부동산 정책을 결정하는 사람들은 어떤가? 청와대와 국토교통부의 정책 결정자들도 집 가진 사람이 다수고 다주택자들도 꽤 있다. 한 채만 남기고 팔라는 비서실장 권고대로 팔았다는 얘긴 들리지 않는다. 그들이 만든 정책은 어느 쪽을 위한 것일까? 가난한 백성들일까, 자신을 포함한 기득권일까?"

## 왜 사회심리학적 측면을 무시하는가?

그런데 우리가 기득권을 비판할 때에 가장 유념해야 할 것은 사회심리학적 측면을 고려하는 게 필요하다는 점이다. 변화를 거부하는 사람들에게 '기득권 세력'이라는 딱지를 붙이면 탐욕이나 음모를 연상하게 되지만, 우리 인간의 속성이라고 해도 좋을 '현상유지 편향status quo bias'과 '손실 회피 편향loss aversion bias'이라는 개념으로 이해하면 다른 그림이 그려진다.

현상 유지 편향은 사람들이 이해득실의 문제를 떠나 현재의 상태에 그대로 머물고자 하는 강한 정서를 갖고 있는 것을 말한다. 손실 회피 편향은 얻은 것의 가치보다 잃어버린 것의 가치를 더 크게 평가하는 것을 말한다. 예컨대, 1만 원을 잃어버렸을 때 느끼는 상실감은 1만 원을 얻었을 때 느끼는 행복감보다 더 크다는 것이다. 정서적으로 2배의 차이가 난다는 실험 결과도 나와 있다.[68]

그런 심리나 정서의 문제까지 서둘러 탐욕이나 음모로 간주해 '적'의 수를 자꾸 늘릴 필요가 있을까? 설사 기득권 세력이라 하더라도 모두가 다 한통속은 아닐 게다. 기득권 세력은 저항 세력에 대해 정면 돌파만 하는 게 아니라 포섭 전략을 쓰기도 하는데, 왜 저항 세력은 포섭 전략을 불온시하면서 '닥치고 격파!'만 외치다 제대로 된 싸움 한 번 못해보고 주저앉아야 한단 말인가?

기득권 체제를 송두리째 바꾸겠다고 들면 그런 일을 할 주체가 사라지는 이상한 일이 벌어지게 된다. 그 주체 역시 기득권 체제의 일부이기 때문이다. 영국 경제학자 존 메이너드 케인스는 "기득권의 저항이라는 것은 사실상 아이디어의 점진적인 침투에 비하면 과장된 것이다"고 말한 바 있다.[69] 우리에게 필요한 것은 기득권 세력에 대한 전의戰意를 불태우는 것이 아니라 저항의 성격을 분류하면서 각 저항에 대한 슬기로운 해법을 모색하는 아이디어의 창출이 아닐까?


## 내로남불이 성찰의 '최대의 적'이다

기득권의 저항에 대한 과장 심리는 '아웃사이더 의식'에서 비롯되기도 한다는 걸 유념하면 더욱 좋을 것이다. '아웃사이더 의식'은 좋은 점이 많지만, 이게 잘못 작동하면 피해의식과 그에 따른 '독선과 오만'을 유발하기 십상이다. 민주당이 늘 '피해자 코스프레'를 하면서 다른 사람들을 향해서만 기득권 운운대는 것도 바로 그런 경우다. 기득권과의 싸움에서 가장 중요한 무기는 엄정한 자기 성찰임을 명심하는 게 좋겠다.

서울대학교 교수 홍성욱이 간명하게 잘 표현했듯이, "성찰은 내가 어떤 주장을 하려면 그것이 내 주장에도 동일하게 적용된다는 것을 생각해야 한다는 뜻이다".[70] 내로남불이 성찰의 최대의 적이라는 건 두말할 필요가 없다. 성찰을 하려면 높은 곳보다는 낮은 곳을 주시해야 한다. 문재인 정권 사람들은 최상층 1퍼센트만 겨냥해 '기득권 타파'를 외치지만, 평범한 보통 사람들의 기준에선 바로 그들이야말로 대표적인 기득권 집단이니까 말이다.

1퍼센트 기득권 세력은 도덕적 우월감을 내세우진 않지만, 문재인 정권 사람들은 도덕적 우월감의 화신인 것처럼 독선과 오만을 범하면서 동시에 '기득권 타파'를 외쳐댔다. 기득권 진영에 깊숙이 자리 잡고 있으면서 '아웃사이더 코스프레'와 '피해자 코스프레'까지 해댔으니 정신이 어지러울 정도였다. 부디 이재명이 정치적 재기를 위해서라도 문재인 정권 사람들의 그런 못된 이중 플레이와 단호히 결별하기를 바라마지 않는다.

# 다시 문제는
## 싸가지다

"그렇게 압도적인 지지 속에 개혁 전권을 위임받는 정부가 근시일 내에 또 나올 수 있을지 모르겠다. 기적처럼 그런 에너지가 모였을 때 잘 써야 했는데 그러지 못했고, 그게 너무 아쉽다. 오만·독선 같은 태도의 문제가 아니라 정교한 비전과 철학이 부족했던 게 근본 원인이라고 본다."

작가 장강명이「대통령에게 기대하는 비전」이라는『중앙일보』(2021년 4월 14일) 칼럼에서 4년 전 문재인 정부가 갖고 있던 "한국 사회를 근본적으로 바꾸고, 한 세대 뒤의 미래를 설계할 힘"이 이젠 사라져버린 걸 아쉬워하며 한 말이다. 문재인 정권과 나라를 생각하는 마음이 잘 표현된 칼럼이다. 나는 칼럼 내용엔 흔쾌히 동의하면서도 마지막 문장이 마음에 걸린다. 반론이라기보다는 내 생각을 조금 보태는 보론으로 이해해주시면 좋겠다.

많은 분이 '태도'를 '비전·철학'과 별개의 것으로 본다. 당연하다. 어느 모로 보건 '태도'는 '비전·철학'과는 전혀 다른 것이기 때문이다. '태도'의 일부라 할 '싸가지'는 어떤가? 이 단어에 대한 해명부터 하고 이야길 해보자. 의외로 많은 사람이 '싸가지'를 욕설로 오해하는데, 결코 그렇지 않다. "사람에 대한 예의나 배려를 속되게 이르는 말"일 뿐이다. "싸가지 없다"는 말은 많이 쓰여도 "싸가지 있다"는 말은 비교적 잘 쓰이지 않는 용법으로 인해 욕설 비슷하게 인식하는 게 아닌가 싶다.

나는 그간 『싸가지 없는 진보』(2014), 『싸가지 없는 정치』(2020) 등의 책을 통해 싸가지의 중요성을 강조해왔는데, 가장 많이 들은 반론이 "싸가지가 문제가 아니라 정책과 어젠다가 더 중요하다"는 것이었다. 이 또한 당연한 말이지만, 이 기회를 빌려 한 걸음 더 들어간 내 생각을 말씀드리고 싶다. 내 주장을 한마디로 요약하자면, 언어의 세계가 아닌 현실 세계에서, 개인이 아닌 집단의 세계에서 '태도'와 '비전·철학', '싸가지'와 '정책·어젠다'는 분리할 수 없다는 것이다.

아이작 뉴턴은 "나는 거인들의 어깨 위에 서서 바라보았기 때문에 남들보다 좀더 멀리 볼 수 있었다"는 겸손의 명언을 남기긴 했지만, 실제론 자아도취적이고 자기중심적이며 오만한 인물이었다고 한다.[71] 하지만 그가 이룬 놀라운 과학적 업적에 비하면 그건 정말이지 사소한 문제에 지나지 않는다.

일반 직장에서도 태도와 싸가지엔 문제가 있지만 탁월한 능력을 보이는 사람이 있다. 이럴 경우 싸가지 문제를 눈감아줄 수도 있다. 우리는 태도와 싸가지의 문제를 이렇게 개인 중심으로 이해하는 경향이 있는데, 집단 그것도 상대편과 경쟁을 해야 하는 정치적 집단에선 태도와 싸가지 문제를 그렇게 보아선 곤란하다. 바로 여기서 태도와 싸가지에 대한 오해가 빚어지는 것 같다.

한 개인의 태도와 싸가지 문제의 책임은 전적으로 그 개인에게 귀속된다. 물론 부정적인 평판을 감수해야 한다. 반면 정치 집단에선 그렇지 않다. 정치권에서 문제가 되는 건 홀로 외로움을 감수하는 유별난 태도와 싸가지가 아니다. 집단 정서를 대변하는 과정에서 나타나는 태도와 싸가지다. 즉, 집단 사고가 지배하는 상황에선 강경파의 목소리가 돋보이기 마련인데, 서로 돋보이려고 강성 경쟁을 하는 과정에서 나타나는 태도와 싸가지를 문제 삼는 것이다.

그런 상황에서 싸가지 없는 언행을 보이는 사람은 집단 외부에선 부정적인 평가를 받을망정 집단 내부에선 더 많은 권력을 누리는 데에 훨씬 유리해진다. 강성 지지자들의 열화와 같은 성원과 더불어 후원금도 더 많이 들어온다. 어느 정당의 정치인들이 "누가 더 싸가지 없는가?" 경쟁을 벌이다 보면 그 정당은 골병이 들기 마련이고, 결국엔 민심의 철퇴를 맞기 마련이다. 우리는 그런 사례를 수없이 봐왔다. 그럼에도 '싸가지 없기 경쟁'이 계속되는 이유는 이 경쟁에 참여하는 사람들의 지독한 이기심과 집단 전체가 집단 사고에 중독된 나머지 이성을 상실하기 때문이다.

이는 정당 민주주의의 내재적 결함이긴 하지만, 그 결함을 인정하면서 어떤 태도를 취하느냐에 따라 달라질 수 있는 문제다. 문재인은 2012년 대선 결과를 성찰한 회고록 『1219 끝이 시작이다』에서 "우리가 이른바 '싸가지 없는 진보'를 자초한 것이 아닌지 겸허한 반성이 필요한 때입니다"라고 했다.[72] 반성은 충분히 이루어졌을까? 답은 부정적이다. 2017년 대선과 2020년 총선에서 승리한 것은 반성의 힘이라기보다는 박근혜와 코로나가 헌납한 것이었다고 보는 게 옳을 것이다.

문재인 정권의 가장 큰 문제는 무엇인가? 자신들을 모든 정답을 알고 있는 무오류의 존재로 여기면서 대화와 토론을 거부하는 독선과 오만이다. 반대편을 정당한 경쟁 세력으로 인식하기보다는 반드시 몰아내야 할 적폐 청산의 대상으로 보았다. 선의의 실력 경쟁을 할 뜻이 없었다는 이야기다. 실제로 문재인 정권이 가장 심혈을 기울여 추진한 일이 무엇인가? 바로 적폐 청산이었다. 검찰 개혁은 적폐 청산의 일환으로 이루어진 일이었으며, 장강명도 그 점을 다음과 같이 잘 지적하고 있다.

"문재인 대통령은 오랫동안 정치를 피했고, 국가의 미래 비전을 고민할 시간도 상대적으로 짧았다. 인권 변호사 출신인 그가 살면서 오래 보아온 적폐는 검찰 권력이었고, 그래서 검찰 개혁에 대한 의지가 강한 것 같다. 그런데 많은 국민은 검찰 개혁이 왜 지금 한국 사회의 최우선 과제인지 궁금해한다."

장강명은 적폐 청산은 미래 비전이 아니라고 생각하는 것 같은데, 그렇지 않다. 문재인 정권에 적폐 청산은 '비전·철학'이자 '정책·어젠다'였다. 문재인 정권과 그 지지자들에게 검찰 개혁이 왜 지금 한국 사회의 최우선 과제냐고 물어보라. 그들은 이구동성으로 국가의 미래를 위한 비전이라고 답할 것이다. 검찰 개혁뿐만이 아니다. 심지어 부동산 정책마저도 강자의 횡포를 통제하겠다는 적폐 청산 접근법으로 밀어붙였다.

적폐 청산을 제대로만 한다면 그것도 좋은 일이긴 하다. 그러나 그건 원초적으로 불가능한 일이었다. 왜 그런가? 문재인 정권 사람들도 먹고사는 문제는 해결된 기득권 세력의 일원으로서 적폐의 범주에서 자유로울 수 없었기 때문이다. 문재인 정권의 기준으론 자신들은 적폐가 아니었겠지만, 국민의 기준으론 똑같은 적폐였다. 적폐의 정도가 덜하지 않느냐는 반론이 가능하겠지만, 문재인 정권이 밥 먹듯이 저지른 위선과 내로남불 앞에선 그런 차이는 무의미했다.

우리는 '비전·철학'이나 '정책·어젠다'를 좋은 의미로만 쓰는 경향이 있지만, 그 내용이 무엇이냐에 따라 아예 없느니만 못한 것도 있을 수 있다는 걸 인정할 필요가 있다. 역사적으로 이 지구

상에 존재했던 모든 악독한 독재 정권에도 나름의 '비전·철학'이나 '정책·어젠다'가 있었다는 걸 상기해보면 쉽게 이해할 수 있는 일이 아닌가?

'비전·철학'이나 '정책·어젠다'의 방향과 내용을 결정하는 건 동료 인간에 대한 태도와 싸가지다. 적어도 민주주의 사회에선 그렇다. 반대편을 정당한 경쟁 상대로 여기는 태도가 있어야 '비전·철학'이나 '정책·어젠다'의 개발에 열중할 텐데, 청산해야 할 적폐로만 보면 그런 동기부여 자체가 이루어지지 않는다. 게다가 집권 세력이 독선과 오만에 중독된 상황에서 민주주의가 제대로 작동할 리 없고, 갈등 비용이 급격히 치솟아 정상적인 국정 운영도 어려워진다. 내가 이미 수없이 반복해온 이야기지만, 문재인 정권은 독재 정권 시절 반反독재 투쟁을 하듯이 국정 운영을 해왔다. 그 시절에 맹활약한 덕분에 권력을 차지한 사람들이 문재인 정권의 핵심이자 실세로 군림하고 있기 때문일 게다.

그렇다면 민주 투사들은 민주화된 세상에선 정치를 해선 안 된다는 건가? 그런 이야기가 아니다. 나치의 강제수용소에서 죽음의 문턱을 넘나들었던, 오스트리아 정신분석학자 빅터 프랭클이 "우리가 가진 최고의 자유는 자신의 태도를 선택할 수 있는 자유다"고 했듯이,[73] 최고 지도자가 어떤 태도를 취하느냐에 따라 얼마든지 달라질 수 있는 문제. 어떤 평가를 내리건 김대중은 그 점에선 전혀 다른 길을 걸었다는 걸 잘 알잖은가? 문제는 문재인

자신이 적폐 청산을 자신의 주요 비전과 철학으로 삼았다는 데에
있다.

미국 철학자이자 심리학자인 윌리엄 제임스는 "우리 세대의 가
장 위대한 발견은 인간의 태도가 바뀌면 인생이 달라진다는 점을
깨달은 것이다"고 했다.[74] 이 말은 자기계발의 주문처럼 남용되고
있긴 하지만, 집단과 정치에도 얼마든지 적용할 수 있는 말이다.
문재인 정권 사람들의 태도가 바뀌어야 그들의 장래는 물론 정치
와 국가의 미래도 달라질 수 있다. 다시 문제는 그들의 태도와 싸
가지다. 잘못을 인정하지 않고 성찰하지 않는 건 태도와 싸가지의
문제이며, 이런 토대 위에선 국민 다수가 원하는 '비전·철학'이
나 '정책·어젠다'가 가능하지 않기 때문이다.

'싸가지 있는 정치'를 위해선 협치가 필요하다. 협치에 비판적
인 사람들은 "야당이 문재인 정권의 발목만 잡으려고 하는 데 무
슨 얼어 죽을 협치냐?"며 힘으로 밀어붙이는 속도전을 요구했다.
사실 협치는 낮은 자세로 온갖 고생을 해야 이룰 수 있으며 시간
이 오래 걸린다. 그런데 역대 독재 정권들도 민주주의를 비효율적
인 낭비라고 주장하면서 그런 생각을 했다는 걸 잊어선 안 된다.
게다가 그간의 속도전으로 이룬 게 무엇인지를 생각해볼 필요가
있다.

놀라운 건 이재명이 문재인 정권과의 차별화를 광범위하게 시
도했음에도 싸가지 문제에 대해서만큼은 똑같은 정도를 넘어서

오히려 그걸 악화시키는 방향으로 내달려왔다는 점이다. 앞서 지적했듯이, 그가 민주당에 "민생 법안은 과감하게 날치기해줘야 한다"고 요구한 건 망언이었다.[75] 그러면서 또 실용주의를 내세우니 도대체 그의 정체는 무엇인가? 이런 모순도 싸가지의 문제로 귀결된다는 건 두말할 나위가 없다.

이재명의 그 유명한 "권력은 잔인하게 써야 한다"는 발언도 그렇다. 그는 김어준과의 대담에서 "문재인의 단점은 뭐라고 보는가?"라는 질문에 이렇게 답한 바 있다. "너무 착한 게 문제예요. 나는 권력은 잔인하게 써야 한다고 믿는 사람이에요. (문재인에겐) 강력한 리더십과 추진력이 부족하다고 느끼죠."[76] 이는 열혈 지지자들은 열광하게 만들 수는 있었겠지만, 야당을 무시한 문재인의 일방적인 독주에 염증을 느낀 사람들에겐 섬뜩하게 들리는 말이었다.

이젠 성패에 관계없이 큰소리 뻥뻥 치면서 힘으로 밀어붙이는 개혁을 의심하면서 국민과 더불어 같이 가겠다는 발상의 전환이 필요하다. "우리가 이른바 '싸가지 없는 진보'를 자초한 것이 아닌지 겸허한 반성이 필요한 때"라는 문재인의 발언은 여전히 유효하다. 그가 진정성을 갖고 한 말인지는 의문이지만 말이다.

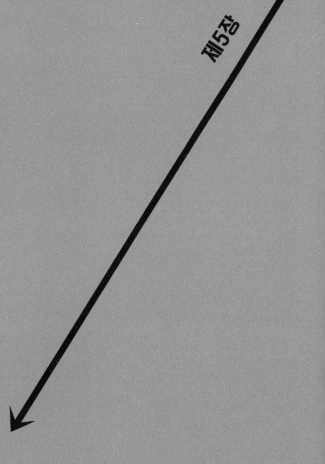

## 제5장

# 문재인
# 미스터리

# 문재인의 임기 말
# 높은 지지율의 비밀

"문재인은 레임덕 없는 첫 번째 대통령이다."[1] 친문 정치 컨설턴트 박시영이 2021년 8월에 내놓은 주장이다. 이후 많은 언론도 비슷한 견해를 밝혀왔다. 임기 말 지지율이 수개월째 40퍼센트대로 전례 없이 높은 걸 가리켜 '미스터리'라는 말도 나왔다. 언론은 그 미스터리를 풀기 위해 많은 기사를 양산해냈지만, '사후 분석'일 뿐 그 누구도 이런 '이변'을 예상하진 못했을 것이다.

정치학자 신율이 이렇게 말한 게 오히려 가슴에 와닿는다. "나도 모르겠다. 여러 칼럼에서도 그 이유를 설명할 수 없다고 썼는데, 지금도 잘 모르겠다.……관련 세미나에 참석한 다른 교수들도 문 대통령 40%대 지지율 설명을 못하더라."[2] 나 역시 이 견해에 동의한다. 하지만 어차피 '정답'이 없는 상황에서 짐작마저 포기할 필요는 없으리라. 문재인 미스터리와 관련해 그간 제시된 이유들은 크게 보아 10가지인데, 이걸 소개하면서 내 생각을 말씀드려 보련다.

## (1) '집토끼'를 확실하게 지키는 '편 가르기 정치'

"역대 대통령들 중에서 문 대통령만큼 정파적인 사람, '내 편, 네 편' 따진 사람은 없었던 것 같다."(『조선일보』 주필 양상훈)[3] "임기 내내 오직 40%만을 위한 정치를 했기 때문이 아닐까 생각한다."(국민의힘 전 비상대책위원 김재섭)[4] "극렬 지지층만 바라본 폐쇄적 국정 운영을 해왔다는 방증으로 볼 측면이 있다."(대통령리더십연구원장 최진)[5] "문 대통령이 당선될 때 득표율이 41%쯤 됐다. 지금 그 지지도를 유지하는 셈이다. 말로는 통합을 부르짖으면서 실제 행동은 전부 갈라치기를 했다. 내 편을 견고하게 가져가니까 40%가 나오는 것이다."(전 환경부 장관 윤여준)[6]

문재인의 국정 운영 전반에 대해 비판적인 사람들은 이 네 진술의 취지에 흔쾌히 동의할 것이다. 지지자들은 '40퍼센트만을 위한 정치'를 적폐 청산과 개혁을 위해 필요한 일이었다고 생각하며, 비판적 의견을 '수구 기득권 세력의 저항'으로 간주하는 경향이 있다. 문재인은 지지자들이 그렇게 생각하게끔 유도하고 강화하는 담론을 집요하게 구사해왔다.

문재인의 대통령 취임사를 지금 다시 읽어보면 한 편의 개그 원고를 방불케 한다. 지켜진 게 거의 없기 때문이다. 그는 '분열과 갈등의 정치'를 바꾸겠다고 했지만, 그가 한 일은 일관되게 분열과 갈등을 키움으로써 '두 개로 쪼개진 나라'를 만든 것이었다. 문재인은 2017년 대선 직전에 출간한『대한민국이 묻는다』에서 "저는 저하고 생각이 다른 입장에 있는 사람들의 일방적인 공격에 대해서는 정말로 눈 하나 깜짝하지 않습니다"라고 했는데,[7] 이 거 하나만큼은 100퍼센트 실천에 옮긴 셈이다.

김대중과 노무현은 자신과 생각이 다른 사람들이 원하는 것일지라도 그것이 국익을 위해 필요하다고 생각하면 그 일을 과감하게 추진했다. 그로 인해 지지자들을 실망시키거나 분노케 함으로써 지지율 하락 사태를 맞기도 했지만, 문재인은 그런 일을 거의 하지 않았다. 이게 바로 이른바 '집토끼' 지지율만큼은 임기 말까지 지켜내는 '업적'을 이루는 데에 기여했다.

## (2) 강력한 팬덤과 노무현 학습효과

"친문 지지층은 노 전 대통령을 통해 대통령 임기 말 지지율이 내려가면 끝장이라는 것을 이미 학습했다. 지지율이 내려가니 정권 교체가 됐고, 이명박 정부가 들어서서 수사를 시작하자 노 전 대통령이 자살을 하게 되는 비참한 상황이 된다는 것을 알게 됐

다. 지지층으로서는 정권을 유지해야 하는 학습효과 때문에 버티는 것이다."(인사이트K연구소장 배종찬)[8]

이 견해를 뒷받침해주는 '증거'는 댓글 등의 형식으로 무수히 유포되어왔다. 검찰 개혁에서부터 언론 개혁에 이르기까지 모든 개혁은 오직 '노무현·문재인을 위하여'로 귀결되었다. "이번에 확실히 검찰 개혁을 완수해서 노무현 전 대통령의 원혼을 달래주세요" "지난 참여정부 때 입진보 언론이 노무현 대통령을 조중동과 함께 사지로 몰고 간 일에 대한 성찰은 전혀 없고 여전히 입만 살아서. 당신들 때문에 우리는 더 절박하게 문재인 대통령을 지켜내야 한다는 결의를 다지는 걸 모르죠?"[9]

이런 댓글을 다는 지지자들에게 과정과 절차의 합리성과 공정성을 유린하는 내로남불은 전혀 중요치 않았다. 문재인의 내로남불에 분노하는 비판자들과의 소통은 원초적으로 불가능했다. 지지자들은 "노무현이 우파와 그 언론은 물론 '좌파'로부터도 협공을 당하여 실패하고 죽음에 이르렀다는 인식"(성균관대학교 교수 천정환)을 절대적으로 신봉하면서 문재인에 대한 그 어떤 비판도 수용하거나 용납하지 않았기 때문이다.[10]

김대중과 노무현에게도 팬덤이 있었지만, 이들은 "대한민국은 김대중 보유국"이라거나 "대한민국은 노무현 보유국"이란 찬사는 듣지 못했다. 하지만 문재인은 노무현의 원혼을 달래줄 역사적 사명을 띠고 대통령에 차출되었기에 "대한민국은 문재인 보유국"이며 그렇게 되어야만 한다. 문재인의 대표적 과오인 '부동산 가격 폭등'은 그런 역사적 사명에 비추어 매우 사소한 것에 지나지 않는다. 아니 일부 강경파는 그걸 '글로벌 추세'라며 아예 인정조차 하지 않는다. 이러니 문재인 지지율이 폭락하는 건 거의 불가능한 일이다.

### (3) 친인척 스캔들과 측근의 부패 게이트 부재

"우선 역대 대통령을 어렵게 했던 친인척 스캔들이나 측근의 부패 게이트 이런 게 전혀 없습니다. 권력 남용도 없고, 그러니까 과거 대통령들에게서 익숙하게 보였던 임기 말의 모습이 지금 대통령에겐 없다, 저는 그게 확연하게 다른 면이라고 생각합니다."(청와대 정무수석 이철희)[11]

맞다. 문재인에겐 친인척 스캔들이나 측근의 부패 게이트가 없다. "청와대에 들어가기 전까지 서울 홍은동 '금송힐스빌'에서 전세로 지냈을 정도로 인간 문재인은 청렴한 삶을 살았다"(『중앙일보』 주필 이하경)는 이야기는 자주 거론되어온 게 아닌가?[12] 이건 긍정적으로, 아니 매우 높게 평가해도 좋을 일이다. 이게 문재인의 임기 말 높은 지지율을 떠받치는 하나의 이유가 되었다는 데엔 흔쾌히 동의할 만하다. 사실 국민적 분노를 불러일으키는 데엔 친인척 스캔들이나 측근의 부패 게이트만 한 게 없다. 언론이 선정적으로 보도하기에도 좋은 소재가 아닌가? 지지자들이 문재인은 그게 없다는 이유 하나만으로도 다른 모든 과오를 눈감아준다고 해서 크게 놀랄 일은 아닐지도 모르겠다.

다만, 문재인이 '정권 비리를 은폐하는 시스템'을 구축했다는 주장도 있다는 걸 지적하는 게 공정할 것이다. 즉, 친인척 스캔들이나 측근의 부패 게이트가 있다고 하더라도 그게 제대로 밝혀질 수 없는 은폐 시스템이 있으며, 이는 이전 정권들에선 볼 수 없었던 현상이라는 이야기다. 특히 문재인이 박근혜 정권에도 있었던 청와대 특별감찰관을 내내 공석으로 남겨둔 이유는 무엇인지 도무지 이해가 가지 않는다.

### (4) 정권 비리를 은폐하는 시스템의 구축

"법치 위에 군림하는 권력의 폭주를 '거악巨惡'이라 한다. 이제 거악을 감시할 국가 기능은 존재하지 않는다 해도 과언이 아니다. 검찰과 감사원은 정권의 충견이 됐고, 법원은 특정 집단 판사들에게 점령당했다. 국회는 180석 거여巨與가 장악해 입법 독재를 치닫고 있다."(『조선일보』 논설실장 박정훈)[13]

"조국 사태 이후 지금까지 2년 반 동안 불거진 권력형 비리와 대형 경제 비리 의혹들에 대해 '진짜로 책임 있는 사람들'이 감옥에 가는 것을 본 적이 있는가. 국민들이 분노한 라임, 옵티머스, 디

스커버리, LH, 월성, 울산, 대장동, 성남FC 등 사건들이 어떻게 처리됐는지 보라. '조국 사태 이전과 이후'를 비교해보면 드라마틱하게 다르다. 대한민국이 조국 사태를 기점으로 갑자기 '권력 비리가 사라진 나라'가 된 것인가, 아니면 '권력 비리 수사를 할 수 없는 나라'가 된 것인가."(사법연수원 부원장 한동훈)[14]

"검찰 수사권을 박탈하고 수사팀을 해체시켰다. 정권에 충성하는 측근을 요직에 앉혔다. 권력 수사 자체를 봉쇄했다. 청와대 울산 선거 개입 수사와 월성 원전 경제성 평가 조작 수사, 친인척이 관련된 이상직 스캔들 등 정권의 비리 의혹을 상식대로 수사했다면 지지율 40%의 모래성은 오래전에 무너졌다."(『조선일보』 논설위원 선우정)[15]

아닌 게 아니라 매우 이상하다. 민주당과 대선 후보 이재명은 검찰총장 출신의 윤석열을 겨냥해 "검찰을 위한, 검찰에 의한, 검찰의 국가가 되어서는 절대 안 된다"며 '검찰정권 불가론'을 역설했다. 그렇다면 문재인 정권이 목숨을 걸다시피 해서 이루어낸 검찰 개혁 이후의 검찰은 어떤가? 그간 나쁜 검사들은 쫓아냈거나 숨죽이게 만들었으니, 이젠 정의롭고 공정한 검사들의 활약상을 우리는 지금 보고 있는 건가?

그렇다면 여권의 '검찰정권'의 가능성에 대한 우려와 분노와 공포에 흔쾌히 동의할 수 있겠지만, 그렇지 않고 친정권·친여적인 색깔만 두드러졌을 뿐 정의와 공정과는 거리가 멀다고 한다면,

달리 보아야 하지 않겠는가? 울산시장 선거 청와대 개입 의혹 사건과 문재인 사위의 타이이스타젯 취업 의혹 사건을 비롯해 문재인과 직간접적 관련이 있는 사건들은 어떤가? 이런 사건들에 대한 수사는 제대로 이루어졌는가? 대장동 사태를 비롯해 여권에 불리한 사건들에 대한 수사는 제대로 이루어졌는가?

이전 정권들에선 검찰이 정권의 충견 노릇을 하다가도 대통령의 임기 말이 되면 검찰의 생존 차원에서라도 정권의 비리에 칼을 대기도 했다. 그러나 문재인 정권에선 그것도 기대하기 어렵게 되었다. 문재인 정권 이전의 검찰은 비교적 '한 몸'이었던 반면, 문재인 정권에선 윤석열이라는 돌발 변수의 제거를 위해 검찰을 두 개로 쪼개는 분할 통치 전략을 썼기 때문이다. 실권을 쥔 주류 검찰의 생존 전략이 이전과는 판이하게 달라졌다는 뜻이다. 이는 문재인의 임기 말 높은 지지율에 결정적인 기여를 했다고 보는 게 옳을 것이다.

### (5) 코로나19가 초래한 국민적 위기의식

"문재인 대통령 임기 말에 국정 수행 지지율이 40%를 넘는 것은 국민들이 코로나 위기 극복을 하라고 힘을 모아준 것이다. (코로나 대응 과정에서) 한 번도 가보지 않은 길이라 조금 혼선이 있었지만 그걸 기민하게 극복하는 과정을 보여준 것이 대통령에 대한

민음을 준 측면이 있다."(청와대 국민소통수석 박수현)[16]

글 첫머리에 인용했던 박시영도 '레임덕 없는 첫 번째 대통령'의 이유로 "단연 코로나19의 영향에 따른 국민적 위기의식과 여타 국가에 비해 비교우위로 평가받고 있는 K-방역, K-접종의 효과"를 들었다.[17] 이젠 'K-방역, K-접종의 비교우위 효과'를 거론하기 어려운 상황인지라 '국민적 위기의식'만 받아들이는 게 좋을 것 같다.

"함께할 때 우리는 실패할 수 없다." 미국 제32대 대통령 프랭클린 루스벨트의 말이다. 국가적 위기가 닥쳤을 때 인용되는 명언이다. 어느 나라에서건 국가적 위기가 닥치면 지도자를 중심으로 뭉치는 '위기 프리미엄' 현상이 나타나기 마련이다. 문재인은 '코로나 위기'의 최대 수혜자였다. 2020년 4·15 총선에서 예상을 깨고 민주당이 압승을 거둘 수 있었던 주요 이유도 바로 코로나 덕분이 아니었던가? 문재인 정권의 코로나 대응 정책에 많은 문제점이 드러났음에도 코로나에 대한 국민적 위기의식은 늘 문재인에게 유리하게 작용했다.

2021년 12월 당시 국민의힘 총괄선대위원장이었던 김종인이 "코로나19 사태가 대선 자체를 삼켜버릴 수 있는 상황이 도래할지도 모른다"고 우려한 것도 바로 그럴 가능성 때문이었다. 그는 "일반 국민의 심리는 불안하게 되면 믿는 것이 결국 정부"라며 "변화에 대해 별로 관심을 안 갖는 성향이 있기 때문에 그 점을 제대로 인식하지 못하면 선거 자체에 상당한 차질을 빚을 수 있다는 걸 인식해야 한다"고 했다.[18] 그는 최근 출간한 『왜 대통령은 실패하는가』에서도 "코로나19가 아니었으면, 탄핵까지는 아니더라도, 문재인 정부가 과연 정치적으로 무사했을까 싶다"고 했다.[19] 방역에 성공하건 실패하건 코로나 대응의 칼자루는 문재인이 쥐고 있는 것이기 때문에 문재인은 코로나 정국의 수혜자로 남을 가능성이 높다.

### (6) 정당과 대선 후보에 대한 정서적 비교우위

"야당이 중대한 선거를 앞두고 알아서 무너지는 '야당 복福'이 임기 내내 있었던 영향이 크다고 할 수 있습니다.……여기에 최근에는 '여당 복'도 있는 것 같습니다. 이재명 후보를 둘러싼 의혹들도 여전한 상황에서, 문 대통령보다 낮은 지지율은 역대 정부에서 임기 말 여당 대선 후보가 미래 권력 후보로서 국정에 상당한 영향력을 행사했던 것과 다른 상황을 만들고 있습니다."(『더팩트』기자 허주열)[20]

한마디로 말해서, 문재인은 '야당 복'과 '여당 복'은 물론 역대급 비호감 대선 후보인 이재명과 윤석열에 대한 정서적 비교우위를 동시에 누리고 있다는 이야기다. 여야 정당의 수준은 상호 연동되어 있다. 어느 한쪽의 수준이 높아지면, 다른 쪽의 수준도 따라서 높아지지만, 낮아지면 똑같이 낮아진다. 여야 정당의 수준이 문재인 정권에서 최하를 기록한 이유는 무엇인가?

야당은 사상 초유의 '대통령 탄핵' 사태라고 하는 치명타를 입은 상처와 후유증에서 아직 완전히 회복되지 못했다. 특히 유권자들의 인식에서 그렇다. 여당은 삼권분립 체제를 위협한 '청와대 정부'를 최악의 형태로 구현한 문재인 정권에서 정당이 정상적으로 기능할 수 없는 타격을 입었다. 역대급 비호감 대선 후보의 탄생은 이런 사정과 무관치 않다.

문재인은 '박근혜 효과'의 덕을 톡톡히 본 대통령이었다. 모든 언론이 합세해 폭로한 박근혜 청와대의 실정과 대비되는 효과를 누렸다는 뜻이다. 언론은 그의 지지율을 들어 레임덕이 없다고 말하지만, 사실 레임덕은 오래전부터 있었다. 중요한 건 그게 '자발적 레임덕'이었다는 사실이다. 중요한 결정을 한사코 외면하는 그의 '책임 회피' 성향 때문에 벌어진 일이다. 책임 회피 성향이 오히려 득이 되는 기묘한 현상이 나타난 셈인데, 이는 문재인이 늘 그런 식으로 해왔기 때문에 생긴 '면역 효과'라는 역설이라고 볼 수 있겠다.

### (7) 욕먹을 일은 하지 않는 책임 회피

"생색나는 일엔 앞장서고, 고통이 수반되는 폼 안 나는 일은 뭉

개거나 다음 정부에 떠넘기는 통치술이 비결일 것이다. 적폐 청산이나 임대차 3법, 기업규제 3법 같은 편 가르기는 밀어붙이면서 미래를 위해 필요한 노동 개혁과 연금·재정 개혁 같은 인기 없는 과제는 죄다 차기 정부로 넘겨버렸다. 그러니 절반 이상의 국민이 문재인 정부의 레거시를 기억하지 못하는 게 이상한 일이 아니다."(『중앙일보』 논설실장 이정민)[21]

"문 대통령은 방역 상황이 조금만 호전되면 'K방역의 성과'라며 직접 나서서 자랑했다. 모더나 CEO와 화상 통화하는 장면까지 공개하며 '2,000만 명분 백신을 확보했다'고 홍보했다. 그러다 그 백신 공급이 펑크 나자 복지부 장관이 대신 사과했다. 좋은 일이 생기면 본인이 나서고, 위기가 닥치면 아랫사람을 대신 내세운다. 단 한 번 예외 없는 문文의 법칙이다."(『조선일보』 2021년 12월 17일 사설)[22]

"대통령은 뭘 하든 욕먹는 게 운명인데 검찰 개혁으로 욕먹은 사람은 추미애다. 부동산 실패는 문 대통령보다 김현미가 욕 더 먹었다. 똥물이 튈 때 대통령이 아니라 다른 사람이 대신 뒤집어쓰는 것이다. 대통령은 똥물이 튈 자리에 아예 가질 않는다. 그림 좋고 하나마나한 소리나 한다."(단국대학교 교수 서민)[23]

이 세 진술은 다 독하긴 하지만, 문재인 비판 담론 중 가장 많은 비중을 차지하는 단골 소재라는 점이 중요하다. 문재인 지지자들도 "그게 뭐가 문제야?"라고 거칠게 항변은 할망정 사실 차원의 반론을 하기가 어려울 정도로 많은 사례가 있다.

'울산시장 선거 청와대 개입 의혹 사건', '월성 원전 경제성 평가 조작 사건', '김학의 출금 공문 조작 의혹 사건', '환경부 블랙리스트 사건' 등처럼 문재인의 한마디나 관심사라는 이유로 일어난 사건이 많다. 문재인에게 법적 책임은 없을망정, 대통령 권력의 속성을 모를 리 없는 그가 자신으로 인해 고위 공직자들이 감옥에 갇히거나 수사·재판을 받는 상황이 벌어져도 내내 침묵만 굳게 지키는 모습은 보기에 딱했다. 딱하긴 하지만, 문재인은 자신의 '순결'은 지킬 수 있었다. 그 덕분에 유례없이 높은 임기 말 지지율을 누리게 되었지만, 이게 축하해야 할 일인지는 모르겠다.

### (8) 집요하고 공격적인 자화자찬 홍보

"그의 지지율이 떨어지지 않는 비결은 다음 4가지로 요약할 수 있다. ① 지지층이 싫어할 일은 안 한다, ② 책임은 '신하'에게 미루고, 공은 자신에게 돌린다, ③ 잘못해도 사과 안 하고, 사과해도 남 이야기하듯 한다, ④ 누가 뭐래도 줄기차게 '국정 성과'를 주장한다. 이러니 지지자들에겐 잘못한 것 하나 없는 대통령이지만, 본질을 들여다보면 '유체이탈 국정'이다."(『동아일보』 논설주간 박제균)[24]

이미 ①②③에 대해선 이야기했으니, 여기선 ④에 대해서만 말해보자. 앞서 소개했듯이, 문재인 정권의 초대 경제부총리였지만 핵심 그룹엔 속하지 못했던 김동연은 2021년 11월 22일 YTN라디오에서 문재인을 향해 "자화자찬보다는 진솔하게 사실대로 말하면서 이해를 구하는 소통이 아쉽다"며 현직에 있을 때 그런 말을 여러 차례 했지만 받아들여지지 않았던 안타까움을 토로했다.[25]

나 역시 멀리서나마 안타까워했던 사람 중의 하나다. 문재인은 왜 그렇게 자화자찬을 해댄 걸까? 부동산·코로나 문제에 대해 성급한 자화자찬을 했다가 발목이 잡혀 비판의 빌미를 제공한 게 한두 번이 아닌데도 그의 자화자찬은 그칠 줄을 몰랐다. 이런 비판이 워낙 많은 탓에 문재인도 세평에 대해 모르진 않았을 게다. 그러나 그는 2021년 12월 6일 제58회 무역의날 기념사에서 "우리는 보란 듯이 위기를 기회로 만들었다"며 "소중한 성과마저도 오로지 부정하고 비하하기만 하는 사람들이 있다"고 했다. 자화자찬 비판에 대한 반론처럼 들렸다.

나는 문재인에게 '자부심 콤플렉스'가 있는 게 아닌가 하는 의심을 한다. 그는 2021년 11월 21일 '국민과의 대화'에서도 국가에 대한 자부심을 가지라고 당부하면서 "이런 말을 하면 자화자찬이다, 국민 삶이 어려운데 무슨 소리냐는 비판도 있을 수 있다. 이건 주관적 평가가 아니라, 세계의 객관적 평가다. 우리가 자부심을 가져야 하는 이유는 그런 자부심이 우리가 미래에 발전할 원

동력이 되기 때문이다"고 주장했다.

문재인의 이런 자부심 강조에 주목한 『중앙일보』 논설위원 이상언은 「대통령의 자부심, 국민의 자괴감」이라는 칼럼에서 그간 문재인이 사용한 주요 '자부심 사례'들을 열거했다. 이 칼럼을 한 번 읽어보시기 바란다. 나 역시 별도로 찾아보았는데, 놀라울 정도로 많았다. 그가 가장 즐겨 쓰는 단어가 아닌가 싶다. 이상언은 "이쯤 되면 문 대통령의 자부심에 대한 생각은 '진심'이라고 봐야 합니다"라면서 다음과 같이 말한다.

"대통령의 자부심 주문에 오히려 자괴감이 든다는 사람도 있습니다. 한국은 스스로 목숨을 끊는 사람이 경제협력개발기구OECD 국가 중 가장 많은 나라입니다. 자살률이 OECD 평균의 두 배가 넘습니다. 최근 통계청의 사회조사에서 '사회를 믿을 수 없다'는 선택지를 고른 20대 응답자가 52%였습니다. 청년 체감 실업률이 25%를 웃돕니다. 결코 자랑스러운 나라의 모습이 아닙니다. 자부심을 가지라는 대통령의 말이 많은 사람에게 공허하게 들립니다."[26]

공허할망정 나 역시 문재인의 진심을 믿는다. 그의 선의도 믿는다. 문제는 이게 일종의 자기암시 효과를 낳아 현실을 냉정하게 관찰하고 수용하는 데에 큰 장애가 되었을 가능성이다. '긍정과 낙관'이 문재인 개인의 '인간 승리'엔 큰 도움이 되었을망정 국가적 차원에선 비극을 초래했을 가능성 말이다.

그럼에도 문재인의 자화자찬은 임기 말 높은 지지율 유지엔 도움이 되었을 게다. 언론의 대통령 발언 우대로 인해 그의 자화자찬은 지지자들을 묶어두는 데엔 세뇌에 가까운 효과를 낳지 않았겠느냐는 것이다. 문재인 정권이 소득주도성장의 효과에 불리한 통계를 발표했다는 이유로 통계청장을 전격 경질할 정도로 정권에 유리한 '통계 조작' 시도를 집요하게 해온 것도 그런 자화자찬 효과를 높이는 데에 기여했을 것이다.

### (9) '일중독'에 가까운 문재인의 헌신

"한눈 안 판다, 또 부패 안 하고 권력의 단맛에 취하지 않고 오직 일만 하시는 대통령이라 국민들이 그런 점을 높게 평가하지 않는가 싶다."[27]

"문 대통령이 대통령이란 자리를 갖고서 권력을 누리겠다, 이런 생각 없이 또박또박 일에 매진하는 스타일입니다. 요즘도 하루도 빼놓지 않고 참모 회의를 합니다. 누리는 대통령이 아니라 일하는 대통령의 모습, 이것을 국민이 평가해주는 게 아닌가 싶습니다."(청와대 정무수석 이철희)[28]

"가장 큰 이유는 대통령이 일을 계속하고 계신 거예요. 그럼 뭐 전임 대통령들은 일을 하지 않았느냐? 일을 하지 않았던 건 아니겠지만 사실 임기 말이라는 게 적극적으로 무엇인가를 추진하기는 어렵잖아요. 그러나 우리 상황이 멈춰 있거나 혹은 관리만 해서 될 수 있는 상황이 아닌 여러 엄중한 일들이 있고 그렇기 때문에 대통령이 계속해서 움직이고 계시고 또 우리 정부도 마지막 날까지 최선을 다하겠다는 게 그냥 어떤 레토릭이 아니라 실제로 그렇게 일을 하고 있는 겁니다."(청와대 의전비서관 탁현민)[29]

이철희와 탁현민의 생각에 동의한다. 사실 문재인은 '일중독'에 가깝다. 그는 변호사 시절 소송 기록이 아무리 많아도 그것을 읽어보며 직접 검토하느라 항상 바빴다.[30] 2021년 5월 청와대는 어린이날을 맞아 어린이들과 화상으로 만나는 행사를 열었다. 한 어린이가 "대통령님은 몇 시에 주무시나요?"라고 묻자, 문재인은 "대통령 할아버지는 잠을 좀 늦게 자요. 할 일도 많고 또 봐야 되는 서류도 많거든요. 그래서 밤 12시쯤 되어야 잠자리에 든답니다"라고 했다.[31] 문재인이 지금도 밤늦게까지 서류를 보느라 바쁘다는 이야기는 이미 꽤 알려진 사실이다.

물론 그걸 좋게만 보기는 어렵다. 부지런하고 책임감이 강한 건 좋은데, 문제는 오히려 이런 성향이 서류로 대체할 수 없는 현실의 갈등 상황에 대처해야 할 필요성을 약화시킬 수 있기 때문이다. 오죽하면 일부 언론도 "측근과 참모들이 올리는 틀에 박힌 보고서에서 눈을 돌려 민심과 마주해야 한다"고 요청했겠는가?[32]

그러나 이미지 중심으로 보자면, '일중독'에 가까운 문재인의 헌신은 탁현민의 탁월한 이미지 관리술을 통해 국민에게 잘 전달

되었기에 임기 말 높은 지지율에 기여했을 것이다. 탁현민은 남의 말 하듯이 말했지만, 대통령이 계속해서 움직이고 그걸 그럴듯한 영상으로 포착해 지지자들을 감동시키는 건 온전히 그의 작품이라고 해도 과언이 아니다.

### (10) 긍정적 이미지 위주의 이벤트 정치

"유명 연예인과 만나고, 독립운동가 유골 송환이나 첨단 국방 무기 실험처럼 모양새 나는 곳에 얼굴을 보일 뿐, 정작 갈등을 풀고 문제를 해결해야 할 곳에서는 좀처럼 보이지 않는 대통령이었다. 그래서 문 대통령에 대한 여론조사의 지지도가 전례 없이 높은 비율로 유지되는지 모르지만, 그 리더십으로 당대 국민은 피곤했고 역사는 박한 평가를 내릴 수밖에 없을 것 같다."[33]

서울대학교 교수 강원택이 「문재인 5년, 업적이 떠오르지 않는다」는 『조선일보』 칼럼에서 흔히 거론되는 문재인의 불통과 책임 회피 문제 등을 거론한 후에 한 말이다. 긍정적 이미지 위주의 이벤트 정치가 문재인의 지지율을 떠받치고 있는 게 아니냐는 것이다. 문재인이 열심히 일하는 모습을 보여주는 것도 중요하긴 하지만, 더욱 중요한 건 적극적인 메시지를 전달할 수 있는 이벤트 정치다.

'이미지 정치'나 '이벤트 정치'를 부정적으로 볼 필요는 없다.

정치의 문법을 송두리째 바꾼 영상매체 시대의 현실로 이해하는 게 옳으리라. 1984년 미국 대선을 잠시 감상해보자. 미국 정치학자 제럴드 폼퍼는 이 대선에서 재선을 노린 로널드 레이건이 승리한 이유는 그의 치적 때문도, 철학 때문도 아니요, 단지 그의 이미지 때문이라고 주장했다.

한국을 방문해서 휴전선을 바라보며 주한미군에게 연설하는 레이건의 강인한 이미지, 석양에 아내인 낸시와 다정히 걷는 레이건의 인자한 이미지, 제2차 세계대전 때의 노르망디 상륙 작전을 기념하는 레이건의 세계 지도자로서의 이미지, 1980년 암살 저격을 꿋꿋하고 여유 있게 이겨낸 레이건의 초인적 이미지, 로스앤젤레스올림픽의 대성공을 축하하는 레이건의 승리의 이미지, 대형 성조기를 배경으로 미국인의 긍지와 전통을 이야기하는 레이건의 애국적 이미지 등과 같은 이미지 포트폴리오가 유권자들의 뇌리에 깊이 박혀 있었다는 것이다.[34]

공개 석상에서 분노와 좌절의 표정을 거의 나타내지 않는 레이건은 전몰장병 추도식과 같은 엄숙한 의식에서 눈물을 가끔 흘림으로써 텔레비전 시청자들을 감격시켰다. 1987년 이란-이라크 전쟁 시 미 해군 병사 37명이 사망하는 사건이 일어났다. 이는 레이건의 명백한 과오였기에 호된 비판을 받아 마땅한 사건이었지만, 미국인들의 관심은 해군 합동 장례식장에서 유감없이 발휘된 레이건의 '뜨거운 인간애'에 쏠렸다.

숙연한 분위기 속에서 장례식이 거행된 플로리다의 해군기지에서 아버지를 잃은 어린 소녀를 껴안는 레이건의 눈에 눈물이 가득 고여 있었으며, 이 감동적인 장면을 미국의 거의 모든 국민이 텔레비전을 통해 지켜보고 있었다는 것이 훨씬 중요한 의미를 가졌다. 미국 컬럼비아대학 역사학 교수 헨리 그라프는 『뉴욕타임스』에 기고한 「대통령은 목사가 아니다」는 칼럼을 통해 이런 일련의 감동적인 장면이 은폐하는 문제들에 주목하면서 레이건의 목사 노릇을 비판하고 나섰지만, 대중은 지도자의 애국적 눈물에 약한 걸 어이하랴.

문재인도 2014년 세월호 참사가 일어나자 자주 눈물을 흘렸으며, 2017년에도 유가족 200여 명을 청와대로 초청해 2시간 동안 위로하며 눈물을 훔치는 등 '눈물 메시지'를 잘 활용한 대통령이었다. 대상에 따라 달라지는 '선별적 눈물'이라고 비판적으로 보는 시각도 있긴 하지만, 지지자들에겐 눈물도 있고 더할 나위 없이 따뜻하고 인자한 대통령으로 각인되었다. 문재인의 이벤트 정치가 낳은 긍정적 효과 또한 탁현민의 공임은 두말할 나위가 없다.


## '이미지 정치'와 '모순에 대한 무관심'

이상과 같이, 문재인의 임기 말 지지율이 높은 이유로 10가지를 제시했지만, 한마디로 압축해서 말하라면 단연 '이미지'다. 사실 높은 지지율을 받쳐주는 건 10~20퍼센트의 유권자다. 그 어떤 일이 벌어진다고 해도 문재인을 지지할 콘크리트 지지층이 20~30퍼센트는 될 거라는 점에서 말이다. 그간의 모든 여론조사를 분석해보면, 집권 초창기와 나름 업적으로 내세웠던 대북 관계 개선 등이 있던 시기를 지나고 나면 지지 이유가 점점 추상화되고 있다는 건 무엇을 의미하는가?

그게 바로 '이미지 파워'다. 『데일리안』의 분석 기사가 잘 지적하고 있듯이, "'문 대통령이 잘하고 있다'면서 '이유는 모르겠다'는 응답이 13~17%에 달하는 것도 의아하거니와 전반적으로 잘한다, 최선을 다해서 열심히 한다, 기본에 충실하다, 전 정권보다 낫다는 응답들도 '이유는 모르겠다'와 크게 다르지 않은 지지 이유"라는 점에서 말이다.[35]

'이미지 정치'와 관련, 미국엔 '테프론 대통령'이란 말이 있다. 하원의원 퍼트리샤 슈로더가 작명한 것으로, 대통령 로널드 레이건을 두고 한 말이었다. 레이건은 온갖 실책을 저질러놓고도 그 실책의 책임에서 면제되는 '테프론Teflon(먼지가 붙지 않는 특수섬유의 상표 이름) 대통령'이었다는 것이다.[36]

『워싱턴포스트』 칼럼니스트 조지 윌은 레이건의 테프론 특성을 이렇게 표현하기도 했다. 어느 방에 들어갔다고 하자. 그런데 천장이 무너졌다. 얼굴에 반창고 하나 붙일 필요도 없이 상처 하나

입지 않고 당당히 걸어 나올 수 있는 사람이 바로 레이건이다.[37]

이는 레이건의 '살인 미소'와 친근감을 주고 매력을 풍기는 이미지 덕분에 가능한 것이었다. 문재인에게 그런 '테프론' 특성이 있다면, 그건 무엇일까? '테프론'이라는 개념 자체가 '이미지 정치'의 위력을 지적한 것인지라, 답은 이미 예정되어 있다. 문재인 나름의 '이미지 파워'다. 문재인의 대통령 취임 직후 문재인을 비롯한 주요 참모들의 외모가 준수한다는 이유로 '얼굴 패권주의', '외모 패권주의'라는 신조어까지 등장했다는 걸 상기할 필요가 있겠다.[38]

문재인은 준수한 외모를 갖고 있긴 하지만, 그것만으론 부족하다. '대통령다운' 외모여야 한다. 이런 이야기는 '외모 차별주의'의 소지가 있어 언론에선 거론되지 않지만, 미국의 도널드 트럼프는 2016년 대선에서 이런 이야기마저 거침없이 했다. "외모를 갖고 날 비판하긴 어렵다. 나는 너무 잘생겼기 때문이다." 평소 이렇게 말했던 트럼프는 선거 유세에서 자신은 '대통령답게' 잘생겼지만 경쟁자인 힐러리 클린턴은 '대통령답게' 생기지 않았다고 주장하기도 했다.[39]

대통령답게 생긴 게 무언지는 몰라도 문재인은 대통령다운 얼굴을 갖고 있다는 게 지지자들의 한결같은 주장이다. 물론 직설적으론 말하지 않지만, "왜 문재인을 좋아하느냐?"는 질문에 대한 답을 잘 뜯어보면 상당 부분 얼굴 이미지로 귀결된다. 그런 점에서 문재인은 '얼굴 패권주의'의 지존이라고 할 수 있겠다.

인정하는 게 내키진 않겠지만, 현대 정치는 '이미지 정치'다. '이미지 정치'에 내장된 '이미지 사고'의 특징은 '모순에 대한 무관심'이다. 문재인과 문재인 정권의 속성이 되어버린 '내로남불', 지지자들의 내로남불에 대한 무한한 관용은 바로 그런 '이미지 사고'가 '편 가르기 부족 정치'와 결합한 결과일 가능성이 높다. 문재인의 임기 말 높은 지지율에 결코 박수를 보낼 수 없는 이유다.

# '내로남불'을 미화하는
# '피해자 코스프레'

"정부와 당이 누적된 폐해를 청산하고 반부패 개혁을 지속적으로 해왔지만 아직도 사각지대가 있음을 느낀다."(3월 10일, 민주당 원내대표 김태년)[40]

"3기 신도시 얘기는 2018년부터 있었고, 부동산이나 아파트 투기는 이미 2~3년 전부터 문제가 됐는데 (검찰은) 수사권이 있을 땐 뭘 했느냐고 지적하지 않을 수 없다."(3월 11일, 법무부 장관 박범계)[41]

"(윤석열 전 검찰총장은) 검찰의 수사권을 가지고 이렇게 국민적 공분을 받는 구조적인 이런 LH 투기 같은 것도 하나 못 잡아내고 정치만 하다 나가지 않았는가."(3월 12일, 민주당 의원 홍영표)[42]

"부동산 시장의 부패에 검찰의 책임이 가장 크다."(3월 14일, 전

법무부 장관 추미애)[43]

이를 두고 점입가경漸入佳境이라고 하던가? 2021년 3월 한국토지주택공사LH 직원들의 땅 투기 사태와 관련, 문재인 정권의 "전 정권 탓", "검찰 탓", "윤석열 탓" 공세가 볼 만했다. 검찰은 무소불위無所不爲의 권력이라며 '검수완박(검찰 수사권 완전 박탈)'을 밀어붙여오던 분들이 이제 와선 검찰이 국토부의 역할을 맡지 않았다고 비난하다니, 기가 찰 일이었다. 하지만 모두 다 이른바 '정신적 대통령'으로 불리기도 하는 김어준보다는 한 수 아래였다. 김어준은 아예 이렇게 뒤집기를 시도했으니 말이다. "내부 정보를 이용한 부동산 투기는 언제나 있어왔다. 현 정권은 그것을 똑바로 들여다볼 용기와 해결할 의지가 있는 최초의 정권이다."[44]

문재인은 3월 15일 "적폐 탓"을 함으로써 이런 '남 탓'의 정점을 찍었다. 그는 청와대 수석·보좌관 회의 시 약 6분간 이어진 모두 발언에서 "부동산 적폐 청산"을 5번이나 말했다. 그는 LH 직원들의 땅 투기 의혹과 관련해 "정부는 여러 분야에서 적폐 청산을 이루어왔으나 '부동산 적폐'의 청산까지는 엄두를 내지 못했다"며 "정부가 일차적인 책임을 져야 할 문제이지만 우리 정치가 오랫동안 해결해오지 못한 문제이며, 함께 해결해야 할 과제"라고 했다. 그러면서 "부동산 적폐 청산과 투명하고 공정한 부동산 거래 질서 확립을 남은 임기 동안 핵심적 국정 과제로 삼아 강력히 추진하겠다"고 밝혔다.[45]

좋은 말씀이긴 하지만, 김어준의 주장과 맥을 같이하는 발언이라는 점에서 좀 씁쓸했다. 이 문제를 이른바 '적폐 프레임'으로 바라보게 되면 우리는 문재인 정권에 박수를 보내야 한다. 문재인 정권은 부동산 적폐를 "똑바로 들여다볼 용기와 해결할 의지가 있는 최초의 정권"이니까 말이다. 따라서 이 사태로 인해 대통령과 민주당의 지지율이 하락하는 건 대중의 무지 탓이다.

김어준은 뭐 이런 이야기를 해보겠다는 뜻이었나? 솔직히 안쓰럽다 못해 측은하다는 생각이 들었다. 죽어도 과오를 인정하지 않으려 드는 문재인 정권 사람들의 '우기기 멘털리티'가 말이다. 벌써 몇 번째 이런 행태를 반복하는지 모를 일이었다. 스스로 생각해도 똑같은 레퍼토리가 지겨울 때도 되지 않았나? 도대체 왜 그런 걸까?

정치평론가 유창선은 2021년에 출간한 『나는 옳고 너는 틀렸다: 민주주의를 무너뜨리는 극단과 광기의 정치』에서 '책임 회피를 위한 피해자 코스프레'를 그 이유로 제시한다. 그는 "한국 정치는 사실을 밝히는 영역에서 벗어나 믿음으로 모든 것을 판단하는 신앙의 영역으로 가버리고 말았다"며 "권력을 가진 사람들의 피해자 코스프레는 한국 정치가 신앙의 영역에 갇혀버렸음을 말해주는 상징적인 장면이다"고 말한다.[46]

그렇다. 정치는 신앙이 된 지 오래다. "나는 옳고 너는 틀렸다"는 신앙의 관점에서 내로남불은 미덕이지 악덕이 아니다. 상대방이 틀렸다면 역지사지는 틀린 것을 방관하거나 존중하는 죄가 되고 만다. 그런데도 무엇을 모르거나 나쁜 사람들이 내로남불을 한다고 비판해대니 참으로 딱한 일이다. 이런 문제를 한 방에 해결해주는 게 바로 '피해자 코스프레'다. 이는 내로남불을 정당화할 뿐만 아니라 미화해준다. 권력을 가졌음에도 피해자가 되고 있는 상황에선 오히려 내로남불을 공격적으로 실천하는 것만이 정의를 바로 세우는 길이다. 이게 바로 '정치의 신앙화'다.

신앙의 힘은 무서울 정도로 강하다. 수많은 현인이 증언을 남겼다. 아우구스티누스는 "신앙은 보이지 않는 것을 믿게 해준다. 그리고 그 신앙의 대가는 자신이 믿는 대로 보게 된다는 것이다"고 했고, 허먼 멜빌은 "신앙은 자칼처럼 무덤들 사이에서 살아간다. 그 무기력한 회의감으로부터 활기찬 희망을 끌어낸다"고 했다. 키르케고르는 "신앙이란 모든 것을 뛰어넘는 비약이다"고 했고, A. C. 그레일링은 "신앙은 이성의 부정이다. 이성은 증거를 찬찬히 조사한 뒤 그에 따라 판단을 내릴 줄 아는 균형 감각이다. 그와 달리 신앙은 반대 증거에 전혀 개의치 않는다"고 했다.[47]

신앙은 존중의 대상이지 비판의 대상은 아니다. 그러나 자기 구역은 지켜야 한다. 절에 가서 찬송가를 부르거나 교회 앞에서 목탁을 두드리는 건 옳지 않다. 신앙에도 지켜야 할 규칙과 에티켓이 있다는 것이다. 어떤 신앙을 가졌건 신앙으로 대처해선 안 되는 구역도 있다. 정치와 행정은 이성의 영역이다. 탈신앙의 영역이다. 이게 마땅치 않으면 신정국가를 세우자고 운동을 하면 된다. 일단 민주주의를 하기로 한 이상 민주주의의 규칙은 따라야 한다. 민주주의란 무엇인가? 미국 정치가 제임스 풀브라이트가 갈파했듯이, "민주주의의 핵심은 자기 자신이 틀릴 수 있다는 가능성을 인정하는 것이다. 그래야 비로소 인내와 양보가 가능해지고 광신이 터무니없는 것으로 느껴지게 된다".[48]

무오류를 전제로 하는 신앙과 틀릴 수 있는 가능성을 인정하는 이성 사이의 소통은 가능하지 않다. 우리가 소통이 매우 어려운 세상을 살아가는 이유도 바로 여기에 있다. 정치인들만 신앙으로 정치를 한다면 그건 별 문제가 되지 않는다. 곧 도태될 것이니 걱정하지 않아도 된다. 그러나 그게 그렇지 않으니 큰일이다. 누구의 신앙이 더 강한지는 모르겠지만, 정치인들의 신앙을 떠받치는 수많은 지지자 역시 신앙으로 무장하고 있으니 말이다.

그런 신앙을 선의로 해석하자면 '역사의 상처'일 게다. 적폐 청산을 부르짖는 것도 그 상처를 치유해보겠다는 몸부림이 아니겠는가? 역사적으로 누적된 적폐 앞에 서면 피해의식을 갖지 않을 수 없을 게다. 적폐 청산을 외치는 사람들이 만들어내는 '신적폐'는 눈에 들어오지도 않을 것이며, 그마저 적폐 세력 탓이라는 생각을 하게 될 것이다. 그 심정 이해하지만, 부디 정치는 이성으로 해야 한다고 믿는 이교도들에 대한 자비를 베풀어주시면 고맙겠다.

## '심기 경호'는
## '정직'을 하찮게 만든다

"우리가 취하는 태도에 대해서 어떤 이유를 덧붙이면 다른 사람들에게 더 많은 이해와 호의적인 반응을 얻을 수 있다."[49] 스위스 작가 롤프 도벨리의 『스마트한 선택들』이라는 책에 나오는 말이다. 누구나 다 알고 있거니와 할 수 있는 말임에도 굳이 인용을 한 건 도벨리가 충분한 근거를 제시한데다 의외로 그렇게 하지 않는 사람이 많기 때문이다.

권력을 가진 사람일수록 자신이 취하는 태도에 대해 이유를 말하지 않을 가능성이 높다. 왜? 그렇게 해도 괜찮기 때문이다. 상급자는 하급자에게 얼마든지 이유를 물을 수 있지만, 하급자는 그렇지 않다. 상급자의 심기도 살펴야 하고, 미루어 짐작하는 게 속 편할 때가 많다. 행여 상급자의 눈 밖에 나면 안 되니까 말이다.

정권은 어떨까? 정권이 어떤 일을 하거나 태도를 취하면서 설명을 곁들이면 권위가 떨어질까? 독재 정권에선 그럴지 몰라도 민주주의 국가에선 그럴 리 없다. 국민과 소통을 잘하는 정권이라는 평가를 받을 가능성이 높다. 문재인 정권은 어떤가? 놀라울 정도로 설명을 건너뛰는 일이 잦다. 특히 대통령이 자주 그러신다. '선택적 침묵'의 달인이라고 해도 좋을 정도다.

2021년 4월 문재인을 비난하는 전단지를 수백 장 뿌렸다는 이유로 한 청년에게 경찰이 친고죄인 모욕죄를 적용해 검찰에 넘긴 사건을 두고 말이 많았다. 친고죄인지라 고소인이 누군지는 뻔히 알 수 있는 일이지만, 흥미로운 건 경찰도 청와대도 구체적으로 밝히는 걸 한사코 피하면서 입을 굳게 다물었다는 점이다. 고소 사실을 2년간 전혀 공개하지 않은 것도 이상했다. 청와대가 모든 걸 당당하게 밝히면서 이유를 설명하면 될 일인데, 왜 그래야 하는가? 궁금하니, 이 문제를 다루는 기사들이 더 많이 나올 수밖에 없었고, 야당의 비판도 거세졌다. 야당에선 심지어 "대통령의 그릇은 간장 종지에 불과하다"는 비판까지 나왔다.[50]

그렇게 침묵했던 이유를 짐작하지 못할 건 아니다. 문재인은 2017년 2월 9일 JTBC 〈썰전〉에서 "국민은 얼마든지 권력자를 비판할 자유가 있죠. 그래서 국민이 불만을 해소하고 위안이 된다면 그것도 좋은 일 아닌가요"라고 말한 바 있다. 2020년 8월 교회 지도자들과의 간담회에선 "대통령을 모욕하는 정도는 표현의 범

주로 허용해도 됩니다. 대통령 욕해서 기분이 풀리면 그것도 좋은 일입니다"라고 했다.[51] 이런 공언 때문에 머쓱해서 그랬던 걸까?

그러나 어떤 이유에서건 국민이 궁금해하는 일에 대해 이유를 말하지 않는 건 일반적인 홍보나 PR의 관점에서 보더라도 전혀 현명치 못한 일이다. 논란이 커지자 기자들의 취재를 통해 청와대가 사실상 인정하는 모양새가 되고 말았다. 한 청와대 관계자는 "전단 내용이 아주 극악해 당시에 묵과하고 넘어갈 수 없는 수준이라는 분위기가 강했다"고 말했다는데,[52] 그걸 왜 처음부터 공개적으로 밝히면서 국민의 이해를 구할 생각을 하지 않았을까?

이상한 건 더 있었다. 이제 언론은 문재인이 고소를 지시했느냐에 관심을 갖기 시작했는데, 청와대는 '대리인의 고소'라는 점을 강조할 뿐 이렇다 할 답을 내놓지 않았다. 그러다 보니 "대통령의 지시가 없었는데 대리인이 고소했다는 의미냐. 만약 그랬다면 대리인이 사문서를 위조한 셈"(최진녕 변호사)이라는 말까지 나왔다.[53] 일을 자꾸 키워나가는 청와대의 솜씨가 놀라웠다. 그러니 진보 진영에서도 비판의 목소리가 나오는 건 당연한 일이 아닌가?

5월 3일 청년 목소리를 대표한다는 취지로 정의당 내에 출범한 청년정의당 대표 강민진은 "독재국가에서는 대통령에 대한 모욕이 범죄일지 모르지만, 민주주의 국가에서 대통령이라는 위치는 모욕죄가 성립되어선 안 되는 대상"이라며 문재인 대통령이 고소를 취하하라고 촉구했다. 다음 날엔 참여연대도 "한 시민을 상대로 한 최고 권력자의 모욕죄 고소는 국민의 권력 비판을 위축시킬 수 있다는 점에서 (문 대통령은) 이번 모욕죄 고소를 취하해야 한다"고 밝혔다.[54]

청와대도 진보 진영의 비판은 견디기 어려웠던가 보다. 청와대 대변인 박경미는 5월 4일 오후 "문재인 대통령은 2019년 전단 배포에 의한 모욕죄와 관련하여 처벌 의사를 철회하도록 지시했다"고 밝혔다. 박경미는 "이 사안은 대통령 개인에 대한 혐오와 조롱을 떠나, 일본 극우 주간지 표현을 무차별적으로 인용하는 등 국격과 국민의 명예, 남북 관계 등 국가의 미래에 미치는 해악을 고려하여 대응을 했던 것"이라면서도 "주권자인 국민의 위임을 받아 국가를 운영하는 대통령으로서 모욕적인 표현을 감내하는 것도 필요하다는 지적을 수용하여, 처벌 의사 철회를 지시한 것"이라고 했다.[55]

전단지를 뿌린 청년은 경찰에 3개월간 휴대전화를 빼앗긴 채 배후를 추궁당해 "발가벗기는 느낌이 들었다"고 했다. 이 일로 인해 주위의 따가운 시선을 받으면서 생업도 잃었다.[56] 문재인과 청와대로선 사실상 처벌의 효과는 거둔 셈이지만, 도대체 무엇 때문에 떳떳하지 못한 대응을 했던 걸까?

국민적 신뢰를 위해선 "정직이 최상의 방책"이라는 걸 모를 리 없는 문재인 정권이 왜 이렇게까지 일을 키워나갔는지 도무지 알다가도 모를 일이었다. '더 많은 이해와 호의적인 반응'을 얻기엔 너무 늦었다고 판단한다 해도 더이상의 '손실'을 막기 위해서라도 최상의 방책은 정직이다. 대통령의 '심기 경호'라는 구시대의 유물을 떠받들다 벌어진 일일지라도 이 모든 책임은 문재인에게 있다는 건 두말할 나위가 없다. 그간 문재인의 '심기 경호'로 인해 저질러진 불법 의혹 사건이 하나둘이 아닌데도 계속 그런 일이 벌어지고 있었으니 해도 너무 했다는 생각을 지우기 어렵다.

# '20년 집권론'의
# 부메랑

2021년 5월 법무부가 일선 지방검찰청 형사부의 직접 수사는 사전에 법무부 장관의 승인을 받도록 하는 '검찰청 조직 개편안'을 추진해 논란을 빚었다. 문재인 정권의 검찰 개혁을 대체적으로 적극 지지해온 『한겨레』마저 사설을 통해 "지청 단위에서 직접 수사를 하려면 검찰총장의 요청과 법무부 장관의 승인을 거치도록 한 것은 개별 사건에 대한 장관의 영향력이 강화된다는 점에서 바람직하지 않다"며 "보완이 필요하다"고 지적했다.[57]

이 기사를 보고 슬그머니 웃음이 나왔다. 문재인 정권의 법무부는 어찌 그리 일관된 행태를 보이는지 그 우직한 고집이 어이없다 못해 '귀엽다'는 생각마저 들었기 때문이다. 생각해보라. 이런 조직 개편안은 법무부가 정치적 중립을 지키면서 무사 공평하다는 걸 전제로 할 때에 가능하거나 최소한의 의미나마 가질 수 있는 것이다. 스스로 '선한 권력'이라고 착각하는 정권의 법무부인지라 "그렇게 할 자신이 있다"고 큰소리를 치겠지만, 믿을 사람이 얼마나 될까?

설사 믿는다 하더라도 여전히 말이 안 되는 말씀이었다. 문재인 정권이 신뢰를 하지 않는 국민의힘이 정권을 잡았을 때를 생각해야 하기 때문이다. 내가 앞서 '귀엽다'고 한 것은 문재인 정권은 그런 역지사지를 할 수 없는 무능력자처럼 보이기 때문이다. 이건 어린아이들의 특성인지라, 해맑은 어린아이의 얼굴이 떠오르면서 웃음이 나왔고 귀엽다는 생각마저 하게 된 것임을 이해해주시기 바란다.

그러나 문재인 정권은 어린아이가 아니다. 노회한 마키아벨리다. 법무부가 6월 18일 입법 예고한 검찰 직제 개편안에서 최대 논란거리였던 '장관 사전 승인' 조항은 철회되었지만, 일선 검찰청 형사부의 직접 수사 권한을 대폭 줄이는 조항은 그대로 포함되었다. 이 직제 개편안에는 반부패부가 따로 없는 일선 지검과 지청에서 '6대 범죄'를 수사하려 할 경우, 해당 검찰청의 형사부 말米부가 검찰총장의 사전 승인을 받아 수사하도록 하는 내용도 포함되었다.

이를 두고 법조계와 검찰 내부에서는 "임기 말 검찰의 '정권 수사'를 차단하는 조항들이 그대로 살아 있다"며 "법무부 장관의

'지청 수사 사전 승인' 조항을 삭제하며 정권이 양보한 것 같지만, 사실상 눈 가리고 아웅한 것"이라는 지적이 나왔다. "말부가 아닌 형사부는 애초에 정권 수사를 할 수 없게 법으로 규정해놓고, 반부패부나 형사부 말부에 친정권 검사들을 앉혀놓으면 정권 입장에서는 이중 안전장치를 마련하는 셈이 된다"는 것이다.[58]

나는 민주당의 실세였던 전 대표 이해찬이 '20년 집권론', '50년 집권론'에 이어 '100년 집권론'까지 내놓았을 때 처음엔 덕담에 가까운 농담을 하는 줄로만 알았다. 뭐 그저 잘해보자는 뜻으로 '화이팅'을 외치는 수준으로만 생각했다. 아니 그렇게 생각하고 싶었다. 그렇지 않으면 '몰상식한 주장'이라는 생각을 하면서 혀를 끌끌 찼을 것인바, 그런 결례를 범하고 싶진 않았던 것이다.

'50년 집권론'이나 '100년 집권론'은 민주주의를 부정하는 독재자의 발상처럼 여겨지니, 무난하게 '20년 집권론'에 대해서만 말해보자. 시간이 흐르면서 '20년 집권론'은 덕담도 아니고 농담도 아닌, 문재인 정권의 본질에 가까운 것임을 알게 되었다. 문재인 정권의 거의 모든 주요 정책이 야당이 정권을 잡았을 경우를 전혀 생각하지 않는 방향과 내용으로 이루어졌기 때문이다. 내일은 없고 오직 오늘만 있는 정권이라고 해도 과언이 아니었다.

그 말도 많고 탈도 많았던 '고위공직자범죄수사처 설치 및 운영에 관한 법률안(공수처법)'만 해도 그렇다. 민주당은 공수처법의 통과를 위해 공수처장 임명에 대한 야당의 비토권을 보장한다는 말을 수없이 반복했다. 민주당은 공수처법을 강행 처리해놓고도 야당의 비협조로 상황이 여의치 않게 돌아가자 40여 일 만에 결국 야당의 비토권을 없애고 말았다. 야당이 정권을 잡을 경우를 생각해보고서 한 일일까? 아니다. '20년 집권론'이라는 망령에 사로잡혔기 때문이었을 게다.

선거법 개정에서부터 국회 운영에 이르기까지 민주당은 자신들이 압도적 다수당의 지위에서 소수당의 지위로 바뀔 수 있다는 가능성을 전혀 고려하지 않은 채 힘으로만 밀어붙였다. 민주당은 제16대 국회부터 야당이 맡아온 법사위원장 자리를 꿰찬 채 야당의 반발을 핑계로 18개 상임위원장 자리를 독식하는 기록을 세웠다. 그래놓고선 이제 "법사위원장은 못 줘도, 외통위·정무위원장은 줄 수 있다"(윤호중 원내대표)고 시혜를 베푸는 듯한 거만한 자세를 보였다. 이에 대해 국민의힘은 "우리가 뭐, 구걸합니까. 도둑질해간 걸 내놓으라고 거듭거듭 말하는 겁니다"(김기현 원내대표)라고 비판했다.[59]

2022년 2월 9일 이른바 '문재인 정부 적폐 청산' 사건이 터졌다. 국민의힘 대선 후보 윤석열이 『중앙일보』 인터뷰에서 "집권하면 전 정권 적폐 청산 수사를 할 것이냐"는 질문에 "해야죠. 해야죠. (수사가) 돼야죠"라며 "문재인 정권에서 불법과 비리를 저지른 사람들도 법에 따라, 시스템에 따라 상응하는 처벌을 받아야 합니다"라고 말한 것에 대해 문재인을 비롯한 여권이 펄펄 뛰고

나선 사건이다.[60]

문재인은 다음 날 오전 참모회의에서 "중앙지검장, 검찰총장 재직 때에는 이 정부의 적폐를 있는 데도 못 본 척했다는 말인가. 아니면 없는 적폐를 기획 사정으로 만들어내겠다는 것인가 대답해야 한다"며 "현 정부를 근거 없이 적폐 수사의 대상, 불법으로 몬 것에 대해 강력한 분노를 표하며 사과를 요구한다"고 말했다.[61]

문재인의 '강력한 분노'는 이재명과 민주당의 주요 선거 전략이 되었다. 『한국일보』는 "이 후보와 민주당이 윤 후보 발언을 계속 조준하는 건 '표'가 된다고 판단해서다"며 이런 분석을 내놓았다. "'문재인 대통령을 지켜야 한다'는 외침은 여권 지지층 내 '친문재인·반이재명' 유권자에게 소구력을 지닌다는 것이다. 노 전 대통령에 대한 기억은 정치 보복에 대한 거부감이 큰 중도층을 겨냥한 메시지다."[62]

이해는 하겠는데, "문재인을 지키자"는 메시지는 한국 민주주의의 수준을 수십 년 전으로 되돌려놓는 것 같아 듣기에 민망했다. 예컨대, 이재명은 2월 12일 세종시 조치원읍 세종전통시장 유세에서 "고故 노무현 전 대통령께서 그 험한 길을 가셨다. 우리가 지켜주지 못했다고 후회했다"며 "다시 지켜주지 못했다고, 똑같은 후회를 두 번씩 반복할 것이냐"라고 말했다. 검찰 수사 중 극단적인 선택을 한 노무현을 언급하며 '문재인 대통령에게 같은 상황이 반복될 수 있다'는 신호를 보낸 것이다.[63]

문재인도 그런 불안과 공포 때문에 '강력한 분노'를 유권자들에게 알렸던 걸까? 그렇게 보는 건 문재인에 대한 모독일 게다. 그러나 이재명과 민주당은 그런 모독성 발언을 계속 이어나갔다. 「금요일(11일), 이 41%-윤 38% 뒤집혀…대통령 지지율 47%」라는 『오마이뉴스』(2월 13일) 기사 제목처럼, 이재명과 문재인 지지율에 변화가 오고 있다는 신호들이 나오면서 "바로 이거다"라는 생각을 했던 건지도 모르겠다. 이와 관련, 『중앙일보』 칼럼니스트 이현상은 다음과 같이 말했다.

"아이러니하게도 최고 권력자인 대통령마저 보호 대상이 됐다. 친문 의원들은 '문 대통령을 지켜야 한다'는 글을 잇달아 올리고 있다. 5년 전 '박근혜 대통령을 지키자'고 광장으로 나왔던 태극기 부대와 다를 바 없다. '지킨다'는 말에는 수동적 존재 혹은 피해자라는 뉘앙스가 녹아 있다. 제왕적 권력을 지녔다는 대한민국 대통령이 희생자 의식 진영주의 앞에서는 약자에 지나지 않는다."[64]

이건 한국 민주주의의 퇴보다. 아니 한국 민주주의의 속성과 수준이 원래 그런 건지도 모르겠다. 정치 보복과 적폐 청산은 다른 것이지만, 그 경계는 모호하다. 내가 하면 적폐 청산, 네가 하면 정치 보복인가? 내로남불! '정치 보복'은 없다고 공언했던 문재인은 '적폐 청산'은 열심히 했다. 법적 응징의 기준도 느슨했다. 그 기준이 문재인 정권에 적용될 수도 있다는 생각은 미처 하지 못했던 걸까? 법적 응징의 대상이 될 수도 있다는 원론적 발언에 서둘러 '근거'를 대라며 분노하는 건 좀 성급하지 않은가?

이런 이상한 풍경에 대해 민주당만 탓할 건 아니다. "화장실 갈 때 다르고 나올 때 다르다"는 이중성은 여야 정당 모두에게 익숙한 행동 패턴이니까 말이다. 소수 정당일 땐 '다수결의 독재'를 비난하지만, 다수 정당이 되면 '준엄한 민심'을 내세워 자신들이 비난했던 '다수결의 독재'를 감행한다. 인사 문제는 그런 전형적인 내로남불의 굿판이다. 야당일 땐 목이 터져라 '공영방송 독립'을 외치지만, 정권 잡으면 오리발 내미는 것도 지겨울 정도로 많이 보아온 모습이다.

우리의 일상적 삶에서 갑질을 당당하게 하는 사람들이 내면에 품고 있는 평계는 간단하다. "억울하면 너도 출세해!" 민주당은 바로 이런 메시지를 던진 셈이다. "억울하면 너희도 총선에서 압승을 거둬 다수당이 돼! 우리는 그런 비참한 꼴 안 당하기 위해 대선과 총선에서 모두 승리를 거둬 20년 이상 집권할 거야."

그런데 그게 가능할까? 정치판을 이전투구泥田鬪狗와 약육강식弱肉強食의 정글로 만들면서 정상적인 정치를 죽이는 걸 다수 국민이 환영하겠느냐는 것이다. 일을 유능하게 잘하면서 그런다면 또 모르겠는데, 그것도 아니잖은가? 민주당 정권이 대대적인 국민적 반발에 직면해 갑질을 할 수 있는 근거를 상실한다면, 이거야말로 역지사지를 말살한 '20년 집권론'의 부메랑이 아니고 무엇이겠는가?

실제로 그런 일이 일어나고 말았음에도 여전히 국회 172석의 위용을 내세우는 발언이 그치질 않으니 딱한 일이다. 김종인이 "(윤석열은) 초반 2년 식물 대통령으로 지내야 할 것이다"고 우려했던 것처럼,[65] 실제로 그런 일이 벌어지면, 그리고 그게 민주당의 '발목 잡기' 때문이라는 여론이 형성되면, 그래도 민주당 지지율이 올라갈까?

# 공수처 예찬론자들의
# 기이한 침묵

"집권 여당이 또는 대통령이 절대 공수처장을 마음대로 임명할 수 있는 방식이 아닙니다. 야당의 비토권이 확실히 인정되는 방향으로 돼 있다는 점을 명백히 말씀드리고요."(민주당 의원 백혜련, 2019년 4월) "제가 이 말씀을 수백 번 드리고 있는데 이 이야기는 왜 보도가 안 되는지 모르겠어요. 야당이 절대적 비토권을 가지고 있다, 야당이 원하지 않으면 그 누구도 후보조차 될 수 없다는 말씀을 꼭 좀 보도해주셨으면 좋겠습니다."(민주당 최고위원 박주민, 2019년 12월)⁶⁶

3년 전에 나온 이 발언들을 음미하면서 웃음이 나오지 않는가? 그렇게 큰소리를 쳤던 민주당은 공수처법을 강행 처리해놓고도 야당의 비협조로 상황이 여의치 않게 돌아가자 40여 일 만에 결국 야당의 비토권을 무력화시키는 법 개정안을 통과시키고야 말 았으니 말이다. 그렇게 이상한 방식으로 탄생한 공수처에 대한 여 론의 평가는 어떨까?

국민의힘 중앙선대위의 사법개혁위원회 의뢰로 한국사회여론 연구소가 2021년 12월 13일 실시한 여론조사에서 공수처의 중 립성과 수사 효율성 모두 부정적으로 평가한 응답자가 70퍼센 트를 넘었다(중립성 부정 평가 72.4퍼센트, 효율성 부정평가 74.8퍼센 트).[67] '동물국회'라는 말까지 들어가면서 공수처법 처리를 강행 했던 민주당 일각에서조차 "이럴려고 몸싸움했나"라는 탄식이 나오고 있는 지경이라고 했다.[68]

이런 상황에서 나온 "그래도 공수처를 응원한다"는 제목의 칼 럼이 눈길을 끄는 건 당연한 일이겠다. 『한국일보』 사회부 차장 남상욱은 「그래도 공수처를 응원한다」는 칼럼에서 "나 역시 공수 처의 어이없는 '헛발질'에 헛웃음을 짓기도 한다. 가끔은 그들 존 재의 이유를 고민할 때도 있다. 하지만 공수처를 응원하는 마음이 아직은 큰 것도 사실이다"며 다음과 같이 말한다.

"경험의 부족은 시간이 지나면 나아질 것이고, 수사 과정에서 의 논란 역시 몸으로 느끼면서 극복할 수 있지 않을까 하는 기대 감이다. 무엇보다 공수처의 존재 자체가 고위 공직자들, 특히 검 찰들의 무소불위 행동에 든든한 브레이크가 돼 주지는 않을까 생 각해본다. 그게 단순하고 맹목적이지만 다음 정권에도 공수처가 남아 있어야 할 이유가 아닐까."[69]

나 역시 '아마추어'라는 말로 대변되는 경험의 부족은 시간이 해결해줄 거라고 믿기에 그 점을 너무 탓할 일은 아니라고 생각한다. 사실 공수처를 둘러싸고 벌어진 지난 3년간의 뜨거운 공방 속에서도 그 점은 거의 지적되지 않았다. 반대하는 쪽의 가장 큰 우려는 정치적 중립성과 권한의 오남용 문제였다. 남상욱의 칼럼에선 이 문제에 대한 언급이 없어 아쉬웠다.

2021년 12월 9일 TV조선이 공수처가 자사 소속 취재 기자들의 통신 자료를 들여다보았다고 보도한 이후 공수처의 '언론 사찰' 논란이 뜨겁게 달아올랐다. 공수처에서 통신 자료가 조회된 언론인 수는 나날이 늘어났고, 24일까지 확인된 통신 조회 대상은 15개 언론사 기자 110여 명인 것으로 드러났다. 야당인 국민의힘 의원 26명, 여권에 비판적인 시민단체 인사나 공수처에 관한 비판 보도를 한 기자의 어머니와 동생 등까지 무차별 통신 조회가 이루어진 사실도 확인되었다.[70]

12월 23일 한국신문방송편집인협회·한국신문협회·한국여성기자협회·한국인터넷신문협회 등 국내 언론 4개 단체는 공동 성명을 내고 "수사기관이 정당한 이유 없이 언론인과 민간인을 사찰하는 것은 수사권 남용이고, 명백한 범죄 행위"라며 "공수처의 설명대로 통신 조회가 적법한 것이라면 지금이라도 어떤 혐의로 누구를 조회했는지 밝혀야 한다"고 했다.[71]

불법사찰 의혹 제기에 공수처는 "적법한 절차"라고만 주장할 뿐 언론이 원하는 자세한 설명을 내놓지 않았다. 야당 국회의원들의 항의 방문 다음 날인 24일 공수처는 "과거의 수사 관행을 깊은 성찰 없이 답습했다. 매우 유감스럽게 생각한다"면서도 "수사 중인 개별 사건의 구체적 내용은 공개하기 어렵다"면서 조회 경위는 끝내 설명하지 않았다.

내가 가장 놀란 건 공수처의 탄생 과정에서 공수처를 적극 찬양하고 옹호했던 문재인, 정치권과 시민사회 공수처 예찬론자들의 침묵이었다. "이게 바로 우리가 원한 공수처였다"거나 아니면 "이런 식으로 가면 절대 안 된다"고 호되게 꾸짖거나 어느 쪽으로건 한마디 해야 하겠건만 아무런 말이 없었다. 참으로 기이한 침묵이다.

이 문제를 거의 다루지 않던 진보 언론이 뒤늦게나마 의견을 표명한 건 불행 중 다행이었다. 12월 24일 『한겨레』는 「공수처, 통신 자료 수집…인권침해 논란 되풀이」라는 기사에서 이 사건을 이렇게 요약했다. "고발 사주 및 공소장 유출 등 검사·정치인·기자 등이 복잡하게 얽힌 사건의 성격상 통화 상대방 확인은 수사 기법상 불가피한 측면이 있다. '기자·정치인 사찰'이라는 주장도 검찰과 경찰 등이 한 해 수백만 건씩 통신 자료 수집을 하는 상황에 비춰보면 설득력이 떨어진다. 그러나 검찰 개혁의 일환으로 인권 친화적 수사를 천명하며 출범한 공수처가 편의를 이유로 수십 년간 이어온 수사 관행을 답습하고 있다는 비판이 언론·인권단체 등에서 커지고 있다."[72]

반면 같은 날 실린 「"공수처 존폐 검토해야"… '알면서' 통신 조회 정치화하는 윤석열」이라는 기사는 "명백한 야당 탄압"이라는 윤석열의 주장을 익명의 취재원들의 입을 빌려 반박하는 형식으로 쓰였다. 수사 경험이 많은 한 전직 검찰 간부는 "수사를 하지 않는 거라면 모를까, 일단 수사를 시작하면 주요 피의자, 피내사자와 통화한 상대가 누군지 확인하는 것은 기본적인 사항"이라며 "과잉 수사나 표적 수사의 근거 없이 자료 조회만으로 '사찰'이라고 주장하면 아예 수사하지 말라는 이야기"라고 말했으며, 한 현직 부장검사도 "통화 상대가 누군지 모르니 통신 자료를 통해 확인하는 것인데, 수사 경험이 많은 윤 후보가 그걸 '사찰'이라고 주장하는 게 좀 당황스럽다"고 했다는 것이다.[73]

이틀 전인 12월 22일 인천지검 부장검사 강수산나는 "위법한 수사로, 공수처가 제대로 된 설명을 내놔야 한다"고 비판했는데,[74] 왜 이런 주장은 참고하지 않았으며 왜 설명을 내놓지 않는 공수처에 대해선 아무런 말이 없는지 궁금했다.

12월 25일 『경향신문』은 사설을 통해 "검찰·경찰 등 수사기관이 한 해 수백만 건씩 통신 자료를 수집해왔다는 점에서 관행이라는 공수처 해명이 아주 틀린 것은 아니다. 과거 검경은 수사 대상자는 물론 주변 인물의 통신 기록까지 저인망식으로 훑고, 번호 조회를 당한 사람에게 관련 사실을 통지도 하지 않아 공권력을 남용하고 인권을 침해한다는 논란을 빚어왔다"며 다음과 같이 말했다.

"그런데 공수처가 개혁 대상으로 지목돼온 검찰의 폐습을 별다른 고민 없이 답습하다니 실망스러울 따름이다. 김진욱 공수처장은 지난 1월 출범 당시 '인권 친화적 수사 기구의 초석'이 되겠다고 약속하지 않았던가? 특히 공수처의 '이성윤 서울고검장 황제조사'를 보도한 기자 가족의 통신 내역까지 뒤진 것은 정도가 지나쳤다. 공수처는 외부 인사들을 주축으로 수사 활동을 점검하고 수사 관행 개선 방안을 마련하겠다고 약속했다. 실천이 뒤따라야 할 것이다."[75]

그러니까 쉽게 이야기해서 검찰을 개혁하겠다고 만들어진 공수처가 검찰이 해오던 폐습을 그대로 했다는 게 아닌가? 12월 24일 『한국일보』 '팩트파인더'는 통신 자료 수집 남발 논란이 제기되었다고 해서 곧장 특정인을 겨냥한 '사찰'로 단정 짓기는 어렵지만 언론인들이 이렇게 무더기로 조회된 경우는 본 적이 없다는 게법조계의 중론이라고 했다.[76] 공수처가 개혁 대상으로 본 검찰보다 더 못한 일을 했다는 게 아닌가?

이건 결코 가볍게 생각할 일이 아니다. 무능한 거야 시간이 해결해준다지만 '인권 친화성' 문제는 한 번 어긋나기 시작하면 건잡을 수 없는 게 아닌가? 이건 법으로만 판단하기 어려운 공적 비판의 영역이기도 하다. 그런데 왜 문재인을 비롯한 공수처 예찬론자들은 침묵만 하고 있었느냐는 게 나의 문제 제기다.

"(공수처 설치는) 민주주의를 글로벌 스탠더드에 맞게 발전시켜 나가는 일"이며 "(공수처법 통과는) 역사적인 일"이라고 예찬했던 문재인은 국정 업무에 워낙 바빠서 신경 쓸 겨를이 없을 거라고 이해하자.[77] "촛불을 들었던 국민들의 숙원"이라고 했던 민주당 대선 후보 이재명 역시 선거운동에 워낙 바빠서 신경 쓸 겨를이 없을 거라고 이해하자.[78]

공수처 탄생의 주역이었던 민주당과 조역이었던 정의당은 왜 아무런 말이 없는가? "추후 대한민국 역사에 획기적 일로 평가받을 것"이라고 했던 조국은 왜 아무런 말이 없는가?[79] "공수처를 조속히 설치하라"며 '검찰 권력 해체를 촉구하는 작가 성명'을 발표했던 654명의 작가는 왜 아무런 말이 없었는가?[80] 그 밖에도 "우리의 소원은 공수처"라는 식으로 공수처 찬가를 불러댄 많은 유명인이 있었다. 이젠 지나간 옛이야기가 되고 말았지만, 그들은 정치를 넘어서 종교적 열정에 가득 차 있었던 것으로 보인다. 당시 진중권이 다음과 같이 묘사했듯이 말이다.

"'검찰 개혁'은 공수처를 섬기는 신흥 종교가 되었다. 검찰이 악이라면 공수처는 왜 선인가. 검찰은 통제가 안 되는데 같은 공수처는 왜 통제가 되는가. 검찰이 권력의 개라면 공수처는 왜 개가 아닌가. 한 자루의 칼이 무서운데 왜 두 자루의 칼은 무섭지 않은가. 세계에서 유례가 없는 제도가 왜 이 나라에만 필요한가. 이런 이성적 질문을 던진 이는 이단으로 몰려 추방되었다."[81]

    웃자. 그래도 웃으면서 살자. 핏대 올려봐야 내 몸만 상한다. 웃는 데에 도움이 될 문답을 하나 소개하는 걸로 이 글을 끝맺으련다. "궁금해서 그러는데, 만약 공수처에서 권력 비리를 덮고 넘어가면, 그 사람들에 대한 수사와 기소는 누가 하게 되어 있나요?"(진중권) "정답은 정권이 바뀌면 그다음 정권의 공수처가 수사한다."(어느 네티즌)[82]

## 제6장

# 정치는
# 끝없는
# 타협이다

# 민주당의 체면을 살려준
# 이상민

"정치는 끝없는 타협이다." 독일 정치가 오토 폰 비스마르크의 말이다. "헌법 생활은 결코 수학적 규칙일 수 없으며 결코 도그마적인 법률 규정에만 따라 판단될 수 없다"며 한 말이다. 헝가리 철학자 줄러 코르니스도 "정치는 타협의 예술이다"고 했다. 오스트리아 정치가 클레멘스 메테르니히도 "정치가는 고집스러우면서도 동시에 유연하여야 하며, 교조주의나 쇠막대기가 아니라 원칙들에 있어서는 확고하고 일상정치에 있어서는 적응적인 강철 용수철이어야 한다"고 했다.[1]

한국 정치판엔 타협을 불온시하는 교조주의자가 많다. 특히 진보 쪽에 많다. 이상한 일이다. 한때 분열은 타협을 완강히 거부하던 민주당의 트레이드마크가 아니었던가? 그런데 한동안 분열은 국민의힘이 도맡아한 가운데 민주당은 좋게 말하면 '단합'을 안 좋게 말하면 '군대 조직과 같은 상명하복'을 자랑하는 정당이 되었으니 말이다.

나는 이게 골수 팬덤의 규모 차이 때문이 아닌가 싶다. 디지털 혁명은 팬덤에게 사실상 정당을 지배할 수 있는 권력을 주었던바, 민주당이 규모가 크고 동질성이 강한 팬덤의 영향권하에 놓이면서 다른 의견을 말하는 게 어렵게 되지 않았겠느냐는 것이다.

그래서 한동안 언론이 즐겨 쓰던 말이 '조금박해(조웅천·금태섭·박용진·김해영)'였다. 이견을 드러내는 게 쉽지 않았던 민주당 풍토에서 용감하게 소신껏 쓴소리를 냈던 4인방을 부르는 말이었다. 그러나 금태섭은 사실상 팬덤에 의해 민주당에서 쫓겨났고, 조웅천과 박용진은 이재명 선대위 체제로 흡수되었으며, 김해영은 원외라는 한계 때문에 활약을 하지 못하고 있었다.

조금박해가 사라진 민주당은 대선 시즌을 맞아 대선 후보 이재명을 띄우는 이른바 '재명학'의 학숙이 되고 말았다. 민주당 의원들은 '재명학'의 교재인 『인간 이재명』을 읽은 독후감을 SNS에 올리기 바빴다. "인간 이재명과 심리적 일체감을 느끼며 아니 흐느끼며 읽었다"거나 "이 후보의 우는 사진을 보면서 저도 함께 눈물이 났다"는 등 감동적인 감상평이 줄을 잇는 가운데 '이재명 찬가'가 우렁차게 울려 퍼져나갔다.[2]

한동안 내부 이전투구에 목숨을 건 듯이 보였던 국민의힘과 비교해서 보자면, 박수를 쳐도 좋을 일일지도 모르겠다. 하지만 거대 양당 체제에서 어느 한 당의 지리멸렬을 준거점으로 삼아 다른 한 당을 상대평가할 수만은 없는 일이다. 제왕적 대통령제의 폐해에 대한 염증과 짜증이 폭발 일보 직전에 있다는 점을 감안한다면, 민주당의 상명하복과 일사불란은 절대평가의 대상이 되어야하지 않겠는가?

2021년 11월 20일 이재명은 "민주당의 이재명이 아니라 이재명의 민주당으로 만들겠다"고 했다.[3] 하루 전 "인물은 이재명이 나은데 민주당이 싫다는 분들이 꽤 있다"는 말을 했기에,[4] 민주당보다는 자신을 부각하는 게 선거에 더 도움이 된다는 생각으로 한 말이었을 게다. 선의로 해석할 여지가 분명히 있긴 하지만, 문제는 여태까지 여당은 '대통령의 정당'이었으며, 바로 그게 제왕적 대통령제의 결정적 문제였다는 데에 있었다.

민주당 내부에서 부드럽게나마 한마디 나올 법도 한데 아무런 말이 없었다. 뒤늦게나마 딱 한 명 예외가 있었으니, 바로 5선 의원 이상민이었다. 그는 12월 15일 KBS라디오에서 "민주당의 이재명이 아니라 '이재명의 민주당'이 되겠다고 해서 질겁을 했다"며 "이 후보는 당과 함께 의견이 조율되고 수렴되는 부분에 대해서 맞춰주기를 바란다"고 했다.[5]

당연한 말임에도 민주당에선 이런 이야기조차 하는 게 영 쉽지 않은 분위기였다. 당 대표인 송영길이 '이재명의 민주당'을 만들기 위해 발 벗고 나섰으니 무슨 딴 이야기를 할 수 있었겠는가? 송영길은 이재명의 발언 직후 시·도당, 지역위원회 핵심 당원을 대상으로 '이재명 알리기' 교육을 하라며 사실상 '재명학 열풍'을 불러일으킨 장본인이 아니었던가?

송영길의 재명학 실천은 점입가경이었다. 그는 12월 23일 이재명의 음주운전과 검사 사칭 전과에 대해 "다 공익적 활동을 뛰다가 그렇게 된 것"이라고 했다.[6] 이런 이상한 주장에 대해서조차 민주당 내에선 아무런 말이 없었지만, 이상민은 침묵하지 않았다.

이상민은 12월 29일 "과유불급이란 말이 있듯이 민주당 의원들은 그동안 문재인 대통령 앞에서 말 한마디 못하고 문 정부의 잘못된 정책에도 비판 한마디 못해 문제였는데 이제는 이재명 후보가 미래 권력으로 떠오르니까 그에게 우르르 달려가 맹종하고, 지나치게 비호하는 일그러진 모습을 보인다"고 했다. 그는 특히 송영길을 겨냥해 "송 대표의 (이재명 옹호) 발언은 대표의 체통을 지키지 못한 지나친 발언으로 비판받아 마땅하며, 국민에게 희화화될 게 뻔해 이재명 후보에게 도움이 아니라 피해를 줄 것"이라며 "(송 대표는) 이럴 때일수록 평정심을 갖고 본래 역할을 충실히 하는 게 이 후보와 당을 돕는 것"이라고 했다.[7]

2022년 1월 3일 민주당이 당원 간 갈등 유발을 이유로 잠정 폐쇄했던 온라인 당원 게시판을 다시 열면서 그동안 익명으로 운영했던 시스템을 '실명제'로 전환했다. 이에 이상민은 "당원 게시판은 당원들 사이의 소통의 공간이며 활성화가 기본으로서 무엇이든 주저하지 않고 거침없이 쏟아낼 수 있어야 한다"며 "다소 거친 부분이 있다면 자정 기능을 통하면 해결될 일"이라고 했다. 이어 "툭하면 게시판을 폐쇄하는 것은 매우 반민주적일 뿐 아니라 파괴적이며 비겁하다"며 "그런 차원에서 '게시판 폐쇄 검토 운운'은 아주 몹쓸 겁박이며 너무 부끄럽다"고 했다.[8]

그간 친문 당원들의 문자 폭탄 등에 시달려왔던 이상민이 이런 말을 하다니, 존경스럽기까지 하다. 그는 2021년 5월 언론 인터뷰에서 "나는 요즘 문자가 들어오면 직접 답장도 하고 전화 걸어서 설명도 한다. 내가 너무 길게 얘기를 해 전화를 끊으려는 분도 있다(웃음)"고 했다. 배포도 대단하다. 아니 철학의 문제일 게다. 그는 다음과 같이 말한다.

"민주주의는 이념을 뜻하는 말이 아닙니다. 민주주의는 생활양식을 가리킵니다. 이른바 '86'세대를 비롯한 우리 당과 이 정권의 주축 인사들은 독재에 항거하며 민주주의를 외쳤지만 실제 그 이후 삶의 방식을 보면 민주주의가 체화되지 않았다는 생각이 듭니다."[9]

민주당의 민주주의 체화를 위해 애쓰는 이상민이야말로 민주당의 체면을 지켜준 은인이다. 그는 '타협의 예술'로서 정치를 제대로 아는 인물이다. 이 글에선 최근의 쓴소리만 소개했을 뿐 이상민의 주옥같은 쓴소리 명언은 무수히 많다. 나는 그가 민주당을 넘어서 한국 정당들의 민주주의 체화와 '타협의 예술'을 실천하기 위해 국회의장을 하면 좋겠다는 생각이 든다. 그의 철학과 신념과 배포에 의해 국회가 달라지는 모습을 보고 싶다.

# 정청래와 김어준,
# 왜 이러는가?

## "내가 법사위원장 하면 하늘 무너지는가?"

"제가 법제사법위원장을 맡으면 하늘이 무너지기라도 하느냐. 정청래는 법사위원장을 맡으면 안 된다는 국회법이라도 있느냐." 민주당 의원 정청래가 2021년 4월 19일 페이스북에 올린 글이다. 법사위원장을 맡았던 윤호중이 신임 원내대표로 선출되면서, 당내에선 선수選數와 나이를 고려해 상임위원장을 정해온 관례에 따라 3선의 정청래가 '1순위'로 거론되어왔음에도 언론이 회의적 반응을 보인 것을 두고 한 말이었다.[10]

일부 언론은 이른바 '친문 강경파'인 정청래가 법사위원장이 되면 여야 관계가 경색되고 협치가 물 건너갈 것이라는 식으로 보도했다. 국민의힘 의원 조수진은 "'정청래 법사위원장'을 기대한다"며 국민의힘이 손해 볼 것 같지 않다"고 했고, 전 동양대학교 교수 진중권도 "(정 의원에게 법사위원장을 맡기는 것은) 김어준에게 공중파 마이크 주는 거랑 비슷한 일"이라며 "하늘이 아니라 콘크리트 지지층이 무너질 텐데 좋은 일"이라고 비꼬았다.[11]

그러나 정작 정청래에게 현실적인 문제는 민주당 내 반응도 영 좋지 않다는 것이었다. 『한겨레』는 민주당의 한 관계자의 말을 이렇게 인용 보도했다. "원내대표 경선 당시 초선 의원들이 정 의원이 차기 법사위원장을 맡을 가능성에 우려를 표하자 윤호중 의원이 '걱정하지 말라'며 정 의원이 법사위원장이 될 가능성을 일축하는 취지의 말을 했다고 한다. 강성 이미지인 정 의원을 법사위원장에 기용하는 것이 당에 도움이 되겠는가에 대한 고민이 클 것이다."[12]

4월 28일 정청래는 자신의 페이스북에 "나는 알부남"이라며 "알고 보면 부드러운 남자. 알고 보면 부끄럼을 많이 타는 남자"라고 적었지만, 다음 날 법사위원장엔 3선 의원 박광온이 내정되었다. 한 친문 중진 의원은 "정청래는 하고 싶은 이야기를 다 하는 편인데, 법사위원장이 그렇게 하면 정국 관리에 부담이 될 수 있다"고 탈락 배경을 설명했다.[13]

여의도 국회 정문 앞엔 자신들을 민주당 권리당원이라고 소개한 여성 6~7명이 일렬로 줄지어 서서 정청래를 법사위원장에서 탈락시킨 윤호중 원내 지도부를 규탄하는 시위를 벌였다. 이들은 "윤호중은 당원들 발등 찍지 마라", "180석으로 검찰·언론 개혁" 등을 적은 손 팻말을 들고 1시간 넘게 구호를 외쳤다. 시위 장면은 민주당 강성 지지자들이 구독하는 대표적 친親조국 채널 '개국본TV'가 생중계했다.[14]

그러나 정청래는 "항상 선당후사 했던 것처럼 이번 당의 결정도 쿨하게 받아들인다"며 "어느 자리를 차지하는 것보다 무엇을 위해 뛰는가가 더 중요하다. 문재인 정부의 성공과 정권 재창출을 위해 열심히 뛰겠다"고 덧붙였다. 박광온을 향해서는 "개혁 입법의 기관차가 되어달라"며 축하를 전했다.[15]


## 정청래·김어준의 브로맨스인가?

정청래가 그런 대인배다운 모습을 보여준 건 긍정 평가할 만한 일이었다. 또 하나 긍정 평가할 게 있다. 나 역시 많은 사람처럼 그를 독설에 능한 '친문 강경파'로만 알았는데, 그가 패널로 고정 출연한 어느 텔레비전 프로그램을 자주 시청하면서 생각이 좀 바뀌었다. '친문 강경파'인 건 맞는데, 그가 사나운 사람이라기보다는 실제로 '알부남' 요소가 다분하며 유머가 있는 재미있는 분이라는 걸 알게 된 것이다. 그래서 이후 그가 어떤 독설을 퍼부어도 그걸 유머 코드로 이해하면서 그냥 웃어넘길 수 있게 되었다.

다만 문제는 유머와 진담 사이의 경계가 명확하지 않다는 것이다. 그는 유머 또는 개그로 한 말일망정 사람들이 진담으로 받아들이면 어떡할 것인가? 유머나 개그에 대해 정색을 하고 반론을 펴는 건 이상한 일이긴 하지만, 그런 오해의 가능성 때문에 다른 생각을 말씀드리는 것도 필요한 게 아닐까? 여러 이슈가 있지만, 여기선 그의 공격적인 '김어준 엄호'에 대해서만 말씀드리련다. 유머나 개그로 넘기기엔 꽤 진지한 면이 엿보이기 때문이다.

2021년 1월 11일 김어준은 〈김어준의 뉴스공장〉에서 "보궐선거 시즌이 시작되니까 여러 공약이 등장한다. 그중 하나가 '뉴스공장 퇴출'"이라며 "겁먹고 입 다물라고 협박하고 있다"고 말했다. TBS 유튜브의 구독자 100만 달성 캠페인에 대해 사전 선거운동 논란이 일자, 국민의힘 측이 캠페인에 참여했던 김어준 등을 공직선거법 위반 혐의로 고발한 것과 관련해 한 말이다. 그러자 정청래는 다음 날 페이스북에 김어준을 향해 "뭐, 뉴스공장을 폐지한다고? 방송 탄압을 진압하겠어"라며 "쫄지 마, 계속해"라고 했다. 그는 "그렇게는 안 될 걸"이라며 "왜? 정청래 형아가 있잖아"라고 했다.[16]

보기에 따라선 참으로 아름다운 브로맨스가 아닐 수 없겠다. 정청래가 '형아'로서 본격적으로 나설 일이 4월에 벌어졌다. 김어준의 구두 계약에 의한 출연료 편법 수령 논란이 터졌기 때문이다. 4월 22일 정청래는 페이스북에 "수많은 방송에 출연했지만 서면 계약서를 요구한 방송사는 단 한 곳도 없었다. 당연히 구두 계약이었다"며 "방송에 출연 중인 국민의힘 국회의원들 중에서 서면 계약서를 쓴 사람도 없을 것이다. 있으면 손들고 나오라"고 했다.

정청래는 "사정이 이러함에도 유독 김어준에게만 서면 계약이니 구두 계약이니 문제를 삼는 이유가 무엇인가?"라며 "김어준이 밉고 그냥 싫으면 싫다고 말하라"고 했다. 그러면서 그는 "김어준 귀한 줄 알아야 한다. 김어준의 천재성 때문에 마이너 방송에 불과한 TBS 뉴스공장에 청취자들이 열광하는 것이 아닌가"라면서 "청취율 1위가 증명하지 않는가. 라디오방송 역사의 신기원"이라고 극찬했다.[17]

## "김어준은 라디오업계의 국내 MVP 투수다"

정청래는 '김어준 엄호'를 계속 이어나갔다. 5월 2일 정청래는 "김어준에 대한 공격이 이래도 안 되고 저래도 안 되니까 결국 추접스럽게 출연료를 갖고 물고 늘어진다. 처연하다"고 했다. 그는 "뉴스공장은 라디오 청취율 부동의 압도적 1위이고, 당연히 이로 인해 광고 수입의 톡톡한 효자가 됐다"며 "야구로 치면 김어준은 라디오업계의 국내 MVP 투수다. 김어준의 출연료가 안 높으면 그것이 이상한 것"이라고 했다.

정청래는 이어 "뉴스공장이 교통방송을 먹여 살리고 있다"며 "김어준은 프로다. 에이스 투수고 에이스 골게터"라고 치켜세웠다. 그는 "'손흥민 연봉이 왜 감독보다 높냐', '똑같은 진행자인데 왜 유재석은 누구의 10배를 받고 있냐'는 것과 같다"며 "수요와 공급의 자본주의 시장 원리를 부정하는 것과 뭐가 다르냐"고 주장하기도 했다.[18]

이게 말이 되는가? 정청래의 주장은 전형적인 '골대 옮기기' 궤변이라는 지적도 나왔지만,[19] 한마디로 말해서 공영방송이 정파성이 강한 정치 팬덤을 주요 수용자로 삼는 걸 목표로 기획되고 운영되는 방송 프로그램을 내보내는 것부터가 잘못되었다. 〈김어준의 뉴스공장〉이 돈벌이를 잘하는 건 진행자의 천재성 때문이 아니다. '닥치고 우리 편'을 외치는 김어준에게 열광하는 친문 팬덤의 규모 덕분이다.

예컨대, 2020년 9월 법무부 장관 추미애 아들의 '황제 복무' 의혹이 터졌을 때 정청래와 김어준이 보인 활약상을 잠시 감상해 보자. 정청래는 9월 8일 〈김어준의 뉴스공장〉에 출연해 추미애 측 보좌관이 군에 '청탁 전화'를 했다는 의혹과 관련, "아들과 보좌관이 친하니까, 엄마가 아니라 보좌관 형한테 '이럴 때는 어떻게 해야 하느냐'고 물어봤다는 것"이라며 "식당에 가서 김치찌개

시킨 것을 빨리 달라고 하면 이게 청탁이냐, 민원이냐"고 했다. 그는 추미애가 청탁 전화 의혹에 대해 "그런 사실이 없다"고 한 게 거짓말이라는 지적에 대해선 "지엽적이고 아주 곁가지 일"이라고 했다.[20]

이에 진중권은 "더불어민주당 사람들은 평소에 식당에서 김치찌개 시켜먹듯 청탁을 하나 보다"라고 했다. 그는 "하여튼 잘못해놓고도 절대 인정을 안 한다. 대신 잘못이 잘못이 아니게 낱말을 새로 정의하려 든다"며 "청탁이 재촉이 됐으니, 재촉은 청탁이 돼야겠죠. 가령 '가을을 청탁하는 비'"라고 비꼬았다. 그러면서 "사회를 혼탁하게 만드는 자들은 먼저 언어부터 혼란시키려 한다"고 비판했다.[21]

## "화이자 추가 확보는 나라 구한 일, 백신 논란 끝"

2021년 4월에 나온 정청래의 '백신 논란 끝' 발언도 감상해보자. 그는 4월 27일 정부가 미국 제약사 화이자로에서 코로나19 백신 4,000만 회분(2,000만 명분)을 추가로 도입한 것에 대해 "이번 일로 백신 논란은 끝났다"며 "정말 나라를 구하는 일"이라고 주장했다.[22] 듣기에 정말 민망한 말씀이었다. 한국이 문재인 정권의 치명적인 오판으로 인해 전 세계 196국(유엔 기준) 중 102번째 코로나 백신 접종국이 되었을 정도로 늦었다는 건 분명한 사실이 아닌가?

그럼에도 K-방역 자화자찬 마인드에 중독된 탓인지 정부와 여당 모두 사실을 왜곡하면서까지 잘못한 게 전혀 없다고 빡빡 우기지 않았던가? 문재인은 "그동안 백신을 생산하는 나라에서 많은 지원과 행정 지원을 해서 백신을 개발했기 때문에 그쪽 나라에서 먼저 접종되는 것은 어찌 보면 불가피한 일"이라는 말도 안 되는 말을 했다.[23] 그래도 문재인은 '백신 불안감'을 부추기는 말은 하지 않았지만, 민주당 의원들은 '백신 공포'를 부추기는 수준으로까지 나아갔다. 2020년 12월과 2021년 1월에 이들이 내놓은 발언들이 볼 만했다.

"해외 일부 국가에서 먼저 백신 접종을 시작한 이유는 사망자가 수만 명에 이르렀기 때문이다. 전문가도 급한 접종보다 안전한 접종이 우선이라는 얘기를 하고 있다."(김종민)[24] "코로나 방역에서 실패한 미국과 영국이 백신 개발에서 앞서 백신 접종을 먼저 시작했다고 우리가 부러워하는 것이 맞는가."(김성주)[25] "미국은 매일 20만 명의 확진자가 나온다. 백신이 유일한 대책인 나라다. 백신 접종 후 안면마비 등 부작용에 대한 보도도 나오고 있지 않으냐."(김태년)[26] "국민의힘은 완벽하게 검증받지 못한 '백신 추정 주사'를 국민에게 주입하자고 한다. 사실상 국민을 '코로나 마루타'로 삼자는 것이다. 의료 목적이라 주장했던 일본 731부대의 망령이 현재의 대한민국에 부활한 것 같아 안타깝다."(장경태)[27]

대오각성을 해야 할 일을 자화자찬의 소재로 삼는 건 해선 안 될 일이었다. 그럼에도 〈김어준의 뉴스공장〉엔 '닥치고 우리 편' 찬양과 궤변이 자주 등장했으니, 이걸 "대한민국은 문재인 보유국"이라고 외치는 친문 팬덤이 어찌 사랑하지 않을 수 있었겠는가?

## 김어준보다는 교통방송이 더 문제다

〈김어준의 뉴스공장〉의 청취율을 유지시켜주는 데엔 정권 차원의 밀어주기도 일조했다는 걸 짚고 넘어갈 필요가 있겠다. 2020년 〈김어준의 뉴스공장〉 전후에 방송되는 캠페인 협찬에 정부·지자체·공공기관이 쓴 돈은 31억 원이었다.[28] 광고 수입도 대부분 정부·지자체·공공기관의 호주머니에서 나왔다. 서울시교육청은 최근 3년간 전체 라디오 광고비의 42퍼센트를 〈김어준의 뉴스공장〉에 집행했다.[29]

'청취율 1위'를 내세워 반론을 할지도 모르겠다. 그렇다면 교통방송이 균형을 취하기 위해 친여가 아닌 친야 정치 팬덤을 주요 수용자로 삼는 유사 프로그램을 내보낸다고 가정해보자. 문재인 정권에 맹공을 퍼부으면서 친야 지지자들의 속을 후련하게 만들어주면, 청취율 1위를 다투는 기록을 세우는 건 어려운 일이 아니다. 하지만 돈벌이는 어려울 것이다. 정부·지자체·공공기관이 균형을 취하기 위해 광고·협찬비를 친야 프로그램에도 쓸 거라고 믿는가? 기업들이 정권 눈치 전혀 보지 않고 광고·협찬비를 댈 수 있을 거라고 믿는가? "눈 가리고 아웅"이란 말이 있다. 얕은수로 남을 속이려 한다는 뜻이다. 이러시면 곤란하다.

2021년 10월 10일 이재명이 민주당 대선 후보로 결정되었다. 약 열흘 후인 10월 22일 저녁 공개된 유튜브 '딴지 방송국' 채널 영상에서 김어준은 노골적인 선거운동을 했다. 그는 "돈도 없고 빽도 없고 줄도 없는 이재명은 자기 실력으로 대선 후보까지 된 사람"이라며 "이제 당신들이 좀 도와줘야 한다"고 했다. 그는 "자기 실력으로 돌파한 사람의 길은 어렵고 외롭지만 있다. 그런데 그 길로 대선 후보까지 가는 사람은 극히 드물고 귀하고 거의 없다"며 "그래서 이재명이 우리 사회에 플랫폼이 될 자격이 있다"고 했다.[30]

이래도 되는가? 이건 교통방송이 아니라 유튜브에서 한 말이니까 괜찮다? 그게 말이 되는가? 이낙연 캠프의 공보단장이었던 정운현은 "유력한 방송인으로 불리는 김어준 씨가 이재명 후보를 공개 지지, 호소한 것은 옳지 않다"며 "정 그리하고 싶으면 방송을 그만두고 이재명 캠프로 가면 된다"고 했다. 그는 "(김씨는) 이미 친親이재명 방송을 해왔고, 향후에도 공정성을 담보하기 어렵다면 이번 기회에 마이크를 놔야 한다"고 했다.[31]

이 말이 옳지 않은가? 그러나 그런 상식은 김어준에겐 통하지 않았다. 나는 '김어준 논란'에 대해 "김어준보다는 교통방송이 더 문제"라는 생각을 갖고 있기에 출연료 문제엔 별 관심이 없지만, 이와 관련된 정청래의 주장에도 동의하기 어렵다. 친문 팬덤을 기가 막히게 잘 관리하고 선동을 잘한다는 점에서 김어준의 천재성은 흔쾌히 인정할 수 있다. 그러나 정청래가 그런 의미의 천재성을 말한 건 아니잖은가?

지금 우리가 목격하고 있는 게 "라디오방송 역사의 신기원"인 건 맞지만, 그것 역시 라디오를 프로파간다의 도구로 쓰던 과거의 역사로 퇴행한다는 점에서 신기원일 뿐이다. 정청래가 웃자고 한 말에 내가 너무 죽자고 달려든 건 아닌지 모르겠다. 그러나 이건 결코 농담의 소재일 수 없다는 걸 분명히 해둘 필요가 있겠다.

사실 답은 이미 나와 있다. 문재인과 민주당이 야당 시절에 "정권의 입맛에 맞는 사장을 앉히기 쉬운 현 공영방송사의 사장 선임권을 개혁해서 그 권한을 국민에게 돌려줘야 한다"고 했던 약속을 이행하면 된다.[32] 이는 공영방송 3사 노동조합도 오래전부터 요구해온 사항이다. 교통방송은 이미 재단법인으로 독립했다는 주장을 내세우고 있지만, 현 사장 선임은 독립 이전에 이루어진 것으로 이른바 '알박기'의 성격이 농후하다.

교통방송 경영진은 앞으로 어떻게 '정치적 중립'을 이루겠다는 청사진을 밝혀야 함에도 이에 대해선 아무런 말이 없었다. 한번 붙어보자는 식이었다. 이럴 때 필요한 게 역지사지다. 입장 바꿔놓고 생각해봐야 한다. 나의 '알박기'가 괜찮다면 반대편의 '알박기'도 인정해야 한다. 나는 정청래가 차라리 '공정한 알박기'를 위해 '알박기 보호법'을 만드는 데에 앞장서주면 좋겠다.

# 진보 신문을 보는 게
# 고통스럽다는 유시민

"『한겨레』와 『경향신문』은 나를 대변해주는 신문이라 느끼고 20년 넘게 봤는데 2년 전부터 그 두 신문을 보는 게 고통스러운 시간이 됐다. 미워서가 아니라 힘들어서 끊었다."[33] 전 노무현재단 이사장 유시민이 2022년 1월 6일 유튜브 채널 '열린공감TV'에 출연해 한 말이다. 그의 생각을 존중하지만 좀 다른 의견을 말씀드리고 싶다.

세상엔 두 종류의 사람이 있다. 열에 여덟이 같으면 여덟에 주목하는 사람과 같지 않은 둘에 주목하는 사람이다. 『한겨레』·『경향신문』('진보 신문')과 자주 비교되는 조중동의 독자는 대체적으로 여덟에 주목하는 반면, 진보 신문 독자들 중엔 둘에 주목하는 사람이 많다. 신문의 구독 동기가 다르기 때문이다. 이익은 타협이 가능하지만 가치는 타협이 어렵다. 다른 신문 독자들에 비해 가치 지향성이 강한 진보 신문 독자들은 다른 둘이 자신의 가치나 신념에 위배된다는 점에 집착하는 경향이 있다.

진보 신문은 독자들의 정치적 동질성이 강할 때엔 일부 독자들의 불만은 그럭저럭 견딜 만했다. 하지만 언제부턴가 진보 진영 내부의 분화가 일어나기 시작하면서 불만은 거세졌다. 게다가 디지털 혁명과 함께 '팬덤 정치'가 심화되면서 불만의 표현이 강해지는 동시에 집단적으로 이루어지는 양상을 보였다. 급기야 등장한 말이 '절독'이었고, 걸핏하면 댓글 등을 통해 절독 위협을 가하는 독자들이 크게 늘어났다.

디지털 혁명이 몰고온 '미디어 시장 세분화'는 공론장을 같은 편끼리만 모이는 곳으로 재편성했고, 이에 따라 이른바 '집단 사고', '필터 버블', '반향실 효과' 등과 같은 현상이 대중의 일상적 삶을 지배하게 되었다. 소셜미디어건 유튜브건 나를 대변해주는 미디어가 날이 갈수록 늘면서 그런 세분화를 하기 어려운 신문의 숨통을 조이는 지경에 이르렀다. 신문의 죽음인가? 죽을 때 죽더라도 우리 모두 진실은 외면하지 말자.

진보 신문 독자들의 생각이 모두 같아야 하는가? 그게 가능한가? 바람직한가? 생각이 다른 사람들의 의견은 피해야 하는가? 소통은 정치적 생각이 같은 사람들끼리 만든 부족 내부에서만 가능한가? 당신이 소속된 부족의 규모는 어느 정도인가? 규모가 커지면 분명히 생각이 다른 사람들이 생겨날 텐데, 그땐 또 갈라서고 서로 벽을 쌓으면 되는가? 사회는 무엇인가? 생각이 다른 사람들과 어울려 사는 공간이 아닌가?

아니 그렇게 고담준론高談峻論을 말할 필요는 없을 것 같다. 유시민이 역설했고 실제로 친문 세력에 큰 영향을 미친 '어용 지식인'론이 성공했는지 현실적인 문제를 따져보는 게 더 좋을 것 같다. 문재인 정권을 골병들게 만든 주범이 바로 '어용 지식인'론 아니었는가? 그런데 유시민은 진보 신문을 포함한 진보 진영이 '어용 지식인' 역할에 충실하지 못했기 때문에 고통스러웠고, 그래서 문재인 정권이 실패했거나 소기의 성과를 거두지 못했다고 보고 있으니, 참으로 놀라운 일이다. 유시민이 그렇게 살겠다는 걸 막을 길은 없으니, 그 또한 존중하자.

사실 나는 주변에서 유시민의 발언과 비슷한 말을 많이 들었다. 그럴 때마다 나는 물었다. "무엇과 비교해서 그런 생각을 하게 되었나요?" 답은 늘 디지털 혁명이 제공한 대체 미디어였다. "그렇다면 진보 신문이 문제라고 할 게 아니라 신문이라는 미디어가 문제라고 말하는 게 옳지 않나요?" 나는 이런 말을 주고받다가 "생각이 다른 사람들의 의견은 알 필요가 없다고 생각하시나요?"라는 질문에까지 들어간다.

나도 진보 신문을 읽을 때마다 칼럼 내용에 동의하지 않을 때가 있다. 하지만 나는 그 내용을 존중할 뿐만 아니라 내가 잘못 생각하고 있을 가능성이나 나의 편향성을 점검해보는 기회로 활용한다. 그렇게 하는 이유는 간단하다. 늘 내 칼럼 내용에 동의하지 않을 독자들을 머릿속에 떠올리기 때문이다. 그런 역지사지가 공정하지 않은가?

유시민을 고통스럽게 만들지 않을 진보 신문을 만드는 건 얼마든지 가능한 일이겠지만, 감히 장담하건대 그렇게 하기 위해선 진보 신문은 수십 개로 쪼개져야 할 것이다. 유시민과는 정반대의 이유로, 즉 진보 신문이 지나치게 친여적이라는 이유로, 진보 신문에 등을 돌린 진보 독자들도 있다. 유시민은 이재명을 지지하고 높게 평가하지만, 유시민의 다른 모든 정치적 견해에 동의하더라도 이재명만큼은 거부하는 독자들도 있다.

어디 그뿐인가? 노무현과 문재인의 차이가 없다고 생각하는 독자들도 있지만, 그 차이에 민감하게 반응하는 독자들도 있다. 민주당 대표 송영길을 비롯해 여권의 주요 인사들에 대한 생각도 다를 수 있다. 이런 식으로 생각이 다른 사람들의 입맛을 모두 만족시키자면 얼마나 많은 신문이 필요하겠는가? 소셜미디어와 유튜브는 그런 세분화가 얼마든지 가능할 게다. 그렇다면 신문 탓 하지 말고 차라리 '신문의 죽음'을 말하는 게 정직한 태도가 아닐까?

나는 여전히 종이 신문을 사랑한다. 내가 아날로그형 꼰대라서 그런 점도 있겠지만, '다름'을 혐오한 나머지 각자의 성향과 취향에 따라 갈가리 찢겨져나가는 '사이버발칸화cyber-balkanization'가 우리의 미래여서는 안 된다고 보기 때문이다. 이미 20년 전 미국 법학자 캐스 선스타인은 사이버발칸화가 상호 소통을 어렵게 만들어 민주주의를 위협한다고 경고한 바 있다.[34] 실제로 우리는 지금 큰 공통점보다는 작은 차이점에만 주목해 분열을 거듭하면서 살벌한 싸움을 벌이는 이전투구를 원 없이 보고 있지 않은가?

나는 '다름'을 '틀림'으로 여기지 않으면서 '다름'을 좀 더 너그럽게 대하는 세상을 꿈꾼다. 그런 너그러움이 없을 때 '다름'은 고통으로 다가온다. 나는 다른 생각과 주장에 접하면서 고통을 느끼기보다는 "왜 그럴까?"라는 질문을 던지는 지적 호기심을 즐기는 사람이 많아지기를 바란다. 물론 내가 아직 제대로 실천하지 못하고 있기에 끊임없이 나 자신에게 되뇌는 말이기도 하다.

# 유승민이 박근혜를
# 배신했다는 망상

"여기 있는 모든 사람의 목을 졸라야 제 아들의 목숨을 살릴 수 있다면 저는 기꺼이 그렇게 할 겁니다." 미국 철학자 스티븐 아스마가 한 윤리학 토론회에서 '편애'를 옹호하다가 엉겁결에 한 말이다. 그는 토론회가 끝난 뒤 집으로 돌아가는 길에 자신의 그 말이 진심이었음을 깨달았다고 했다.[35] 아스마가 『편애하는 인간』이란 책에서 내놓은 주장 중엔 동의하기 어려운 게 많았지만, "편애가 인간의 행복을 상당히 증진시킨다"는 점엔 공감하지 않을 수 없었다.[36]

문제는 공적 영역이다. 공적 영역에서 편애도 괜찮은가? 공적 영역과 사적 영역을 엄격하게 구분하면서 살아가려고 애쓰는 사람들은 사는 게 피곤할 수밖에 없다. 공적 영역에서 편애를 불공정으로 보는 그들은 그걸 거부하기 위해 고민하고 신경 써야 할 게 많아지기 때문이다. 정치적 지지도 다를 게 없다. 주변을 둘러보라. 일단 정해진 자신의 편애에 따라 무슨 일이 벌어져도 '묻지마 지지'를 하는 사람들의 열정적 얼굴이 훨씬 행복해 보인다. 그들의 사전엔 '고민'이란 단어가 없기 때문일 게다.

아스마는 "좌파는 편애가 없어지지 않으면 '열린사회'는 이뤄질 수 없다고 생각한다. 이는 잘못된 생각이다"고 주장하지만,[37] 적어도 한국에선 통하지 않는 말이다. 편애에 관한 한 좌파나 우파나 다를 게 전혀 없기 때문이다. 편애를 무엇으로 위장하느냐 하는 포장술의 차이는 있을지언정 편애의 이념이라고 할 수 있는 부족주의엔 좌우의 차이가 없다.

디지털 혁명은 사라져 가던 부족주의와 부족 정치의 부흥을 몰고 왔다. 무엇보다도 소셜미디어와 유튜브가 공론장을 같은 편끼리만 모이는 곳으로 재편성했기 때문이다. 그런 부족 정치에서 가장 몹쓸 악덕은 배신이다. 배신이 최근 수년간 정치적 논쟁과 논란에서 자주 쓰인 단어 중 하나라는 건 우리가 부족 정치에 충실했다는 걸 시사해준다.

"국회의원 되려고 국회의원을 사퇴하느냐." 이게 무슨 말일까? 국회의원 되려고 국회의원을 사퇴하는 사람도 있는가? 2005년 '10·26 대구 동구을 재보궐선거'를 2주 앞둔 10월 12일에 실제로 그런 일이 있었다. 바로 그날 새누리당 비례대표 의원이었던 유승민의 사직 건이 국회 본회의에서 가결되었다. 여당인 열린우리당은 유승민이 대구 재보궐선거에 출마하기 위해 비례대표 의원직을 사직한 걸 두고 "국회의원 되려고 국회의원을 사퇴하느냐"고 강하게 비난했다.[38]

비난받아 마땅한 일이었다. 그런데 유승민이 원해서 그런 일을 한 걸까? 전혀 그렇지 않았다. 여론조사에서 기존 후보들이 열세를 보인다는 이유로 선거를 불과 20여 일 남겨둔 시점에서 갑자기 받은 당의 출마 요구에 응할 사람이 누가 있겠는가? 그것도 잘하고 있던 비례대표 의원직을 내던지고 뛰어들라니, 그야말로 황당한 일이었다. 그럼에도 유승민은 당을 생각하는 마음 하나로 당대표인 박근혜의 그런 무리한 요구를 받아들였다.

유승민은 자신의 능력으로 당선되었건만, 일부 유권자들의 뇌리에 남은 건 박근혜의 지원 유세 장면뿐이었던가 보다. 훗날 유승민이 박근혜와 갈등을 빚자 일부 사람들은 "박근혜의 도움을 받아 국회의원이 되었는데 그 은혜를 배신했다"고 유승민을 비난했으니 말이다.[39] 말도 안 되는 말이다. 박근혜의 지원 유세가 결정적이었다면 기존 후보를 내보낼 것이지 왜 비례대표 의원을 잘하고 있던 유승민에게 그런 무리한 요구를 했단 말인가?

공적 관계에서 '은혜' 운운하는 게 우습긴 하지만, 굳이 그걸 따져보겠다면 말은 바로 하자. 두 사람의 관계에서 늘 은혜의 수혜자는 박근혜였다. 유승민은 2007년 이명박·박근혜 경선 때도 초반부터 우세를 보인 이명박 대신 박근혜를 택했는데, 도대체 누가 누구에게 은혜를 베푼 것인가? 박근혜가 유승민의 충정 어린 고언을 잘 새겨들었더라면 국정 농단과 대통령 탄핵이라는 비극도 일어나지 않았을 것이다. 과연 누가 배신을 한 건지 잘 생각해 볼 일이다.

이런 위계 중심의 '배신 타령'엔 언론의 책임이 크다. 유승민이 2021년 8월 27일 대선 출마 후 첫 행선지로 대구·경북을 방문한 것과 관련해 언론은 약속이나 한 듯이 "'배신자' 낙인 벗을까" 운운하는 기사들을 양산해냈다. 그간 나온 이런 종류의 기사들을 찾아보았다. 관련 문장만 몇 개 소개한다.

"박근혜 전 대통령과의 불화에서 비롯된 '배신자 낙인'을 지우기 위한 행보로 풀이된다."[40] "전직 대통령 박근혜 씨 탄핵 이후 불거진 배신자 프레임을 대구·경북TK 지역을 찾아 정면 돌파하겠다는 것이다."[41] "대구·경북TK 지역을 비롯해 전통적인 보수층에 각인된 '탄핵 배신자' 이미지도 벗어나야 할 굴레다."[42] "유 전 의원이 '희망22 동행포럼' 창립 행사 장소로 대구를 택한 것은 자신에게 붙은 '배신자' 논란을 극복하기 위한 것으로 보인다."[43] "유 전 의원에게 대구는 고향이자 내리 4선을 한 지역구이면서도, 박근혜 전 대통령 시절 '배신'의 낙인이 여전히 남아 있는 가시밭이다."[44] "박 전 대통령의 유죄가 확정된 뒤에도 유 전 의원은 대구·경북 민심이 빚은 '배신자 프레임'에서 헤어나지 못하고 있다."[45]

이상 인용한 6개의 기사 중 『한겨레』(4개)와 『경향신문』(1개) 기사가 5개나 된다는 게 놀랍다. 우연히 찾아낸 것인지라 그 어떤 의미를 부여할 수 있는 것은 아니지만, '배신 타령'에 관한 한 진보 언론과 보수 언론의 차이는 없다고 말해도 무방할 것 같다.

답답하다. 기자들은 '배신자 프레임'과 '배신자 낙인'이 옳다고 믿는 걸까? 그럴 리 만무하다. 기자들은 옳건 그르건 '배신자 프레임'과 '배신자 낙인'은 엄존하는 '팩트'이므로 그렇게 쓰는 게 뭐가 문제냐는 반론을 할지 모르겠지만, 해석은 팩트의 영역이 아니잖은가? '배신자 프레임'과 '배신자 낙인'을 반박하는 짧은 해석을 덧붙이진 못할망정 유승민의 정치적 행보마다 '배신자' 딱지를 소환하는 건 심하지 않은가? 언론이 '배신자 프레임'의 주범은 아닐망정 공범 역할을 하고 있지 않은지 생각해볼 일이다.

유승민 개인을 위해서 하는 말이 아니다. 이건 의외로 중요한 문제다. 한국 정치의 가장 큰 문제는 공사公私 구분 의식이 없는 부족주의적 사고와 행태이기 때문이다. 이게 바로 역대 모든 정권에서 일어난 대형 비리 사건의 이유였다. 문재인 정권의 치명적인 문제도 바로 이것임은 두말할 나위가 없다. 한국인들의 끈끈한 가족주의와 호형호제呼兄呼弟 문화는 좋은 점이 많지만, 공적 영역에선 부정부패와 '정치의 이권화'를 초래한 주요 이유였음을 어찌 부정할 수 있으랴.

당신이 오랜 노력 끝에 9급 공무원 시험에 합격했다고 가정해 보자. 그게 대통령의 은혜 덕분인가? 아니잖은가. 왜 그런데 고위 공직자들은 모두 대통령에게 은혜를 입은 사람이라는 어리석은 생각을 하는가? 시험을 보지 않고 그 자리에 올랐기 때문에? 그렇다면 대법원장도 대통령의 임명을 통해 은혜를 입은 사람이기 때문에 삼권분립의 원칙을 훼손하더라도 대통령에게 충성을 다해야 하는가?

민주주의를 하자는 건가, 말자는 건가? 대통령이 인맥을 통해 누구를 고위직에 발탁했다 하더라도 그건 국정 운영의 필요에 의한 것이지 무슨 시혜를 베푼 게 아니다. 그게 시혜나 특혜였다면, 그건 단지 사적인 친분 관계나 정파적 목적만을 앞세워 자격과 능력도 없는 사람을 그 자리에 앉혔다는 이야기가 아닌가? 이건 국가와 국민에 대한 배신행위다. 공적 영역에서 공적 관계에 대해 '은혜'나 '배신'이라는 말을 입에 올리는 사람들은 자신들이 저지른 국가와 국민에 대한 배신부터 사죄하는 게 옳을 것이다. 언론과 유권자들까지 덩달아 놀아나지 않으면 좋겠다.

2021년 9월 2일 민주당 의원 윤건영의 "별값이 똥값 됐다"는 발언 사건을 보면서 상당수 한국인들이 중독되어 있는 '배신'에 대한 오해와 무지가 지긋지긋하다는 생각이 들었다. 그는 문재인 정부 초대 육군 참모총장 김용우와 공군 참모총장 이왕근이 윤석열 캠프에 합류한 것과 관련해 "속되게 표현해서 민주당 정부에서 과실이란 과실은 다 따 먹었던 분들"이라며 "만약에 혹시나 그럴 일은 없지만 어떤 자리를 바라고 정치적 선택을 했다고 한다면 전 장군답지 못하다라는 말씀드리고 싶다. 정치적 신의나 이런 것들 진지한 얘기는 다 접어두고 별까지 다신 분들이 하는 모습들이 참 X팔리다"라고 했다.[46]

이에 김용우·이왕근 측은 "지금은 봉건시대도 아니고 주군 섬기는 가신도 아니며, 대한민국 군대는 민주당의 군대가 아니다"라고 반격했다. "군대 내 진급과 보직은 사사로운 관계에서 이루어진 시혜가 아니라, 공적 영역에서 이루어진 일"이라며 "시혜를 주었는데 배신했다고 보는 것 자체가 전근대적인 발상"이라는 것이다.[47] 윤건영이 초등학생도 이해할 수 있는 이런 이치를 몰라서 그런 말을 한 것 같지는 않다. 그는 박근혜처럼 '주군·가신'의 관계로 생각했을 가능성이 높다.

내로남불도 문제다. 2017년 대선 때 민주당 대선 후보 문재인이 이명박·박근혜 정부에서 별을 단 장성들을 영입한 후 다음과 같이 말했을 때 윤건영은 "참 X팔리다"는 생각을 했는지 묻고 싶다. "더불어민주당 창당 이래 이렇게 많은 장군과 국방 안보 전문가들이 지지를 선언하는 것은 처음 있는 일입니다. 민주당의 압도적인 안보 역량을 보여주는 것이고, 그래서 정말 든든합니다."[48]

대선을 앞두고 각 분야의 전문가들이 우르르 대선 캠프로 몰려가는 게 보기 좋아서 이런 말을 하는 게 아니다. 배신에 대한 잘못된 생각이 민주주의의 필수 요건이라고 할 자기 교정 기능을 죽이고 있다고 보기 때문이다. 내부 비판자를 배신자로 매도하는 풍토 속에서 그 어떤 자기 교정이 가능하겠는가 말이다. 사적 관계에서 배신이 용서할 수 없는 악덕이라고 해서 그 감정을 공적 관계에도 적용하는 후진성은 이제 벗어날 때가 되지 않았느냐는 것이다.

배신에 대한 시대착오적인 생각이 일부 정치인들에게만 국한된 것이라면 그건 쉽게 바로잡을 수도 있다. 언론과 국민이 맹비난하면 되니까 말이다. 그러나 어이하랴. 언론과 국민은 정파적으로 대응하는 경향이 있다. "우리 편의 배신은 용서할 수 없지만 반대편의 배신은 아름답다"는 내로남불이 판을 친다. 반대편에게 타격을 입히는 공익 제보자는 영웅으로 치켜세우지만, 우리 편에게 타격을 입히는 공익 제보자는 범죄자로 몰아가는 일도 서슴치 않는다.

선량한 보통 사람들도 다른 조직에서 일어난 공익 제보엔 박수를 보내지만, 자신이 몸담고 있는 조직에서 나온 공익 제보엔 등을 돌린다. 자신의 이해관계가 직결되어 있기 때문이다. 의로운 공익 제보자들마저 '조직의 배신자'로 낙인 찍혀 이루 말할 수 없는 고통을 겪게 만드는 비극의 원인도 바로 여기에 있다. '배신'이란 단어를 그런 사적 이익 투쟁의 수렁에서 건져내야 한다.

# 조국,
# 부디 체념의 지혜를

"이미 이전 책들에서 밝혔지만, 나는 조국에 대해 '너무 안됐다'고 생각하는 사람이다. 그가 내로남불 발언을 너무 많이 하는 것에 대해선 '왜 저럴까'라며 신기해하면서 비판적 생각을 갖고 있긴 하지만, 이른바 '조국 사태'와 관련해선 그를 직접 비판한 적도 없고 비판할 생각도 없다. 내가 이 사태를 보는 시각은 기본적으로 양극단 사이의 어느 중간 지점에 있지, '10대 0'이나 '0대 10'이라는 식으로 어느 한쪽이 무조건 옳다고 생각하진 않는다."

내가 2021년 4월에 출간한 『부족국가 대한민국』이란 책에서 한 말이다. 조국에 대한 나의 주된 생각이나 느낌은 '안타까움'이다. 독자들께서 이 글은 비판이 아니라 그런 안타까움의 표현이라는 걸 이해해주시길 바라는 뜻에서 소개한 것이다. 나의 생각과 느낌을 좀더 밝혀보자.

조국과 개인적 친분이 있는 포스텍 석좌교수 송호근은 2021년 3월『중앙일보』인터뷰에서 조국의 SNS를 통한 '정치적 활동'에 관한 질문에 이렇게 답했다. "얼마 전 '조용히 부산 내려가자'고 문자로 칩거를 권했더니 조국은 '내 아내(정경심 교수)가 저렇게 됐으니(수감 중이니) 살려야 한다'고 답하더라. 마음이 아프다."[49] 송호근이 느낀 아픔의 정도에 비할 바는 아니겠지만, 나 역시 마음이 아팠다.

2021년 5월 여권 원로인 전 국회 사무총장 유인태는 SBS〈주영진의 뉴스브리핑〉에 출연해 조국의 회고록 출간과 관련해 언급했다. 그는 "저런 책이라도 써서 자기 목소리를 내지 않으면 아마 그 식구들 잘못하면 전부 우울증 내지는 무슨 정신질환이라도 걸릴 것 같아서 인간적으로 동정도 가고 이해도 간다"고 했다. 나 역시 같은 생각이었다. 그의 회고록『조국의 시간』을 읽으면서도 그런 생각을 많이 했다.

동시에 나는 유인태의 다음 발언에도 공감했다. "그동안에 아주 고고하고 거룩한 사람처럼 해왔던 것에 비해 드러난 게 여러 가지로 좀 부끄러운 일들을 많이 했으니 장관직만 좀 사양을 했더라도 저렇게까지는 안 갔을 텐데 그냥 업보라고 생각하는 게 본인도 마음이 조금 더 위안이 되지 않을까 생각한다."[50]

그러나 조국은 그렇게 체념할 생각이 전혀 없는 것 같았다. 어쩌겠는가? 지켜보는 수밖에. 그럼에도, 주제넘은 조언임을 잘 알면서도 조국을 위해 이 말씀은 꼭 드리고 싶다. 이른바 '조로남불(조국이 하면 로맨스, 남이 하면 불륜)'이라는 말에 대해 어떻게 생각하시는지 궁금하다. 악의적인 비방으로 보는 걸까? 부디 그렇게 생각하지 말아주시기를 바란다. 차고 넘치는 증거들이 있어서 나온 말임을 인정하면 좋겠다. 이미 과거에 했던 발언들이 부메랑으로 돌아오는 거야 어쩔 수 없을망정 이제 조로남불이라는 말을 들을 수 있는 발언만큼은 자제하는 게 좋지 않겠느냐는 것이다. 2021년 6월에 일어난 '좌표 찍기' 사건을 보면서 "이건 정말 아니다"라고 안타까워하면서 해본 생각이다. 이 사건의 전말은 다음과 같다.

광주광역시에 사는 커피숍 자영업자 배 모씨가 6월 12일 그곳에서 열린 '만민 토론회'에서 자영업자의 입장에서 문재인 정부의 경제정책을 신랄하게 비판했다.『조선일보』등이 이 비판 내용을 크게 보도하자, 15일 MBC〈김종배의 시선집중〉은 '문 실명 비판했던 광주 카페 사장님, 언론들이 숨긴 진짜 정체는?'이라는 제목으로 방송했다. 방송에 출연한 친여 유튜버 '헬마우스' 임 모 작가는 "배씨는 단순 자영업자로 토론에 나선 게 아니다"라며 "정치적 인물이 정치적 행사를 연 것"이라고 주장했다. 바로 이날 조 전 장관은 자기 페이스북·트위터에 이 방송 유튜브 링크를 올렸다.

배 모씨는 MBC 방송 내용에 대해 "나를 교묘하게 태극기 부대나 일베라고 암시하는 것"이라며, 조 전 장관이 이런 방송 내용을 올린 것은 자신을 '일베 사장'으로 몰아가는 '좌표 찍기'나 다름없는 행위였다고 주장했다. 배씨는 "전화 폭탄과 함께 인터넷에서 신상 캐기가 시작된 뒤 저와 아내, 직원들의 영혼이 무너지기 시작했다"고 했다. 전남대학교 86학번으로 1학년 때 운동권 서클에 들어가 6월 항쟁에 참여했던 배씨는 "전두환·노태우 타도를 외치며 투쟁했던 대학 시절보다 두려움이 더 크다"고 했다. 배씨는 "일베 사이트가 어떻게 생겼는지도 모르고 과거 유시민의 개혁당 이후 정당에 가입해본 적도 없다"며 "교묘하게 저를 일베로 몰아가는 프레임, 여기에 교묘하게 편승하는 조 전 장관은 지금 마녀사냥, 인격 살해를 자행하고 있는 것 아니면 무엇이냐"고 했다.[51]

조국이 이런 효과를 겨냥하고 의도적인 '좌표 찍기'를 한 건 아니었으리라 믿고 싶지만, 결과적으로 '마녀사냥'과 '인격 살해'를 유발한 책임에서 면책되기는 어려울 것이다. 누구 못지않게 디지털 세계의 어두운 면을 잘 알고 계신 분이 그러시면 어떡하는가?

우연히 어느 종편 시사 프로그램을 보다가 어느 여권 성향의 대학교수가 이 사건에 대해 오히려 배씨의 발언을 키운 『조선일보』를 탓하는 듯한 취지로 말하는 걸 듣고서 깜짝 놀랐다. 내가 평소 거론하는 『조선일보』 악마화' 또는 『조선일보』 숭배'가 극에 이르렀다는 생각이 들었다. 『조선일보』의 주장과 반대로 가면 그게 곧 정의와 개혁의 길이라고 믿는 '단세포적 발상'은 댓글에서나 구경했던 것인데, 그게 의외로 널리 퍼져 있는 여권의 신앙이었던가 보다.

내가 이 사건에서 중요하게 생각한 것은 배씨가 어떤 인물이냐가 아니었다. 자영업자의 고통은 모든 국민이 잘 알고 있는 사실이 아닌가? 코로나19에 최저임금제 등과 같은 정부 정책이 겹치면서 생존의 벼랑 끝에 내몰렸다. 그런 고통을 토로하는 데 진보와 보수의 차이가 무슨 소용이 있단 말인가? 역지사지를 해보면알 일 아닌가? 어떤 자영업자가 민주당 당원이거나 열혈 지지자라고 해보자. 그가 자신이 겪는 고통과 관련된 사회적 발언을 하면 '단순 자영업자'가 아니라 '정치적 인물'이 되는가?

명색이 진보 언론이라면 정부 정책을 옹호하더라도 자영업자의 고통을 해소할 수 있는 방법을 찾는 데에 관심을 기울여야 한다. 그런데 MBC 〈김종배의 시선집중〉은 기껏 한다는 게 정부 정책을 비판한 자영업자의 정체를 캐는 일이었다. 정말 실망스럽고개탄할 일이다. 그걸 좋은 방송이라고 널리 알린 조국은 더욱 딱하다.

나는 『조국의 시간』을 읽으면서 그와 그의 가족이 당해야 했던 '마녀사냥'과 '인격 살해'에 대해 가슴이 아팠고 때론 분노했다. 그간 유명 인사의 스캔들에 하이에나처럼 몰려들어 물어뜯는 언론의 행태를 적잖이 비판하긴 했지만, 그건 본질적으로 동서고금을 막론하고 지속되어온 상업 언론의 속성이라며 체념하는 듯한 주장을 하기도 했던 나로선 죄송한 마음까지 들었다. 다른 사람도 아닌, 조국이라면, 누구보다 더 '마녀사냥'과 '인격 살해'에 대해선 분노해야 마땅하다. 그런데 왜 그는 자신이 당한 것에 대해선 분노하면서도 자신으로 인해 다른 사람이 그렇게 당할 수 있는 가능성에 대해선 무감각한 걸까?

조국이 편의점 사장 봉달호의 이런 주장에 대해 뭐라고 반박할지 궁금하다. "백번 양보해 수사기관의 어떤 의도가 있었다 한들, 자신의 불법과 허물로 물러난 양반이 뭐가 그리 억울한지 오늘도 페이스북과 트위터에서 손을 놓지 않는다. 자기 털끝 건드린 잘못에는 '감히 나를 건드려?' 하는 식으로 소송과 배상을 운운하고, 서민의 생계를 무너뜨릴 수 있는 일에는 '너도 한 번 당해봐라' 하는 식으로 양념질을 안내하고 일언반구 사과나 해명조차 없다. 우리 같은 무지렁이들은 억울하고 분해도 소송할 시간과 여유가 없다는 사실을 아는 것이다."[52]

옳거나 경청할 만한 말은 그 자체로서 평가되어야 하지, 그 발화자가 누구냐에 초점을 맞추는 건 옳지 않다. 아니 때론 그런 일이 필요할 수도 있겠지만, 비판을 했다는 이유로 '메신저 죽이기'를 상례화하는 건 자멸로 가는 지름길이다. 우리 편이 말하면 경청하겠지만, 반대편이 말하면 무조건 무시하고 때려야 한다는 건가? 문재인 정권이 골병이 든 것도 바로 그런 치졸한 '편 가르기' 때문이 아닌가? 지긋지긋하지도 않은가? 과연 '조로남불'의 끝은 어디인가? 나는 이 사건이 마지막이었기를 간절히 바란다.

　조국은 과연 누구를 상대로 말을 하는 걸까? 하늘이 두 쪽이 나도 조 전 장관을 지지하는 사람? 정반대로, 비판하는 사람? 지지와 비판의 중간 영역에 있는 사람? 나는 조국이 주로 첫 번째 유형의 사람들을 대상으로 말을 하고 있다는 느낌을 받고 있는데, 내가 잘못 생각한 걸까? 내가 드리고 싶은 말씀은, 두 번째 유형의 사람들은 포기하더라도 부디 세 번째 유형의 사람들도 생각하는 게 좋지 않겠느냐는 것이다. 정권 교체로 인해 누구보다 고통스럽겠지만, 모든 고난을 꿋꿋하게 이겨내는 모습을 보고 싶다.

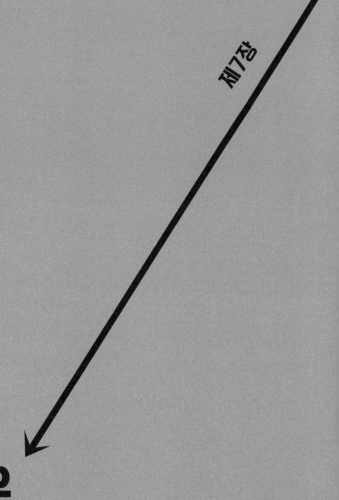

## 제7장

# 책임은
# 권력의
# 기능이다

# '비주류 의식'은
# '책임 의식'을 죽인다

2021년 4·7 재보궐선거에서 20대 유권자가 야당 후보에게 압도적 지지를 보낸 걸 두고 '90년대생'의 정체에 대한 관심이 뜨거웠으며, 덩달아 586세대가 다시 소환되기도 했다. 다음과 같은 기사 제목들이 그런 관심을 잘 말해준다. 「20대가 말하는 선거 결과…"적폐 등의 낡은 레토릭 우리에겐 안 통한다"」, 「20대에 대한 비난의 기시감」, 「"불공정·젠더 문제 민감한 20대, 대선 때도 돌풍의 핵"」, 「"투표도 20대답게…내 안에 진보도 보수도 함께 있다"」, 「야당 지지 20대, 보수화 때문 아냐…586 내로남불 심판」.

90년대생에겐 다른 세대와는 확연히 다른 그 어떤 특성이 있는가? 1994년생 작가 임명묵이 2021년 5월에 출간한 『K-를 생각한다: 90년대생은 대한민국을 어떻게 바라보는가』는 이 질문에 답해준다는 점에서 시의적절하다. 그 답을 찾기 위해 책을 읽어나가면서 곧 저자의 야심이 만만치 않다는 걸 알게 되었다.

저자는 "지금 우리가 겪고 있는 시대의 정체가 무엇인지를 한국이 겪은 변화를 통해서 미루어 보고, 그를 통해 다시 한국이 무엇인지를 돌아보고자 한다"며,[1] '90년대생', 'K-방역', '다문화', '586 논란', '입시와 교육'이라는 5개의 주제를 다루고 있다. 무엇보다도 내용이 진부하지 않아서 좋다. 날카로운 비판 의식이 번득이면서도 '한국을 시대의 급류에서 맨 앞에 서게 한 요소'로 이해하려는 총체적 안목이 돋보인다.

저자는 "90년대생은 그들이 태어난 무렵부터 가속화된 (디지털 혁명 등과 같은) 여러 변화의 결과물로 형성된 일종의 '탈가치 세대'"라며 "90년대생이 '공정'에 민감한 이유는, 그들이 느끼는 불안 속에서 유일하게 예측 가능성을 제공해주는 국가 시스템, 즉 정서적 안정의 최소한의 기반이 흔들리는 것을 원치 않기 때문이다"고 말한다.[2]

또 그는 코로나19 팬데믹은 "우리에게 정보를 수집하고 폭력을 독점하는 국가의 힘이 신기술과 맞물려 어떤 식으로 발휘될 수 있는지 보여준 사건이지, 민주주의와 자유의 위대함을 알려준 사건은 결코 아니었다"며 기존의 자화자찬론에 일침을 가한다.[3]

내가 이 책에서 가장 주목한 대목은 90년대생의 고난과 연결될 수밖에 없는 정치권 586세대의 '비주류 의식'이다. 저자는

"조국 사태는 여전히 독재와 제국주의에 대한 저항의 뜨거운 심장으로 살아가는 586이 실제로는 자산 증식과 계층 세습에 골몰하는 사람들이었다는 스테레오타입을 드라마보다 더욱 극적으로 보여준 사건이었다"며 "나는, 상위 1% 기득권을 비난하면서도 그들을 동경하고 모방했던, 그러면서도 자신들의 계층 세습에는 어떻게든 도덕적 면죄부를 주려는 상위 10%, 20%의 감수성에 질겁했다"고 말한다.[4]

공감한다. 나 역시 수없이 절감한 사실이니까 말이다. 586을 비롯한 진보파는 '1퍼센트 대 99퍼센트 사회' 프레임을 내세우면서 개혁을 외치지만, '20대 80의 사회'가 진실에 가깝다. 그럼에도 진보파가 '1대 99의 사회'를 고집하는 것은 20퍼센트의 범주에 속하는 자신들 역시 기득권 세력에 속한다는 걸 인정하고 싶지 않기 때문일 것이다.

저자는 "586의 진짜 문제는 그들이 이미 사회의 새로운 주류임에도 여전히 주류는 따로 있다고 여기는 그들 고유의 자기 규정과 비주류 의식에 있다"며 이렇게 말한다. "586은 언제나 실제 생각하는 것과 대외적으로 내세울 수 있는 것을 동시에 사고해야 하는 이중 사고를 발전시켰다.……혁명론을 말하면서도 동시에 상류 중산층으로서의 모든 혜택을 누리고자 했던 이중 생활은 자신들을 새로운 주류이자 기득권으로 인식하지 못하게 한 성찰의 부재, 그리고 과거의 급진적 면모와 현재의 대중적 면모가 혼재한 이중 사고로 인해 형성된 것이었다."[5]

앞으로 사회적 논쟁으로 발전시켜볼 만한 좋은 의제다. 그런 점에서 더미래연구소장 김기식이 『한겨레』에 기고한 「왜곡된 비주류 의식」이라는 칼럼에서 민주당의 "왜곡된 비주류 의식"을 비판하고 나선 게 반갑다. 그는 "주류 의식은 패권적 사고가 아니다. 나라와 국민의 삶에 대한 책임 의식이다"며 다음과 같이 말한다.

"비주류는 문제 제기로도 충분하지만, 주류는 문제를 해결해야 한다. 비주류가 정치적으로 싸우는 것은 당연하지만, 주류는 이견을 포용하고 조정하는 모습을 보여주어야 한다. 정책적으로도 시민운동은 몰라도 정치의 영역에서 시장, 욕망, 이익은 조정의 대상이지 싸움의 대상이 아니다. 비주류에겐 잘못된 과거를 바로잡는 것이 중요하지만, 주류는 거기서 머물면 안 되고 새로운 미래를 만들어가야 한다. 낡은 질서는 오직 새로운 질서에 의해서만 청산되기 때문이다."[6]

너무도 당연한 말임에도 진보 진영에서 이런 주장은 희귀하다. "책임은 권력의 기능이다"고 했던 독일 철학자 한스 요나스의 말을 다시 음미해보자. 그는 '책임은 권력의 문제라는 단순한 기본 원칙'을 강조하면서 이렇게 말했다. "권력을 가지지 않은 자는 아무런 책임도 없는 법입니다. 책임은 이미 저질러진 어떤 일에 대한 것입니다. 아무 일도 저지를 수 없는 사람은 책임질 필요도 없습니다. 이 세상에 대한 영향력이 적은 사람은 양심을 유지하며 살아갈 수 있는 행복한 처지에 있다고 돌려 말해볼 수도 있을 것입니다."[7]

그럼에도 문재인 정권의 '비주류 의식'은 '책임 의식'을 갖기는커녕 오히려 죽이는 것처럼 보였으니, 개탄을 금치 못할 일이었다. 그들의 비주류 의식은 책임은 지지 않으면서 도덕적 우위를 점하려는 정략과 맞물려 있었다. 물론 오랜 세월 내면화한 이중사고에서 비롯된 점도 있겠지만, 이젠 그걸 넘어설 때도 되지 않았는가?

권력 집단의 '비주류 의식'은 '책임 의식'을 죽인다는 점에서 두렵게 생각해야 할 일이다. 그간 비판을 많이 받아온 '피포위 의식siege mentality'과 '피해자 코스프레'도 바로 그런 비주류 의식에서 비롯된 게 아닌가? 90년대생의 지지를 회복하려면 이젠 곰팡이 냄새가 날 정도로 케케묵은 비주류 의식을 '남 탓'이 아닌 '내 탓'을 앞세우는 책임 의식으로 대체해야 하지 않을까?

# '최선'을 빙자해
# '최악'의 길을 열어젖힌 문재인 정권

"최선은 차선의 적이 될 수 있다."[8] 미국의 실용주의 철학자 리처드 로티의 말이다. 이 세상의 거대한 문제와 씨름하는 사상가가 추상적인 이론의 세계에 빠져 최선을 추구하다 보면 본의 아니게 현실 세계의 작지만 구체적인 고통의 문제를 외면하기 쉽다는 뜻이다. 시간의 문제도 있다. 최선을 추구하는 데에 많은 시간이 필요하다. 지금 당장, 최선은 아닐망정 차선의 해결책이라도 갈구하는 사람들에게 최선은 적이 될 수밖에 없다.

논쟁적인 로티의 철학 세계까지 이해하거나 받아들일 필요는 없다. 최선과 차선의 관계는 우리 주변에서 쉽게 맞닥뜨리는 지극히 현실적인 문제이므로, 현실의 세계에만 집중해 생각해보자. 2022년 1월 9일 문재인 정권에서 초대 경제부총리를 지낸 새로

운물결 대선 후보 김동연이 유튜브 채널 '삼프로TV' 방송에 출연했다. 나는 그의 말을 들으면서 "최선은 차선의 적이 될 수 있다"를 넘어서 "최선은 차선의 적이다"는 생각을 하지 않을 수 없었다.

김동연은 경제부총리 재임 시절 문재인 대통령에게 부동산 대책을 보고하는 중에 청와대 핵심 관계자가 "다주택자 양도 차익 100퍼센트 과세"를 주장했다고 밝혔다. 그는 "'미쳤냐. 사회주의 국가도 아니고'라고 거절해 분위기가 안 좋아졌다"며 "1대 15~20으로 싸웠고 거의 고성이 오갔다"거나 "배석한 비서관으로부터 '대통령에게 항명하냐'는 말까지 들었다"고 했다.[9]

부동산에 정치 이념이 들어가면 안 된다는 입장이었던 김동연은 투기 억제 일변도만으론 안 되니 공급 확대를 계속 주장했지만, 문재인과 그의 청와대 참모들에겐 우이독경牛耳讀經이었다. 문재인 정권의 재앙에 가까운 부동산 정책의 대실패는 김동연의 주장이 옳았음을 말해준다. 왜 이런 어이없는 일이 벌어졌을까? 문재인과 그의 참모들을 '탈레반'이라고 비난하면 속은 편할지 몰라도 진실의 전모를 이해하는 데엔 한계가 있다. 일단 선의 해석을 해보자.

나는 토지가 빈곤 문제의 핵심이라고 했던 미국 경제학자 헨리 조지가 1879년에 출간한 『진보와 빈곤』이란 책에 담긴 주장들에 깊이 공감한다. 그는 토지가 공동의 소유로 되어야 한다고 역설했다. 그렇다고 해서 사회주의적 토지 소유를 주장한 건 아니다. 개인 소유 형태에는 손을 대지 않고 지대만 세금으로 거둬 국가 재원으로 사용하는 한편, 다른 형태의 세금은 폐지하는 방법으로 사회적으로 부를 공유하자는 것이다.

조지는 평등주의자이면서도 공산주의자들이 말하는 유토피아를 꿈꾸진 않았다. 그래서 그는 자본주의 자체는 부인하지 않은 채 19세기 미국 자본주의에서 명백히 드러난 불평등 문제를 다루었기 때문에 진보주의자들은 물론 많은 중소기업 소유주에게서도 공감을 이끌어낼 수 있었다.[10] 그러나 20세기 내내 정치인과 지식인들은 좌우를 막론하고 노동과 자본에만 집착하느라 그의 주장을 외면했다.

현재 한국적 상황에서 보자면, 조지의 주장은 '최선'이다. 나는 조지의 주장에 공감하지만, 그걸 곧장 현실 세계에 적용할 수는 없다고 생각한다. "개혁이 혁명보다 어렵다"는 말에 담겨 있는 이른바 '경로의존path dependency' 때문이다. 혁명은 처음부터 다시 시작하는 걸 어느 정도 가능케 하지만, 개혁은 그럴 수도 없고 그래서도 안 된다. 기존 제도와 이에 따라 형성된 사람들의 관습과 습관을 고려하면서 점진적인 변화를 추구해야만 한다. 이게 좋거나 바람직해서가 아니다. 그렇게 하지 않으면 엄청난 부작용을 초래해 '최선'은커녕 '최악'의 결과를 낳을 수 있기 때문이다.

혁명을 하면 모든 걸 다 일시에 바꿀 수 있을 것 같지만, 그것 역시 착각이다. 개혁에 비해 어느 정도 파격적인 정책을 취할 수 있을 뿐, 여전히 '경로의존'의 굴레에서 자유롭지 않기 때문이다. 영국 철학자 카를 포퍼가 "지상에 천국을 건설하겠다는 시도가 늘 지옥을 만들어낸다"고 주장한 것도 바로 그런 이유와 무관치 않다.[11]

"다주택자 양도 차익 100퍼센트 과세"를 주장한 청와대 참모는 부동산 불로소득을 인정할 수 없다는 정의로운 사람이었을 게다. 비극은 그가 너무도 성급했다는 사실이다. 한국에서 집단적 차원에서 부동산 불로소득이 사회문제로 대두된 역사는 반세기가 넘는다. 그 세월 동안 사람들은 "부동산만이 살길이다"는 삶의 문법을 체화했다. 그걸 무슨 수로 하루아침에 바꿀 수 있겠는가?

더는 악화되지 않도록 하면서 한 걸음씩 개혁의 길로 나아가는 '차선'만으로도 박수를 받을 일이었다. 그런데 문재인 정권이 한 일은 '최선'을 앞세워, 아니 '최선'을 빙자해 '최악'으로 가는 길만 활짝 열어젖힌 것이었다. 다른 주요 정책들도 이와 비슷한 양상을 보였다. 무주택자들이 볼 때엔 이건 '실수'가 아니라 '죄악'이다.

민주당 싱크탱크인 민주연구원 원장을 맡고 있는 의원 노웅래는 2022년 1월 25일 "국민들이 진정한 사과다 생각할 때까지 국민이 그만해도 된다고 생각할 때까지 반성해야 한다"며 "과거 부동산 정책 실패, 우리의 가치나 이념에 치우쳐 국민 눈높이와 달랐던 정책이 있다면 그것과 관련된 책임자는 더 과감하게 석고대죄, 고해성사하는 마음으로 사과를 해줘야 국민들의 아픈 마음과 반감을 덜어낼 수 있다고 본다"고 했다.[12]

감동적인 말씀이지만, '관련된 책임자'의 범위에 대통령 문재인은 해당되는지 궁금하다. 그리고 석고대죄·고해성사해야 할 문제가 부동산 문제뿐이라는 것인지 그것도 궁금하다. 문재인을 비롯한 문재인 정권의 관련 인사들은 석고대죄나 고해성사까진 하지 않아도 좋으니, 내내 속으로나마 참회하는 여생을 보내는 게 옳을지도 모르겠다.

# 분노의 오남용은 '분노의 힘'을 죽인다

"만약 당신의 부인 키티 듀카키스 여사가 강간·살해되어도 사형제도를 반대하시겠습니까?" 1988년 10월 13일 로스앤젤레스에서 열린 대선 TV 토론에서 CNN-TV 앵커 버나드 쇼가 민주당 대통령 후보인 마이클 듀카키스에게 던진 질문이다. 이런 무례한 질문이 나오게 된 배경을 잠시 짚고 넘어가자. 듀카키스가 주지사로서 매사추세츠주에서 시행한 재소자 휴가 프로그램은 강력범죄 13퍼센트 이상 감소, 마약사범 체포율 5배 이상 증가라는 성과를 거두었다.

그런데 이게 웬 일인가? 1987년 4월 3일 살인으로 종신형을 선고받은 범죄자 윌리 호튼이 재소자 휴가 프로그램으로 휴가를 나가 메릴랜드의 한 가정에 침입해 부녀자를 강간하고 그녀의 남편을 살해한 사건이 벌어졌다. 이는 공화당 대통령 후보 조지 H. W. 부시 캠프의 집중적인 공격 소재가 되었다.

부시 측은 기자에게 감옥에 있는 윌리 호튼과 전화 인터뷰를 시도하게 하는 수법도 사용했다. 기자가 차기 대통령 후보 중 누구를 지지하는지를 묻자 호튼은 듀카키스를 지지한다고 대답했고, 이는 크게 보도되었다. 부시 측은 듀카키스가 범죄자에게 지지받고 있다고 조롱하면서 듀카키스가 당선되면 호튼이 석방될 수도 있다고 선전했다.[13]

바로 이런 상황에서 이와 같은 질문이 나오게 된 것인데, 듀카키스는 이 질문에 아무런 감정 없이 냉정하게 대답하는 실수를 저질렀다. "내가 평생 사형제도에 반대했다는 것을 알지 않습니까. 설사 그렇다 해도 전 사형제도에는 반대합니다." 자신의 사형제 반대 소신을 다시 밝힌 것이다. 듀카키스는 토론을 끝내고 나오면서 그의 수석보좌관 존 사소에게 "내가 얼빠진 짓을 했어"라고 말했다.[14]

그런 종류의 질문엔 언론의 품위를 이야기한 다음에 기자의 무례를 꾸짖는 게 최상의 대답이었을 것이다. 1988년 대선은 '윌리 호튼'이 지배한 선거라고 해도 과언이 아니었는데, 그런 얼빠진 답을 했으니! 부시 측이 어찌나 '윌리 호튼'을 들먹이고 언론매체가 그걸 증폭시켰던지 미국인의 거의 3분의 2가 그 이름을 알고 있었다.

이 사건의 영향력을 보여주는 사례로 ABC-TV 저녁 뉴스의 한 장면이 거론된다. 듀카키스의 선거운동 버스에 탑승한 기자 샘 도널드슨은 듀카키스를 바라보며 "윌리 호튼이 선거를 할 수 있다면 당신에게 투표를 하겠다고 한 신문 기사를 보았습니까?"라고 묻자, 듀카키스는 창문을 닫으려 애쓰면서 "그는 투표를 할 수 없어요, 샘"이라고 응답했다.[15]

듀카키스는 여전히 이런 얼빠진 답을 하고 있었으니, 선거 결과는 보나마나였다. 부시는 일반 투표에서 54퍼센트를 확보하고(듀카키스 46퍼센트), 선거인단 투표에서 426대 111로 듀카키스를 누르고 제41대 대통령에 당선되었다. 의회 의석수에서는 민주당이 상하 양원에서 안정적인 다수를 차지했지만, 4년 전 민주당 대통령 후보로 패배했던 월터 먼데일의, 민주당은 다시는 언론의 취향에 맞추지 못하는 후보를 추천하지 말라고 했던 충고는 받아들여지지 않은 셈이다. 대선이 끝난 지 2년 뒤 연설에서 듀카키스는 자신이 후보로 부적절했던 점을 다음과 같이 시인했다.

"나는 애틀랜타에서 있었던 후보 수락 연설에서 1988년 선거운동은 이념에 관한 것이 아니라 능력에 관한 것이라고 말했는데 내가 틀린 것이었다. 그 선거는 말솜씨나 표현에 관한 선거였다. 10초짜리 육성 삽입에 관한 것이었다. 그리고 텔레비전을 위해 만들어진 배경 같은 것이었다. 그리고 이러한 부정적인 면은 계속될 것이다."[16]

글쎄, 듀카키스 역시 여전히 먼데일처럼 가슴속 깊은 곳에서 우러나오는 성찰이라기보다는 "나는 억울하다"는 하소연을 하는 것처럼 들린다. 정치의 문법이 그렇게 달라진 걸 어쩌란 말인가? 듀카키스는 어떤 특별한 경우엔 텔레비전 카메라 앞에서 지나치게 감정을 절제해도 문제가 된다는 것을 몸소 보여준 대표적 사례로 길이 남을 것이다.

이른바 '분노를 이용한 권위 창출법'이란 게 있다. 미국 스탠퍼드대학 경영학자 제프리 페퍼는 『권력의 기술』에서 "때론 분노를 표출하라"고 권한다. "한 연구에 의하면 상대에게 분노를 표출하면 자신이 '위압적이고 강인하고 유능하고 똑똑하게' 보이는 것으로 나타났다.……분노를 드러내면 지위가 높고 유능하게 보일 뿐만 아니라 사람들이 맞서길 꺼린다. 화를 정면으로 맞고 싶은 사람이 누가 있겠는가?"[17]

선거 캠페인에서도 분노를 활용하는 게 큰 도움이 될 때가 있다. 다만, 용의주도하게 해야 한다. 심리학자 드루 웨스턴은 이런 주의 사항을 제시한다. "분노를 이용해 열정을 불러일으키려면 무엇보다 구체적인 인물과 사물을 겨냥해 집중적으로 퍼붓고, 산탄처럼 흩어지지 않게 해야 한다. 분노를 분산시키면 겨냥한 표적 대신 자신을 연상시켜 오히려 역효과만 초래한다."[18]

어떤 방법을 쓰건 문제의 핵심은 분노를 조절하거나 관리할 수 있느냐는 것이다. 『감성 지능』의 저자인 심리학자 대니얼 골먼은

"보스가 교묘하게 의도적으로 화를 내는 것은 효과적인 자극이 될 수 있지만, 분노를 폭발시키는 것은 리더십 전술로는 빵점이다"고 말한다. 그런 상하 관계가 아닐지라도 과유불급의 원칙을 지키지 못함으로써 정의로운 분노마저 역효과를 내게 하는 경우도 적지 않다.

한국 정치에서 정당하거니와 아름다운 분노 활용법의 대표적 사례를 보여준 이는 단연 노무현일 게다. 그는 2002년 대선 국면에서 장인의 '빨갱이' 논란과 관련, "그럼 나더러 내 아내를 버리란 말입니까"로 대응함으로써 문제 제기를 한 방에 날려버리는 동시에 많은 국민적 지지를 누리지 않았던가? 분노와 관련해 오늘날 한국 정치의 가장 큰 문제는 분노의 오남용이다. 아껴 두었다가 결정적일 때에 써먹어야 효과를 볼 수 있을 텐데, 1년 365일 내내 분노하는 식으로 대응함으로써 사람들의 비웃음을 사거나 무관심만 초래할 뿐이다. 분노는 아껴 쓰는 게 좋다.

평소 분노를 아껴 쓰더라도 모처럼 터뜨린 분노가 번지수를 잘못 찾으면 그것 역시 보기에 민망한 일이다. 앞서 소개한 문재인의 '강력한 분노'가 좋은 예다. 문재인 덕분에 검찰총장이 될 수 있었던 윤석열이 문재인 정권에 대한 적폐 청산 수사를 하겠다고 했으니, 문재인이 분노하는 건 인간적으로야 얼마든지 이해할 수 있는 일이다. 하지만 분노엔 명분이 있어야 한다.

누구를 위한 분노인가? 지도자에겐 이게 가장 중요하다. 지도자의 분노는 국민을 위한 분노여야 한다. 물론 문재인의 '강력한 분노'에 국민을 위한 점이 전혀 없었다고 볼 수 없지만, 부동산 가격 폭등처럼 민생을 도탄에 빠트린 엄청난 과오에 대한 분노보다는 여러 급 아래였다. 문재인은 부동산 가격 폭등 문제에 대해 분노한 적이 없다. 대통령으로서 분노해야 마땅한 일에 분노하지 않은 사례는 이것만이 아니다. 분노를 모르는 대통령인가 싶을 정도로 분노와는 거리가 멀었던 문재인이 '강력한 분노'를 터뜨린 게 자신의 안위와 관련된 것으로 여겨질 수 있다는 점은 안타까운 일이다.

# '무엇'과 '왜'보다 '어떻게'가 중요하다

'무엇', '왜', '어떻게' 가운데 어떤 게 가장 중요한지를 놓고 많은 이가 말을 남겼다. 물론 정답은 없다. 각 분야나 상황에 따라 다르기 때문이다. 소설가 어니스트 헤밍웨이는 "'왜'가 아니라 '무엇'이 더 중요하다"고 했는데,[19] 이는 글쓰기와 관련된 조언이다. 지리학자 데이비드 하비는 "1970년대 이후 사회과학에서 '왜'라는 질문은 사라지고, '어떻게'라는 물음만 남았다"고 개탄했는데,[20] 진보적 사상가들은 대체적으로 '왜'를 중요하게 생각한다. 반면 임상심리학자 에른스트 푀펠은 "항상 모든 것에 '왜'라고 질문하는 이성에 대한 중독증은 그 자체로 질병이 아니라면 편협함의 신호일 수 있다"고 주장한다.[21] 이는 사회가 아닌 개인적 차원의 조언으로 이해하면 되겠다.

이렇듯 분야나 상황에 따라 다르긴 하지만, 한 가지 분명한 것은 과유불급의 원리다. '무엇', '왜', '어떻게'에서 어느 정도 균형을 이루는 게 좋다는 뜻이다. '무엇'이나 '왜'를 앞세우더라도 '어떻게'에 실패하면 '무엇'이나 '왜'의 의미는 사라지기 마련이다. 특히 학문 세계가 아니라 당면한 현실과 씨름을 해야 하는 정치·행정의 세계에선 더욱 그렇다. 물론 정치·행정에도 가치와 비전이 필요하므로 '무엇'과 '왜'를 중시해야 하지만, '어떻게'에 실패하면 '무엇'과 '왜'는 의미를 잃을 뿐만 아니라 오히려 역풍을 불러올 수도 있다.

2021년 5월 청와대 정무수석 이철희가 직원들에게 보고서를 작성할 때 적극적으로 해결책을 제시하는 등 '어떻게'를 보고서에 담으라는 주문을 했다는 기사에 접하면서 해본 생각이다.[22] 이철희의 주문에 적극 동의하며 지지를 보낸다. 나는 평소 문재인 정권이 '무엇'과 '왜'엔 강하거나 능하지만 '어떻게'엔 소홀하거나 무능하다고 생각해왔기 때문이다.

문재인 정권을 가리켜 '작은 정부'와 '시장 만능주의'를 추구한 정권이라고 하면 동의할 사람들이 거의 없을 게다. 그러나 의도는 정반대였을망정 결과적으론 그런 결과를 초래할 가능성을 키우기 위해 애쓴 정권이라고 하면 다시 생각해볼 사람이 꽤 있을 것 같다.

2021년 3월 2일 한국토지주택공사 직원들의 땅 투기 의혹이 제기된 이후 '세종시 공무원 특별공급 아파트 사태'에 이르기까지 약 100일간 우리가 하루도 빠짐없이 질리도록 감상한 것은 무엇이었던가? 많은 사람이 정치와 행정은 '사익을 추구하는 비즈니스'에 불과하다는 속설을 확인하면서 분노와 개탄을 쏟아내지 않았을까?

문재인 정권의 부동산 정책은 '무엇'과 '왜'의 관점에서 보자면 정의롭고 아름다웠다. 누가 감히 문재인 정권의 선의를 의심할 수 있으랴. 그러나 선의만 흘러넘쳤을 뿐 '어떻게'에선 믿기지 않을 정도로 무관심했고 무능했다. 부동산 정책은 일단 '욕망에 불타는 시민'을 전제로 삼아야 한다. 물론 공기업 직원과 공무원도 그런 욕망에서 자유로울 수 없다. 그런 전제로 정책을 세우고 집행해야 '의도하지 않은 결과'나 '역효과'를 예방하거나 최소한으로 줄일 수 있다. 이건 대단한 전문적 지식이 필요하지 않는, 상식 중의 상식이 아닌가? 그러나 '선의 만능주의'에 사로잡힌 문재인 정권엔 그런 상식이 없었다.

문재인 정권이 협치를 거부한 이유도 '무엇'과 '왜'에만 집착했기 때문이다. '무엇'과 '왜'는 가치와 비전의 영역이므로 협치의 대상이 되기 어렵다. 협치는 사실상 '어떻게'의 영역에서 작동할 수 있다. 그런데 부동산이나 일자리 등과 같은 민생 문제는 대부분 '어떻게'와 관련된 것이다. '어떻게'에도 이념과 가치가 끼어들 순 있지만, 가급적 자제해야 한다. "악마는 디테일한 것들에 숨어 있다"라는 말이 괜히 나온 게 아니다. '디테일의 완성'을 위해선 귀를 활짝 열어야 하며, 특히 반대편의 의견을 경청해야만 한다.

'큰 정부'를 지향하면서 공무원 수를 대폭 늘린 것도 그렇다. 어떻게 기존 공무원 조직 문화를 민생에 큰 도움이 될 수 있게끔 개혁할 것인지에 대해서도 적극 논의해야 하건만, 그런 이야기는 전혀 들을 수 없었다. 이 또한 '어떻게'를 무시하는 버릇 탓이다. 의도가 아무리 훌륭해도 '큰 정부'와 '공공부문 강화'가 '어떻게' 에서 실패하면 '작은 정부'와 '시장 만능주의'로 가는 길을 닦아 주는 꼴이 되고 만다. 문재인 정권이 '무엇'과 '왜'에 경도된 만큼 의도적으로 '무엇'과 '왜'보다 '어떻게'가 중요하다고 여겼어야 했건만, 문재인 정권은 끝내 그런 변화를 보여주지 않았다. 이게 바로 문재인 정권이 실패한 주요 이유 중 하나다.

# '풀뿌리'를 집어삼킨 '인조 잔디'

"그들이 벌인 행사들은 상습적으로 그런 일들을 해온 사람들에 의해 만들어진 가짜 풀뿌리 운동이다. 『폭스뉴스』의 전폭적인 흥행 지원도 한몫 거들고 있잖은가?"[23]

미국 경제학자 폴 크루그먼이 2009년 4월 12일 『뉴욕타임스』 칼럼에서 당시 주요 이슈였던 우익 포퓰리즘 운동인 티파티Tea Party를 두고 한 말이다. 이 말이 시사하듯이, 미국에선 '풀뿌리'냐 아니냐 하는 논쟁이 자주 벌어진다. 이는 한국의 '정치적 팬덤'을 어떻게 볼 것이냐 하는 문제에 시사하는 바가 크므로, 그 논쟁의 전말을 살펴보기로 하자.

'풀뿌리grass roots'는 원래 "지표층에 있는 흙 또는 토양"을 가리키는 광업 용어였다. 금과 같은 고급 광물이 grass roots 층에

묻혀 있는 경우도 있었는데, 이는 광업자에겐 그야말로 거저먹는 횡재나 다를 바 없었다. 미국에서 정치인이 grass roots를 강조할 땐 자신이 "흙의 아들son of the soil"이라는 의미였지만, 그건 농업 중심 시대의 이야기고 오늘날엔 일반 서민층으로 간주된다. 서민층이 아니라 하더라도 '위에서 아래로'가 아니라 '밑에서 위로'의 변화 방식을 취할 때에 그런 운동을 가리켜 grass roots라는 말을 많이 쓴다.[24]

한때는 groundswell(대중적 지지, 여론 등의 고조)이라는 말도 쓰였으나, 이 단어는 이젠 grass roots로 흡수된 느낌이다. groundswell은 먼 곳의 폭풍이나 지진 등에 의해 일어나는 큰 파도 등과 같은 여파를 말하는데, 이것을 비유적으로 grass roots와 비슷한 개념으로 썼다. 비교적 작은 규모의 쓰나미tsunami로 볼 수 있는 groundswell은 파도와 달리 전혀 감지할 수 없는데, 이런 특성이 여론의 고조高潮나 비등沸騰과 비슷하다고 본 것이다.[25]

1962년 법무부 장관 로버트 케네디가 동아시아 국가들을 순방하고 있을 때 『뉴스위크』는 다음과 같이 보도했다. "그는 미국 정책을 일반 대중들도 이해할 수 있게끔 하려고 애를 썼다He sought to make U.S. policies understandable at the rice-roots level." rice-roots는 grass roots의 의미를 살리면서 쌀농사로 먹고사는 아시아 지역의 특성을 살린 재치 있는 표현이라 할 수 있겠다.[26]

grass roots는 미국에서 좋은 느낌을 주는 단어인지라 정치적 좌우左右를 막론하고 이 말을 즐겨 쓴다. 2003년 10월 미국 캘리포니아 주지사 보궐선거에서 공화당 후보로 당선되어 주지사로 변신한 할리우드 스타 아널드 슈워제네거는 이미 정계 진출을 결심한 2001년 1월 언론 인터뷰에서 다음과 같이 말했다. "이 세상에서 실현된 모든 좋은 아이디어는 풀뿌리 조직에서 나왔다는 게 나의 신념이다."²⁷

유행에 민감한 의류업자들은 grass roots가 호감을 받는 단어라는 점을 놓치지 않고 공략한다. 예컨대, 젊은 전문직을 위한 의류 아웃렛인 바나나리퍼블릭은 1986년 가을 카탈로그에서 자사 제품이 "풀뿌리 감수성grass-roots sensibility"이 뛰어나다고 선전했다.²⁸

미국에서 grass roots와 대비되는 용어는 인조 잔디의 상표명인 AstroTurf다. Astroturf로도 쓰며, Astroturfing이라고도 한다. 1966년에 나온 것으로 미국 우주 프로그램의 중심지인 텍사스주 휴스턴에 세워진 실내 스포츠 경기장 Astrodome에 최초로 사용되었기 때문에 astro라는 이름이 붙었다. AstroTurf는 비유적으로 관제 또는 특정 세력의 지원과 부추김을 받아 움직이는 '사이비 grass roots'로 보면 되겠다.

격월간『마더존스』1993년 9·10월호엔 이런 기사가 실렸다. "대규모의 편지 쓰기 캠페인이 벌어진 결과 5만 통에 이르는 '양식 편지(인쇄하거나 복사한 동문同文 편지)'와 메시지가 수십 명의 하원 의원에게 보내졌지만 대부분 시큰둥한 반응이다. '이게 진짜 풀뿌리인가 인조 잔디인가?' 하는 의구심 때문이다."[29]

오늘날 종이 편지는 이메일로 바뀌었는데, AstroTurf라고 하면 연상되는 게 바로 로비성 이메일 공세다. 바로 이런 공세 때문에 미 의회가 매년 받는 이메일은 8,000만 건에 이르렀던바, 오히려 역효과가 나고 말았다. 의회가 그런 이메일을 아예 무시하기로 했기 때문이다.[30]

2009년은 앞서 소개한 폴 크루그먼의 주장처럼 티파티가 '풀뿌리'냐 '인조 잔디'냐를 따지는 논쟁이 뜨겁게 벌어졌다. 2009년 4월 15일 민주당 소속의 하원의장 낸시 펠로시는 티파티에 대해 이렇게 주장했다. "이건 저 높은 곳 어딘가에서 자금 지원을 받고 있기 때문에 '풀뿌리 운동'이 아니라 '인조 잔디'다. 미국의 부유층이 다수 중산층 대신 자기들의 감세減稅 혜택을 누리는 데 초점을 맞춘 '인조 잔디 운동'인 것이다."[31]

그러나 타피티를 '인조 잔디'만으로 보긴 어려운 점도 있어 그렇게 단순명쾌하게 말하긴 어려운 게 현실이었다. 티파티 집회에 참석한 닐이라는 56세 자영업자의 말을 들어보자. "나는 공화당원도 아니고 민주당원도 아니다. 나는 미국인이다. 나는 우리나라에서 현재 일어나고 있는 일에 대해 그 어떤 행동이 필요하다고 믿기에 여기에 나오게 된 것이다.……우리는 인종차별주의자도 아니고 꼴통도 아니다. 우리는 사이비 풀뿌리 운동의 꼭두각시가 아니며, 우익 광신도도 아니다. 우리는 조국을 사랑하기에 분노하는, 열심히 일하는 평범한 미국인일 뿐이다."[32]

티파티 운동의 근본 동인動因은 미국이 자유의 나라로서 특별한 지위를 잃고 있다는 불만이었다. 즉, 자신들을 각종 규제로 건드리지 말라는 것이다. 그들에게 연방정부의 기능을 강화하려는 버락 오바마의 정책은 뉴딜의 확대판이며, 신을 믿지 않는 리버럴 지식인들이 미국의 전통적인 자유를 침해하면서 세상을 자기들의 계획대로 만들려는 공학적 음모로 간주되었다. 그들은 건국 초기의 최소국가론에 강한 향수를 갖고 있었다.[33] 또 그들은 엘리트층이 정실주의cronyism와 족벌주의nepotism로 썩어 있다고 생각했으며, 그런 문제가 전혀 시정되지 않고 있으니 정부는 작을수록 좋은 것으로 갈 수밖에 없다는 입장을 취하고 있었던 것이다.[34]

'풀뿌리'냐 '인조 잔디'냐를 따지는 기준 가운데 가장 중요한 것은 외부의 자금 지원을 받느냐 하는 것인데, 이걸 판단하는 게 쉽지 않다. 티파티의 일부가 그런 지원을 받았다고 해서 전체를 인조 잔디로 보아야 하느냐는 문제와 자금 지원 외에도 지원의 형식은 다양할 수 있는데 그걸 판별하고 평가하는 게 어렵기 때문이다.

예컨대, 외부의 그 어떤 지원도 없이 독립적으로 티파티 활동을 했다고 하더라도, 주도자들은 이런 활동을 통해 얻은 지명도와 인맥을 통해 그 어떤 이익에 접근하는 게 가능하다고 한다면, 이건 어떻게 볼 것인가 하는 문제도 있다. 크루그먼은 '상습적으로 그런 일들을 해온 사람들'과 '일부 미디어의 전폭적인 흥행 지원'을 들어 티파티를 '가짜 풀뿌리(인조 잔디)'라고 했지만, 이 수준의 근거론 그렇게 단언하긴 어려울 것 같다.

이런 어려움은 한국의 정치적 팬덤을 평가할 때에도 똑같이 나타나기 마련이다. 진중권은 "문재인 팬덤은 만들어진 팬덤"이라고 주장한다. "진짜 팬덤이 아니에요. 노무현 팬덤의 그림자 같은 것이지."[35] 그러나 이 정도론 '인조 잔디'의 혐의를 제기하긴 어려울 것 같다. 이른바 '좌표 찍고 벌떼 공격'이 자주 논란을 일으키긴 하지만, 이 또한 '풀뿌리' 수준의 느슨한 '조직화'나 '연대'의 결과라면 어쩔 것인가?

문재인 팬덤을 '풀뿌리'에 가깝다고 본다 하더라도 문제는 여전히 남아 있다. 본말전도本末顚倒의 문제다. 어떤 사안에 대해 옳고 그름에 관계없이 지금 당장 문재인에게 유리하냐 불리하냐를 모든 판단의 근거로 삼아 다른 경우라면 소중히 여겼을 가치마저 훼손하고 모멸하는 행태를 가리켜 어찌 풀뿌리 운동이라고 할 수 있을까? 그간 '풀뿌리 예찬론'이 대세였지만, 이젠 그런 예찬론을 거둬들일 때가 된 것 같다. 풀뿌리인 것도 같고 아닌 것도 같은 현상에 대한 분석의 필요성을 환기시켰다는 점에서 문재인 팬덤의 공로는 인정해주기로 하자.

그런데 더욱 골치 아픈 문제가 나타났는데, 그건 바로 '풀뿌리'를 빙자한 '정치군수업자들'의 문제다. 나는 2022년 1월에 출간한『좀비 정치』에서 전 민주당 의원 표창원의 말을 인용해 '정치 군수업자'를 "극단적, 일방적으로 자기편에 유리한 선동을 하며 금전적 이익을 챙기는 언론이나 유튜버 등 소위 '진영 스피커'들"로 정의한 바 있다.[36]

정치군수업자들 중 일부는 처음엔 선의의 '풀뿌리'로 출발했겠지만, 이들의 선의를 압도하는 현실이 있으니, 그건 바로 시장에서 생존하는 것이다. 군수업체에 평화 무드가 재앙이듯이, 정치군수업자들에게 대화나 타협의 무드는 재앙이다. 자신의 일자리를 잃게 되기 때문이다. 그래서 이들은 자신의 안전과 번영을 위해 증오와 혐오를 수반하는 편 가르기와 대결 구도를 유지해야만 한다. 그래서 끊임없이 "너는 누구 편이냐"고 추궁한다. 이건 '인조 잔디'에 가까운 모습이 아닐까?

시민단체도 여러 경로를 통해 관官의 자금 지원을 받아 관변단체의 혐의를 받게 되면 '풀뿌리'보다는 '인조 잔디'에 가깝다고 보아야 한다. 그런 지원이 더욱 문제가 되는 것은 시민들의 자발적 참여를 끌어내기 위한 동기부여를 죽여버린다는 점이다. 그런 상황에서 자발적 참여와 성금의 공급자가 정치 팬덤이라는 것도 문제다. 이는 시민단체가 사실상 정치단체가 되는 결과를 초래하기 때문이다. 이게 바로 한국의 시민운동이 처해 있는 현실이 아닌가 싶다. "너는 누구 편이냐"고 묻지 않는 시민단체를 보고 싶다.

# 일상적 삶에서
# '정치 전쟁' 해소법


## 도올 김용옥이 느낀 거대한 상실감


"(대선 결과에) 거대한 상실감을 느끼지 못했다면 사람이 아니다."
도올 김용옥이 2022년 3월 21일 자신의 유튜브 채널 '도올TV'
를 통해 공개된 강의 영상에서 한 말이다. 이 말만 소개하면 오해
의 소지가 있을 테니, 이 말이 나오게 된 맥락도 살펴보자. 그는
"대선 이후 한 번도 여러분들과 만날 기회가 없었다. 코로나 등 여
러 가지 상황이 있었지만 사실 무엇보다도 제가 여러분 앞에서 강
의를 할 기분이 나겠나"라며 "이 자리에 서는 심정이. 너무도 거
대한 상실을 체험한 사람으로서 여기에 섰다"고 했다.[1]

　내 주변에도 그런 거대한 상실감 때문에 선거 다음 날 하루 종

일 앓아누웠다는 사람마저 있는지라 무슨 말인지 이해할 수 있을 것 같다. 그런 상실감을 느끼지 못했다면 사람이 아니라는 말씀은 지나쳤다는 생각이 들긴 하지만, 그만큼 충격이 컸다는 뜻으로 이해하기로 하자.

차분하고 냉정하게 2022년 대선을 지켜본 유권자도 많았겠지만, 이들은 '침묵하는 다수'였을 가능성이 높다. 선거는 '침묵하는 다수'보다는 열정으로 똘똘 뭉친 사람들이 활약하는 마당이며, 언론과 각종 미디어는 그런 열정을 열심히 전달했기에 선거판이 뜨거워졌다. 아니 열정이라고 하기엔 민망할 정도로 상대편을 원수처럼 여기는 비난과 마타도어까지 난무했다. 그래서 사석에서 꼭 대선 이야기를 꺼내면서 비분강개해야 직성이 풀리는 사람들이 있기 마련이었다. 출판인 김영준은 2월 25일 『한겨레』 칼럼에서 다음과 같이 말했다.

"정치 이야기는 친구들 사이에서는 금기라고 하는데 요즘은 가족들 사이에서도 금기가 되는 중인 듯하다. 모두가 조심하는데도 기어이 뭔가 신랄한 논평을 꺼내고야 마는 분들이 있다. 이들은 정치적 입장 차로 사적인 관계에 생길 위험보다 상대를 계몽시켜 생기는 공익이 더 크다고 보는 것이다. 그럼 좋겠지만, 계몽이 말로 가능할지는 모르겠다. 정치에 관한 한 상대의 말을 끝까지 들어주는 사람은 드물다. 반면 사람을 화나게 하는 건 한두 마디면 충분하다."[2]

맞다. 한두 마디면 충분하다. 2022년 대선이 끝난 지 일주일 후『오마이뉴스』엔 정의당원 아내와 민주당 지지자 남편 사이에서 벌어진 말다툼에 관한 글이 실렸다. 대선이 끝난 다음 날 아침 남편이 "이게 다 정의당 때문이야!"라고 원망하는 말을 한 것에 기분이 상한 아내는 페이스북에 이런 글을 올렸다. "우리 집은 선거 때만 되면 갈등이 증폭한다. 지지하는 당이 다르고, 지지하는 후보가 다르기 때문이다. 한 집에서 언제까지 이러고 살아야 하나.……이재명이 패배한 게 왜 정의당 때문인가. 그동안 참고 살았지만 더이상은 못 참겠다."[3]

## 가족 내 '정치 전쟁', 이렇게 풀자

그러나 이 부부는 그날 오후에 화해하는 해피엔딩으로 끝을 맺었다고 하니, 다행스러운 일이다. 하지만 이는 정의당과 민주당 지지자 간의 갈등인지라 민주당과 국민의힘 지지자들 간의 갈등에 비해 강도가 훨씬 약했을 것이다. 게다가 세대 차이로 인한 갈등은 해결이 더 어려운 것 같다. 편의점을 운영하는 논객 봉달호는 대선 기간 중 어머니와의 갈등으로 인해 '가족 단톡방'을 나올 수밖에 없었다고 한다. "선거가 끝나면 단톡방 다시 만들고 어머니를 모셔야겠다. 정치 말고도 우리는 할 이야기가 많으니까. 흔한

말로, 사랑하며 살기에도 시간은 부족하니까."⁴

맞다. 우리 모두 정치 말고도 할 이야기가 오죽 많은가? 이런 생각을 하던 차에 한국언론학회에서 보내준 새 논문 안내 이메일에서 다음 제목에 눈길이 간 건 당연한 일이었다. 「정치적 이슈로 인한 가족 내 세대 갈등에 대한 자녀들의 대응: 갈등과 모순, 그리고 대처의 유형」. 부산대학교 교육인증원 강사 최창식이 발표한 이 논문을 재미있게 읽었다.

이 논문에 따르면, 대학생들을 대상으로 수행한 심층 인터뷰 결과, 자녀 세대가 경험한 갈등의 유형은 '암묵적 긴장', '가식적 타협', '적극적 대립', '노골적 충돌' 등 4가지로 나타났다. 내가 가장 바람직하게 여긴 건 '가식적 타협'이었는데, 이 유형에 해당하는 한 대학생의 말을 들어보자. "(보통 대화의 끝은) 저의 가식적 수긍으로 끝나죠. 그냥, 뭐 다른 사람이면 모르겠는데, 가족이고. 오랜 본인의 생각이 잘 안 바뀌실 거라는 생각이 들어서, 그냥 앞에서는 네 맞습니다 하면 그냥 여기서는 그 이야기로 갈등이 빚어질 일은 없으니까."⁵

그런데 과연 나이가 든 부모라서 생각이 잘 안 바뀌는 걸까? 내가 장담하지만, 그 누구와 정치적 논쟁을 하건 나름의 확신을 가진 사람은 생각을 안 바꾼다. 그런 사람과는 정치 이야기를 하지 않는 게 최상이지만, 어쩔 수 없이 하게 된다면 그냥 가볍게 수긍해주는 게 좋다. 그런데 그건 '가식적'인 게 아니다. '관용적'인 것이다. '가식'이란 말을 그런 식으로 쓰기 시작하면 모든 타협, 아니 이 세상 모든 예의범절마저 가식적인 게 되고 만다.

이제 지방선거가 다가오고 있으니, 또 한 번 작게나마 가족 내 '정치 전쟁'이 전국 방방곡곡에서 벌어질지도 모르겠다. 어떻게 대처할 것인가? 나는 '관용적 타협'을 적극 추천하고 싶다. 평소 지인들과의 대화에서 이 방식을 자주 써온 경험자로서 말씀드린다면, 가벼운 수긍은 건성으로 수긍해주는 게 아니다. 건성인 걸 알면 상대방이 오히려 더 화를 낸다. 내가 생각하는 가벼운 수긍은 "동의하지는 않지만 당신의 의견을 존중한다"는 의미다. 문자 그대로 화이부동和而不同의 원리다. 괜한 싸움하지 말고, 일단 시도해보시라. 자꾸 해보면 연기력이 늘면서 포용력이 커진다는 걸 실감하실 게다.

## '양시양비론'을 다시 보자

사회 전체 차원에서도 꼭 해야 할 일이 있다. 우리의 사고 습관과 공론장의 논의 방식에 대한 성찰이다. 표현의 자유가 억압되었던 시절을 오래 겪은 우리에겐 "양시양비론은 나쁘거나 바람직하지 않다"는 고정관념이 강하게 뿌리를 내린 것 같다. 그런데 표현의 자유가 만개하는 정도를 넘어 과잉이 된 오늘날에도 그 고정관념이 유효한지 따져볼 필요가 있다.

"양비론은 양측을 똑같이 비판함으로써 누구의 과실이 얼마나 되는지를 가리기 어렵게 한다. 찬성과 반대를 분명히 가리거나 의사결정을 해야 하는 상황에서, 찬반의 대립 구조 자체를 부정하기 때문에 의사결정에 장애가 될 수 있다. 중도적인 입장으로 양측을 모두 존중하는 듯한 태도를 보이지만 결과적으로는 과실이 더 큰 쪽을 유리하게 만들어준다."

『위키백과』에 나오는 '양비론 비판'이다. 아울러 '양비론 비판에 대한 비판'과 '양비론 비판에 대한 비판에 대한 다른 견해'를 소개함으로써 양비론 논의의 균형을 취하려고 애쓴 점이 돋보인다. 양비론! 과거에 양비론을 비판하는 글을 쓰기도 했지만 최근엔 양비론적 글을 쓴다는 지적을 받기도 하는 나로선 할 이야기가 많은 주제다.

양비론에 대해 내가 내린 결론은 내용과 맥락을 따져야지 양비론 자체에 대한 논의는 무의미하다는 것이다. 양비론을 펴선 안 될 사건이나 상황이 있는가 하면 양비론이 필요하거나 불가피한 사건이나 상황도 있는 것이지, 그걸 따져보지 않은 채 무조건 "양비론은 나쁘거나 비겁하다"고 말하는 건 곤란하다는 뜻이다.

그럼에도 우리 풍토에선 무조건적인 '양비론 비판'이 절대적 우세를 보이고 있다. 비판자들이 원하는 건 '시시비비是是非非'다. 옳은 것은 옳다, 그른 것은 그르다고 해야지, 왜 '모두까기'를 함으로써 혼자 잘난 척하려 드느냐는 것이다. '기회주의'라는 비난이 따라붙기도 한다. 양쪽 모두를 긍정하는 양시론도 비슷한 대접을 받기 때문에 양시양비론은 해선 안 될 짓이라는 생각이 의외로 널리 퍼져 있다.

특히 언론 기사들에 달린 댓글에 그런 비판이 많이 등장한다. '사실'과 '의견'을 구분하기 위해 균형을 취하려고 애쓰는 기자는 졸지에 '기레기'가 되고 만다. 이해 못할 바는 아니다. 『한겨레』 논설위원 이세영이 대선 기간 중에 쓴 칼럼에서 지적했듯이, "한 편에 윤석열 세력의 집권이 '증오와 복수심에 불타는 무뢰배의 반혁명'을 뜻한다면, 다른 편에 이재명의 당선은 '상식과 인륜을 압살하는 좌파 지옥'의 도래를 고지하는 파멸적 사건"으로 간주되는 풍경을 우리 모두 잘 보지 않았던가?[6]

진보 언론의 독자들은 '증오와 복수심에 불타는 무뢰배의 반혁명'을 다루는 기사에 형식적인 기계적 균형을 취하는 걸 인내하긴 어려웠을 게다. 그러나 그 '반혁명'을 지지하는 사람도 똑같이 많으니, 이 일을 어찌할 것인가? 더불어 같이 살아갈 수밖에 없잖은가? 그런 사람들이 사악하다면 모를까, 정치적 선택의 문제를 제외하고 의분에 찬 사람들 못지않게 선량한 우리의 이웃들이 아닌가? 이 점을 생각하면 좀 너그러워질 법도 하건만, 그게 영 쉽지 않은 모양이다.

## 확신은 '잔인한 사고방식'이다 ————————

어찌 당파 싸움과 사화士禍가 성행하던 16세기 조선시대 사대부의 후예가 이리도 많단 말인가? 그렇다. 우리는 21세기를 살고 있지만, 정신세계의 일부는 여전히 그 시절에 갇혀 있는 건지도 모르겠다. "'동인東人이라 하여서 어찌 다 소인小人이며 서인西人이라 하여서 어찌 다 군자君子랴"라고 했던 율곡 이이의 울부짖음이 생각난다.[7]

동인과 서인의 당파 싸움으로 패배한 쪽의 선비들이 떼죽음을 당하는 피바람 광풍을 여러 차례 겪었던 율곡은 나라가 망하겠다 싶어 양시양비론을 주장하고 나섰지만, 주변의 조롱과 비난만 받았다. 조선이 율곡이 죽은 지 8년 만에 임진왜란이라는 국가적 재앙에 처하게 된 건 오직 '반대편 죽이기'에 국력을 탕진했기 때문은 아니었을까?[8]

2022년 대선으로 인해 두 개로 쪼개진 나라, 대선 이후에도 계속될 '증오의 정치'를 우려하는 이가 많다. 정치인이나 유권자들이 시시비비를 가릴 줄 모르거나 가리지 않아서 그러는 걸까? 지인들과 정치 이야기를 하다가 싸웠거나 작은 말다툼이라도 벌여본 사람이라면 흔쾌히 인정하겠지만, 시시비비의 효용은 팩트냐 아니냐를 가리는 수준에 불과하다. 이념과 정치적 성향은 시시비비의 대상이 아니다. 게다가 사람들마다 옳고 그름의 기준이 다른

데다 의제 설정에서 무엇을 더 중요하게 생각하느냐는 '선택'의 기준도 다르기 때문에 시시비비로는 해결할 수 있는 게 거의 없다.

나는 시시비비보다는 자신의 오류 가능성에 열려 있는 자세나 태도가 훨씬 더 중요하다고 생각한다. 신앙에 가까운 확신을 자제하자는 것이다. 그래야 생각이 다른 상대방의 견해를 경청하는 것도 가능해진다. 민주화를 위해 투쟁하던 시절엔 확신은 물론 '광신狂信'마저 투쟁의 동력으로 필요했고 긍정 평가할 수 있었지만, '민주화 이후의 민주주의' 체제하에선, 게다가 지금처럼 사회적 갈등과 분열이 극심한 상황에선, 우리가 가장 경계해야 할 것은 확신이다. 확신은 나의 확신을 공유하지 못하는 사람을 적으로 돌리기 십상이기 때문이다.

"30년 이상 연구를 해오면서 나는 인간 심리에 관한 매우 중요한 진실을 발견했다. 바로 '확신은 잔인한 사고방식'이라는 점이다. 확신은 가능성을 외면하도록 우리 정신을 고정시키고, 우리가 사는 실제 세상과 단절시킨다."[9] 미국 심리학자 엘렌 랭어의 말이다.

그런데 확신을 자제한다는 게 말처럼 쉬운 일은 아니다. 영국 철학자 루트비히 비트겐슈타인이 지적했듯이, 우리 인간이 삶을 기능적으로 살아가려 한다면 자신의 믿음들 중 일부를 완전히 확실하다고 간주할 수밖에 없기 때문이다. 즉, 우리가 어떤 것들을 확신하지 않고는 다른 어떤 것도 시작할 수조차 없다는 것이다.[10]

대부분의 자기계발서가 '확신의 힘'을 역설하는 건 바로 그런 이유 때문일 게다.


## 실제 세상은 디지털이 아니라 아날로그다 ─────────

그렇다면 이런 타협을 해보는 건 어떨까? 개인적인 일에선 확신을 하더라도 정치를 대할 땐 확신의 강도를 좀 누그러뜨려보자. 미국 정치학자 E. E. 샤츠슈나이더가 갈파했듯이, "민주주의란 스스로 옳다고 확신하지 못하는 사람들을 위한 정치체제"이기 때문이다.[11] 확신으로 가득찬 사람들 사이에선 타협이나 협치 자체가 어려울 텐데 어찌 민주주의가 가능하겠는가 말이다.

우리는 디지털 혁명의 시대에 살고 있지만, 우리가 실제로 살고 있는 세상은 디지털이 아니라 아날로그다. 2022년 대선에서 거대 양당 후보들을 택한 유권자의 선택은 이분법으로 갈릴망정, 선택의 강도가 모두 똑같은 건 아니다. 강도의 범위를 0.1에서 1까지로 잡는다면, 1이라는 확신으로 택한 이들도 있겠지만 망설임 끝에 0.1이라는 매우 낮은 강도의 생각으로 선택을 한 이들도 있기 마련이다.

세상사가 모두 그런 게 아닌가? 우리는 사람의 성격을 내성적이니 외향적이니 하면서 분류를 하지만 0.1의 내성성과 1의 내성성을 갖고 있는 사람을 싸잡아 내성적으로 분류한다는 것 자체가 좀 이상하지 않은가? 분류, 특히 이분법 분류는 폭력적이다. 생각을 달리하는 양쪽의 타협이나 협치가 얼마든지 가능한데도 그게 불가능하거나 나쁜 것처럼 생각하게 만드는 효과를 발휘하고, 그래서 '승자 독식 정치'를 정당화하는 심리적 기제로 작용한다면, 이게 폭력적인 게 아니고 무엇이랴.

1960년대 중반 미국의 컴퓨터공학자 로트피 자데가 '이것 아니면 저것'이라는 전통적인 2진 논리의 결함을 보완하기 위해 개발한 퍼지 논리fuzzy logic는 오랜 세월 동안 과학계의 냉대를 받아야 했다. fuzzy란 '흐릿한, 모호한, 명확하지 않은'이란 뜻인데, '흐릿한 논리'라는 형용 모순을 용납하기 어려운 사람이 많았던 탓이다.[12] 과학 분야도 그랬을진대 열정이 들끓는 정치에 관한 논의에서 흐릿한 것에 대해 관용을 베풀긴 어려울 게다.

그러나 시대가 그걸 요구하고 있다. 디지털 혁명은 각자 입맛에 맞는 정보와 뉴스만을 선별적으로 소비하게 함으로써 과거 그어느 때보다 확신에 찬 사람들을 만들어내고 있기 때문이다. 이건 두렵게 생각해야 할 사실이다. 민주주의는 의심을 근간으로 삼은 체제이기 때문이다. 삼권분립을 통한 상호 견제와 감시가 바로 그런 '의심 시스템'이 아닌가? 확신의 과잉은 민주주의를 위태롭게 만든다.

양시양비론의 타당성에 대한 옥석 구분은 필요하다. 그걸 전제로 해서 양시양비론이 디지털 혁명의 그런 부작용에 대한 해독제로서 가치가 있다는 점에 주목해보는 건 어떨까? 나는 진보와 보수를 막론하고 언론도 각자의 이념과 정치적 성향에 충실하기보다는 '두 개로 쪼개진 나라'의 분열 간극을 좁히는 일에 앞장서주면 좋겠다. 그리고 그런 언론을 가리켜 '기레기'라고 욕하는 사람들이 줄어들면 좋겠다.

# 주

## 머리말

1 손호철, 「세 개의 대한민국, 이제 공생이다」, 『경향신문』, 2022년 3월 8일.
2 진경호, 「오늘, 우리의 절반이 운다」, 『서울신문』, 2022년 3월 9일.
3 엘리아스 카네티(Elias Canetti), 강두식 옮김, 『군중과 권력』(주우, 1960/ 1982), 292쪽.


## 제1장

1 김효성, 「쓴소리 맨 이낙연…輿엔 "저주 경쟁 말라" 정몽규엔 "야단 맞으라"」, 『중앙일보』, 2022년 2월 23일.
2 브라이언 클라스(Brian Klaas), 서종민 옮김, 『권력의 심리학: 누가 권력을 쥐고, 권력은 우리를 어떻게 바꾸는가』(웅진지식하우스, 2021/2022), 250쪽.
3 에릭 펠턴(Eric Felten), 윤영삼 옮김, 『위험한 충성: 충성과 배신의 딜레마』(문학동네, 2011/2013), 15쪽.
4 에릭 펠턴(Eric Felten), 윤영삼 옮김, 『위험한 충성: 충성과 배신의 딜레마』(문학동네, 2011/2013), 221쪽.
5 에릭 펠턴(Eric Felten), 윤영삼 옮김, 『위험한 충성: 충성과 배신의 딜레마』(문학동네, 2011/2013), 221~223쪽.

6 나중에 윤석열은 "후배들한테 사람에 충성하면 안 된다고 하는 것은 인사권자, 상사에 충성하면 안 되고, 국민과 국가에 충성해야 한다는 뜻"이라고 말한 바 있다. 문학평론가 신형철은 "개인의 존엄이자 자기 결정권이라는 근대적 인권 담론에 힘입어 이제 많은 이들이 도대체가 개인이 국가에 '충성'한다는 발상이 얼마나 위험한 것인지를 자각하게 되었다"고 했고, 민주당 대선 후보 이재명은 "'조직에 충성하고 직무에 충실하며 주어진 역할을 다했을 뿐이다'는 2차 세계대전 후 나치에 부역한 사람들이 보인 태도였다"고 주장했다. 조현호, 「'파란만장하네요' 윤석열 8전9기 미화로 끝난 집사부일체」, 『미디어오늘』, 2021년 9월 19일; 신형철, 「나의 무지로부터 타인을 보호하기」, 『경향신문』, 2021년 8월 9일; 강윤주, 「윤석열을 나치에 빗댄 이재명 "서초동 엘리트들 이미 괴물"」, 『한국일보』, 2021년 9월 10일.

7 에릭 펠턴(Eric Felten), 윤영삼 옮김, 『위험한 충성: 충성과 배신의 딜레마』 (문학동네, 2011/2013), 238쪽.

8 강준만, 「왜 '최고 이의 제기자(Challenger in Chief)'가 필요한가?: 악마의 변호인」, 『독선 사회: 세상을 꿰뚫는 50가지 이론 4』(인물과사상사, 2015), 237~240쪽 참고.

9 김정하, 「[김정하의 직격인터뷰] 원조 친노 유인태 "'소설 쓰시네' 기가 찼다… 추미애, 정권 큰 부담」, 『중앙일보』, 2020년 8월 21일, 26면.

10 권태호, 「[유레카] 대선 후보의 사과, "어찌됐든"」, 『한겨레』, 2021년 12월 20일.

11 송용창, 「'이유 불문 사과'의 공허함」, 『한국일보』, 2021년 12월 19일.

12 임주형, 「"오만한 사과는 안 하는 게 낫다…마지막 조언" 윤석열 꼬집은 권경애」, 『아시아경제』, 2021년 12월 20일.

13 고석현, 「尹 겨눈 진중권 "이 정도 판단 못 하면 대통령 못 되고, 돼도 문제"」, 『중앙일보』, 2021년 12월 19일.

14 박인혜·서동철, 「국민 46% "대장동·이재명 직접 연관"」, 『매일경제』, 2021년 10월 21일.

15 서승욱, 「'내로남불'의 계절, 청와대에선 무슨 일이」, 『중앙일보』, 2017년 6월 2일.

16 서복경, 「차라리 '그때는 틀렸다' 하라」, 『한겨레』, 2018년 12월 6일.

17 김승현, 「[분수대] 내로남불 혁명」, 『중앙일보』, 2019년 4월 2일.

18 장강명, 「내가 하면 로맨스, 남이 하면 불륜」, 『중앙일보』, 2019년 4월 17일.

19 금태섭, 「정치권 '내로남불'의 악순환을 어떻게 끊을까」, 『한겨레』, 2019년 7월 13일, 12면.

20 김동하, 「윤석열 "文 정권 부패 카르텔 혁파, 내 사전에 내로남불은 없어"」, 『조선일보』, 2021년 11월 6일.

21 김순덕, 「대통령의 애처증은 병이다」, 『동아일보』, 2021년 12월 19일.

22  김호·정재승, 『쿨하게 사과하라』(어크로스, 2011), 191쪽.

23  김성탁, 「시간강사가 무슨 죄?」, 『중앙일보』, 2021년 12월 17일.

24  이가영, 「與, 김건희 의혹 추가 제기에…尹 "민주당 가짜 주장 많지 않나"」, 『조선일보』, 2021년 12월 19일.

25  조혜선, 「與 소속 과방 위원장 "종편, 노골적 대선 개입…재승인 탈락 대상"」, 『동아일보』, 2022년 2월 19일.

26  조현호, 「윤석열 "이재명과 토론 같잖다"→"적극 준비 지시" 바뀐 까닭」, 『미디어오늘』, 2022년 1월 6일.

27  조현호, 「이재명 "우리가 언론사 되자" 허은아 "언론 아닌 민심 봐야"」, 『미디어오늘』, 2021년 11월 14일.

28  한영익, 「사생활 폭로 대선…국민은 짜증난다」, 『중앙일보』, 2022년 1월 20일.

29  조현호, 「윤석열 "민주당 정권, 친여 매체 악용해 하수인으로"」, 『미디어오늘』, 2022년 2월 12일.

30  오연서·김가연, 「'윤 "언론사 파산" 발언 파문…"빈곤한 언론관에 파괴적 편견" 비판」, 『한겨레』, 2022년 2월 14일.

31  정철운, 「최승호 PD "대선 패배 요인 언론에서 찾으면 민주당 또 패배"」, 『미디어오늘』, 2022년 3월 13일.

32  박원익·조윤호, 『공정하지 않다: 90년대생들이 정말 원하는 것』(지와인, 2019), 137~138쪽.

33  박원익·조윤호, 『공정하지 않다: 90년대생들이 정말 원하는 것』(지와인, 2019), 137쪽.

34  박원익·조윤호, 『공정하지 않다: 90년대생들이 정말 원하는 것』(지와인, 2019), 79쪽.

35  「[사설] "구조적 성차별은 없다"는 윤석열의 젠더 인식」, 『경향신문』, 2022년 2월 9일.

36  윤승민, 「민주당 여성위 "윤석열, 성차별 수치 직시하고 국민께 사죄하라"」, 『경향신문』, 2022년 2월 8일.

37  변태섭, 「한국 기업 여성 이사 비율 고작 4%…중동 국가 빼면 전 세계 '꼴찌'」, 『한국일보』, 2022년 2월 16일.

38  「[사설] 청와대 "집값 상승률 5.4%", 54%를 잘못 말한 것 아닌가」, 『조선일보』, 2021년 8월 28일.

39  예영준, 「초보적이고 치명적인 정부의 오류」, 『중앙일보』, 2021년 12월 14일.

40  최지영, 「남아 비율 높고 임금 격차 큰 탓: 한국 남녀평등 115개국 중 92위인 까닭은…」, 『중앙일보』, 2006년 11월 23일, 14면.

41  박민영, 『20대 남자, 그들이 몰려온다: 분노와 불안의 시대, 누가 그들의 힘이 되어줄 것인가?』(아마존북스, 2021), 88~90쪽. 그간 세계경제포럼(WEF)의 성격차 지수와 관련된 문제를 가장 심도 있게 제기한 사람은 박가분이다. 다

른 기회에 자세히 다루겠지만, 일단 관심이 있는 독자는 다음 자료를 참고하시기 바란다. 박가분, 「UNDP와 WEF의 성평등 순위」, 『포비아 페미니즘』(인간사랑, 2017), 168~176쪽; 박가분, 「여성계의 습관성 통계 왜곡 유감」, 『불편부당: 왜 이대남은 반페미가 되었나』, 창간호(2022년 3월), 112~125쪽.

42    박민영, 『20대 남자, 그들이 몰려온다: 분노와 불안의 시대, 누가 그들의 힘이 되어줄 것인가?』(아마존북스, 2021), 77~81쪽.

43    E. Bruenig, 「The left and the right cry out for civility, but maybe that's asking for too much」, 『Washington Post』, October 17, 2018; 이철민, 「일상 파고든 과도한 'PC운동'…미국인들은 피곤하다」, 『조선일보』, 2018년 10월 17일.

44    전희상, 「비록 정치적으로 올바른 발언을 한다 해도…위선과 독선은 불편하다」, 『경향신문』, 2021년 6월 12일.

45    곽승한, 「2030 남성과 여성 사이에서…'젠더 표심' 고민 깊은 대선 주자들」, 『주간조선』, 2021년 8월 8일.

46    강준만, 「왜 갈등 상황에서 몰입은 위험한가?: 터널 비전」, 『생각의 문법: 세상을 꿰뚫는 50가지 이론 3』(인물과사상사, 2015), 129~133쪽 참고.

47    박은주, 「[만물상] 이대녀가 표미새로 간 이유」, 『조선일보』, 2022년 3월 12일; 양성희, 「성별 갈라치기, 승자는 없었다」, 『중앙일보』, 2022년 3월 16일.

48    최원희, 「[따져보니] 이대남·이대녀 갈등?…역대 표심은?」, 『TV조선 뉴스9』, 2022년 3월 15일.

49    손원제, 「[논썰] 윤석열·이준석 '갈라치기'에 어퍼컷…2030 여성 표심의 반격」, 『한겨레』, 2022년 3월 12일.

50    박은주, 「이수정 "尹, 여가부 폐지가 첫 마음 아니었다…캠프서 보수 표 노려 강한 메시지"」, 『조선일보』, 2022년 3월 15일.

51    최경영, 「[최경영의 최강시사] 윤여준 "대선 후보 위험 요인, 李 민주 절차 생략·尹 세상 물정 몰라·安 이미지와 실체 달라"」, 『KBS라디오 』, 2022년 1월 19일.

52    매슈 허트슨(Matthew Hutson), 정은아 옮김, 『왜 우리는 미신에 빠져드는가』(소울메이트, 2012/2013), 14쪽.

53    노르베르트 볼츠(Norbert Bolz), 윤종석·나유신·이진 옮김, 『놀이하는 인간: 놀지 못해 아픈 이들을 위한 인문학』(문예출판사, 2014/2017), 114쪽.

54    스티븐 풀(Steven Poole), 김태훈 옮김, 『리씽크: 오래된 생각의 귀환』(쌤앤파커스, 2016/2017), 258쪽.

55    나심 니콜라스 탈레브(Nassim Nicholas Taleb), 김원호 옮김, 『스킨 인 더 게임: 선택과 책임의 불균형이 가져올 위험한 미래에 대한 경고』(비즈니스북스, 2018/2019), 356쪽.

56    루이스 월퍼트(Lewis Wolpert), 황소연 옮김, 『믿음의 엔진』(에코의서재,

2006/2007), 228~229쪽.

57  정철, 『사람사전: 세상 모든 단어에는 사람이 산다』(허밍버드, 2020), 141쪽.

58  올리버 버크먼(Oliver Burkeman), 김민주·송희령 옮김, 『행복 중독자: 사람들은 왜 돈, 성공, 관계에 목숨을 거는가』(생각연구소, 2011/2012), 225쪽.

59  오경묵, 「"영부인 될 상인가" "정치하면 이혼" 李·尹 부부, 같은 관상가 만났었다」, 『조선일보』, 2022년 2월 17일.

60  한스 모겐소(Hans Morgenthau), 이호재·엄태암 옮김, 『국가 간의 정치: 세계평화의 권력이론적 접근 1』(김영사, 2006/2013), 92쪽.


## 제2장

1  앤드루 포터(Andrew Potter), 노시내 옮김, 『진정성이라는 거짓말: 진정한 나를 찾다가 길을 잃고 헤매는 이유』(마티, 2010/2016), 229쪽.

2  김상연, 「역대급 비호감 대선은 아니다」, 『서울신문』, 2021년 12월 10일.

3  정철운, 「대선 여론조사 두 달간 283건, 5년 전보다 109건 늘었다」, 『미디어오늘』, 2022년 3월 2일.

4  김진철, 「'그놈들'의 전략」, 『한겨레』, 2022년 2월 21일.

5  한국언론진흥재단의 '디지털 뉴스 리포트 2021 한국' 보고서에 따르면 국내 소셜미디어 이용자들의 유튜브를 통한 뉴스 이용률은 44퍼센트로, 디지털 뉴스 리포트 조사 대상인 46개국 평균 29퍼센트보다 15퍼센트포인트 높았다. 대학내일20대연구소가 2021년 3월 전국 15~40세 남녀 900명을 상대로 진행한 설문조사에 따르면, "최근 한 달 내 온라인 커뮤니티를 이용한 적이 있다"는 응답은 71.4퍼센트(643명)에 달했으며, 이용 빈도는 일주일 평균 4.4일이었다. 이강진, 「정치 성향 따라 양분된 온라인 세상…'내 편' 정보만 본다」, 『세계일보』, 2022년 1월 1일.

6  그런 점에서 2022년 1월 25일 26곳의 언론시민단체가 발족시킨 '2022 대선미디어감시연대'가 발표한 성명도 참고할 필요가 있겠다. 대선미디어감시연대는 성명에서 "언론은 이번 대선을 '비호감 선거'로 정의했지만, 비호감 선거 기반을 만들고 심화시킨 책임에서 미디어도 자유로울 수 없다"면서 "남은 선거 기간만이라도 언론이 '선거보도준칙'을 준수해 유권자 중심, 정책 의제 중심 보도로 '비호감 선거' 터널에서 자발적으로 빠져 나와야 한다"고 촉구했다. 정철운, 「"비호감 선거라고 한 언론도 책임에서 자유로울 수 없다"」, 『미디어오늘』, 2022년 1월 25일.

7  박세진, 「진중권, '보수 논객' 공세에 "좌파 곤조 있어 尹 못 찍는다"」, 『시사저널』, 2021년 11월 18일.

8  김명일, 「"딱하다" "야당에 구직 활동"…이재명 측 연일 진중권 때리기」, 『조선

일보』, 2021년 11월 18일.

9    김명일, 「진중권 "野에 구직 활동? 난 노무현이 불러도 안 간 사람"」, 『조선일보』, 2021년 11월 18일.

10   김가연, 「與 현근택 "이수정, 솔직하게 국회의원 한 번 하고 싶다고 하라"」, 『조선일보』, 2021년 11월 30일.

11   이혜원, 「"이수정, 與 현근택에 "국회의원 욕심? 의원 할 생각 없다"」, 『동아닷컴』, 2021년 11월 30일.

12   김지영, 「현근택 "이수정, 국회의원 하고 싶다고 말해라"…진중권 "저질"」, 『MBN 뉴스』, 2021년 11월 30일.

13   김종인, 『왜 대통령은 실패하는가: 킹메이커는 왜 정치의 패러다임을 바꾸려고 하는가』(21세기북스, 2022), 326~327쪽.

14   심새롬, 「노무현 연구소 터에서 출마 선언한 '우광재'…"盧의 역전극 재현"」, 『중앙일보』, 2021년 5월 27일.

15   엄경용, 「선대위 구성·의원 징계·재보선 공천…윤석열의 '숙제'」, 『내일신문』, 2021년 11월 9일.

16   송호근, 「하필 이때에 공신 외교라니」, 『중앙일보』, 2017년 9월 5일.

17   강준만, 「왜 최고의 엘리트 집단이 최악의 어리석은 결정을 할까?: 집단 사고 이론」, 『감정 독재: 세상을 꿰뚫는 50가지 이론 1』(인물과사상사, 2013), 274~277쪽 참고.

18   조의준, 「김동연 "부총리 때 靑에 자화자찬 말자고 했지만, 안 되더라"」, 『조선일보』, 2021년 11월 22일.

19   김지은, 「국민 86% "박근혜 파면 잘했다"」, 『한겨레』, 2017년 3월 11일.

20   박성민, 「[박성민의 정치 인사이드] '조국 내전' 이후에도 '정의·법치·공정'을 말할 수 있을까」, 『경향신문』, 2019년 10월 5일, 9면.

21   김종인, 『왜 대통령은 실패하는가: 킹메이커는 왜 정치의 패러다임을 바꾸려고 하는가』(21세기북스, 2022), 75쪽.

22   김종인, 『왜 대통령은 실패하는가: 킹메이커는 왜 정치의 패러다임을 바꾸려고 하는가』(21세기북스, 2022), 281쪽.

23   로버트 윌슨(Robert A. Wilson) 편, 허용범 옮김, 『대통령과 권력』(나남, 1999/2002), 23~24쪽.

24   김종인, 『왜 대통령은 실패하는가: 킹메이커는 왜 정치의 패러다임을 바꾸려고 하는가](21세기북스, 2022), 401~403쪽.

25   하노 벡(Hanno Beck), 배명자 옮김, 『경제학자의 생각법』(알프레드, 2009/2015), 238쪽.

26   「[사설] 李·尹 도 넘은 공약 베끼기, 누가 더 낯 두꺼운지 경쟁하나」, 『동아일보』, 2022년 1월 24일.

27   「[사설] '洞 단위' '아파트별' 퍼주기 공약까지, 대선 추락 어디까지」, 『조선일

보』, 2022년 1월 25일.

28 이용욱, 「도박판 대선의 '타짜' 후보들」, 『경향신문』, 2022년 1월 27일.

29 William Safire, 『Safire's Political Dictionary』(New York: Random House, 1978), pp.632~633.

30 허진, 「李·尹 '묻고 더블로' 경쟁…지역 공약 입 열 때마다 '조' 단위 지출」, 『중앙일보』, 2022년 1월 18일.

31 버트런드 러셀(Bertrand Russell), 송은경 옮김, 『인간과 그밖의 것들』(오늘의 책, 1975/2005), 79쪽.

32 이완, 「[전문] 문 대통령 신년사…"적대와 증오 아닌 통합의 선거가 되길"」, 『한겨레』, 2022년 1월 3일.

33 최현욱, 「"딴 세상 인식 자화자찬"…야권, 文 대통령 신년사에 맹폭」, 『데일리안』, 2022년 1월 3일.

34 Paul J. Quirk, 「The Economy: Economists, Electoral Poli-tics, and Reagan Economics」, Michael Nelson ed., 『The Elections of 1984』(Washington D. C.: CQ Press, 1985), pp.157~187.

35 강준만, 『정치는 쇼비즈니스다』(인물과사상사, 1998), 88~89쪽.

36 「[사설] 다주택자 세금도 내리자는 이재명, 세(稅)퓰리즘 아닌가」, 『경향신문』, 2021년 12월 14일.

37 「[사설] 실효성 없고 혼란만 키우는 '다주택 양도세 중과 유예론'」, 『한겨레』, 2021년 12월 14일.

38 송승환·윤지원, 「"정치 이념 위해 국민 고통 주지 말라" 또 靑 저격한 이재명」, 『중앙일보』, 2021년 12월 19일.

39 「[사설] 이재명의 '공시가격 재검토', 투기 억제 역행하는 발상이다」, 『경향신문』, 2021년 12월 20일.

40 박준석·신은별·강진구, 「국민은 왜 민주당 싫어할까? 이재명의 답 "자기만 옳다고 하니…"」, 『한국일보』, 2022년 1월 6일.


제3장

1 이미도, 「[이미도의 무비 識道樂] [34] Politicians are like diapers」, 『조선일보』, 2017년 9월 9일.

2 송다영, 「송영길 "지역구 3선 연임 초과 금지, 野 찬반 여부 밝혀라"」, 『더팩트』, 2022년 1월 28일.

3 이서희, 「눈물 거둔 이재명 "윤석열은 정권 교체? 난 '정치 교체' 하겠다"」, 『한국일보』, 2022년 1월 26일.

4 성한용, 「정치 교체-반정치주의 뭐가 다른가」, 『한겨레』, 2017년 1월 17일.

5  「[모악산] 동일 지역구 4선 금지」, 『전북도민일보』, 2022년 1월 11일.

6  「[사설] 민주당 혁신안 이행 담보돼야」, 『기호일보』, 2022년 1월 10일.

7  김동춘·신기주, 「[인터뷰] 누가 대한민국의 권력을 흔드는가」, 『월간 인물과 사상』, 2015년 6월, 32쪽.

8  이종훈, 「"시켜는 드릴게" 이재명-윤석열, 지지 속 경고 읽으라」, 『주간동아』, 2021년 10월 9일.

9  캐서린 문(Katharine Moon), 「한국 민주주의의 열정과 과잉」, 김동춘 외, 『불안의 시대 고통의 한복판에서: 당대비평 2005 신년특별호』(생각의나무, 2005), 187~200쪽.

10  데이비드 캘러헌(David Callahan), 강미경 옮김, 『치팅컬처: 거짓과 편법을 부추기는 문화』(서돌, 2004/2008), 114쪽.

11  뤼트허르 브레흐만(Rutger Bregman), 조현욱 옮김, 『휴먼카인드: 감춰진 인간 본성에서 찾은 희망의 연대기』(인플루엔셜, 2019/2021), 98~99쪽.

12  뤼트허르 브레흐만(Rutger Bregman), 조현욱 옮김, 『휴먼카인드: 감춰진 인간 본성에서 찾은 희망의 연대기』(인플루엔셜, 2019/2021), 331쪽.

13  그웬다 블래어(Gwenda Blair), 지병현 옮김, 『억만장자 도널드 트럼프의 비즈니스 법칙』(미래와경영, 2005/2011), 4~5쪽.

14  애런 제임스(Aaron James), 홍지수 옮김, 『또라이 트럼프』(한국경제신문, 2016), 13쪽.

15  애런 제임스(Aaron James), 홍지수 옮김, 『또라이 트럼프』(한국경제신문, 2016), 87쪽.

16  김승희, 『도미는 도마 위에서: 김승희 시집』(난다, 2017), 28쪽.

17  「[사설] 21세기 한국 정부에서 어떻게 이런 일이」, 『조선일보』, 2021년 8월 28일.

18  정유진·홍재원·김지윤, 「의전 공화국」, 『경향신문』, 2017년 6월 3일.

19  이성훈, 「本國 손님 1년에 100차례 맞는 大使…개인 일에 "대사관 車 내달라"는 의원도」, 『조선일보』, 2013년 5월 23일.

20  에리크 쉬르데주(Eric Surdej), 권지현 옮김, 『한국인은 미쳤다!』(북하우스, 2015).

21  송명용, 「이재명 성남시장 부인 관용 차량 사용 '논란'」, 『성남일보』, 2011년 12월 4일; 유일환, 「남편이 시장이면 부인도 시장?」, 『분당신문』, 2011년 11월 26일.

22  최서진, 「野 "이재명, 김혜경 수행 비용 예산으로 대납…사죄해야"」, 『뉴시스』, 2021년 11월 24일.

23  김민석, 「김근식 "김혜경 사건 본질은 권력 남용…가장 악질적인 패악질"」, 『데일리안』, 2022년 2월 7일.

24  송호근, 『정의보다 더 소중한 것: 송호근의 시대진단』(나남출판, 2021), 7쪽.

25    노익상, 「국민 45%는 중도…보수·진보만 있다는 착각서 벗어나라」, 『중앙일보』, 2020년 3월 5일, 5면.

26    이재명·서해성, 『이재명의 굽은 팔: 굽은 세상을 펴는 이재명의 삶과 공부』(김영사, 2017), 127쪽.

27    이는 민주당의 후보 경선을 관리하는 담당자의 말이다. 진중권, 「[진중권의 트루스오디세이] "중도층은 미신"이라는 민주당의 착각」, 『한국일보』, 2020년 3월 26일.

28    고원, 「'중도주의'와 '낡은 진보' 함께 극복해야 할 야권」, 『오마이뉴스』, 2015년 8월 24일.

29    남재희, 「정당·야당·문재인 대표」, 『한겨레』, 2015년 3월 13일.

30    어수웅, 「에코와 대한민국 지식인」, 『조선일보』, 2016년 2월 26일.

31    최연진, 「"정치꾼 된 B급 운동권, 이념 없으니 좌파도 아냐"」, 『조선일보』, 2021년 4월 29일.

32    이기훈, 「강원랜드·가스소…캠코더 인사로 채워」, 『조선일보』, 2021년 5월 3일.

33    송호근, 『정의보다 더 소중한 것: 송호근의 시대진단』(나남출판, 2021), 95~98쪽.

34    이철승, 『불평등의 세대: 누가 한국 사회를 불평등하게 만들었는가?』(문학과지성사, 2019), 33쪽.


제4장

1    정청래, 『정청래의 국회의원 사용법』(푸른숲, 2016), 131쪽.

2    김유진, 「김용민, '앵벌이성' 후원 요청글 논란」, 『문화일보』, 2020년 10월 22일; 조혜선, 「'앵벌이' 논란 하루 만에…2,700만 원 후원금 자랑한 정청래」, 『동아일보』, 2020년 10월 28일.

3    배성규, 「윤희숙 "여권의 이재명학 강의·칭송, 운동권식 주체사상 교육 하나"」, 『조선일보』, 2021년 12월 22일.

4    김명일, 「정청래 "'인간 이재명' 흐느끼며 읽어, 이토록 처절한 서사 있을까"」, 『조선일보』, 2021년 12월 13일.

5    「"노사모가 분기탱천한 농민군이라면 정통들은 정예 기병부대"」, 『민중의소리』, 2007년 10월 18일; 권대경, 「〈D-4〉 대선 후보 팬클럽 활동 '열기'」, 『뉴시스』, 2007년 12월 15일; 백승대, 『이재명, 한다면 한다: 디테일이 강한 유능한 진보』(매직하우스, 2021), 47쪽.

6    장동훈, 「이재명의 정치 성장 과정과 리더십」, 김윤태 외, 『2021·2022 이재명론』(간디서원, 2021), 50~51쪽.

7    배재성, 「이재명 "문자 폭탄 그만하라"…진중권 "자업자득"」, 『중앙일보』,

2021년 7월 25일; 손덕호, 「'문자 폭탄 그만' 이재명, 8년 전에는 "그래서 새누리당 정신 들었나"」, 『조선비즈』, 2021년 7월 25일.

8   최영규, 「이재명 시장, 내가 대통령이 된다면 "작살부터 낸다"」, 『더팩트』, 2015년 6월 19일.

9   이재명, 『이재명은 합니다: 무엇을 시작하든 끝장을 보는 사람, 이재명 첫 자전적 에세이』(위즈덤하우스, 2017), 149쪽.

10  https://m.blog.naver.com/PostView.naver?isHttpsRedirect=true&blogId=choiys1989&logNo=220313891933

11  김미란, 「'미군 위안부' 지원한 박정희, '일본군 위안부' 지원금 끊겠다는 박근혜」, 『고발뉴스』, 2015년 11월 9일.

12  「손가락 혁명군」, 『나무위키』.

13  「이재명/비판 및 논란」, 『나무위키』.

14  최선재, 「이재명 급부상 뒤엔 '손가락 혁명군' 지원사격 있다」, 『일요신문』, 2016년 11월 17일.

15  「선관위, SNS 사전 선거로 이재명 성남시장 수사 의뢰」, 『서울의소리』, 2016년 2월 2일.

16  최선재, 「이재명 급부상 뒤엔 '손가락 혁명군' 지원사격 있다」, 『일요신문』, 2016년 11월 17일.

17  박성민, 「민주당과 이재명이 '최순실 사태'에서 얻어야 할 교훈」, 『경향신문』, 2021년 10월 4일.

18  백승대, 『이재명, 한다면 한다: 디테일이 강한 유능한 진보』(매직하우스, 2021), 249쪽.

19  이재명연구회, 『이재명, 허구의 신화: 이재명의 대표적인 '업적'을 검증한다』(피비콘텐츠, 2022), 17쪽.

20  이재명연구회, 『이재명, 허구의 신화: 이재명의 대표적인 '업적'을 검증한다』(피비콘텐츠, 2022), 18, 20, 28쪽.

21  최선재, 「이재명 급부상 뒤엔 '손가락 혁명군' 지원사격 있다」, 『일요신문』, 2016년 11월 17일.

22  최희선, 「12월 3일 촛불집회, 이재명 "박근혜 대통령 무덤 파 박정희 유해 옆으로 보내자"」, 『뉴스인사이드』, 2016년 12월 4일.

23  최선재, 「이재명 손가락 혁명군 선거인단 모집 방식 구설」, 『일요신문』, 2017년 2월 2일.

24  모동희, 「성남시청 스케이트장 폐쇄 허위사실 유포자 '고소'」, 『성남일보』, 2017년 1월 5일; 최가영, 「"성남 스케이트장 폐쇄 문서" 시의원이 고소」, 『YTN PLUS』, 2017년 1월 6일.

25  김용민, 『마이너리티 이재명: 당연한 게 당연하지 않습니다』(지식의숲, 2020), 301쪽.

26 「손가락 혁명군」, 『나무위키』.

27 이재명, 『이재명은 합니다: 무엇을 시작하든 끝장을 보는 사람, 이재명 첫 자전적 에세이』(위즈덤하우스, 2017), 146쪽.

28 박상준, 「문빠, 힘인가 독인가」, 『한국일보』, 2017년 2월 18일.

29 최인호 외, 『김어준이 최순실보다 나쁘다』(이맛돌, 2021), 37~38쪽.

30 이재명, 『이재명은 합니다: 무엇을 시작하든 끝장을 보는 사람, 이재명 첫 자전적 에세이』(위즈덤하우스, 2017), 144, 146~147쪽.

31 허진, 「민주당 유세 10분간 문재인 26번 언급…"영혼 통하는 사이" 주장도」, 『중앙일보』, 2018년 6월 6일.

32 백상진, 「이재명 "적진에서 날아온 탄환 모아 부자 돼…'만독불침'의 경지"」, 『국민일보』, 2018년 11월 1일.

33 윤춘호, 「[그사람] 견고한 현실주의자 이재명」, 『SBS』, 2020년 7월 18일.

34 최은경, 「"이재명을 지켜라" 13만 6,682명 탄원…"팬덤 무죄 호소" 비판도」, 『중앙일보』, 2019년 11월 20일.

35 홍인택, 「이재명은 '다 봅니다'…댓글·문자, 새벽까지 탐독」, 『한국일보』, 2021년 11월 23일.

36 김준영, 「"법사위 안 돼" 개총수 지령 뒤…"난 반대했다" 與 인증 릴레이」, 『중앙일보』, 2021년 7월 27일.

37 김효성, 「추·윤 갈등에 찢어진 나꼼수…오늘 결판의 날, 주진우 선택은?」, 『중앙일보』, 2020년 12월 3일; 김용민, 『마이너리티 이재명: 당연한 게 당연하지 않습니다』(지식의숲, 2020), 10~11쪽.

38 조현호, 「이재명 "우리가 언론사 되자" 허은아 "언론 아닌 민심 봐야"」, 『미디어오늘』, 2021년 11월 14일.

39 남수현·윤지원, 「尹도 못 따라갈 이재명 폰 소통…"가끔 뺏고 싶다" 말 나온 까닭」, 『중앙일보』, 2022년 1월 2일.

40 김준영, 「시민 문자에 전화 건다는 李…'이재명 심는다'도 3시간 만에 나왔다」, 『중앙일보』, 2022년 1월 7일.

41 강윤주, 「"본진에 인사드린다" 산타 복장으로 친여 커뮤니티 성지 찾은 이재명」, 『한국일보』, 2021년 12월 24일.

42 배재성, 「도올 "이재명, 하늘이 내린 사람"…李 "소문 다 났다"」, 『중앙일보』, 2022년 1월 2일.

43 김상범·박광연, 「이재명 "현 정부 부동산 정책 실패…집권 땐 실용 내각 구성"」, 『경향신문』, 2021년 12월 31일.

44 김은중, 「與 대선 주자 1위가…이재명 "2차 추경, 과감히 날치기해야"」, 『조선일보』, 2021년 7월 15일.

45 박희석, 「심층인터뷰:《성격과 삶》 쓴 김창윤 서울아산병원 정신건강의학과 교수」, 『월간조선』, 2021년 9월호.

46 오현석, 「"입법으로 토론 늘릴 것"…'침대 축구' 尹에 압박 수위 높이는 민주」, 『중앙일보』, 2021년 12월 23일.

47 이태희, 「측근 아니라던 유동규 '음독설' 파악한 이재명」, 『TV조선 뉴스9』, 2021년 10월 21일.

48 이해준, 「윤희숙 "30끼 같이한 김문기 모른다? 李, 전문가 소견 받아보라"」, 『중앙일보』, 2021년 12월 27일.

49 이재명, 『오직 민주주의, 꼬리를 잡아 몸통을 흔든다』(리북, 2014), 143~145쪽.

50 이성택, 「[전문] 이재명, "실용주의로 국력 세계 5위·소득 5만 불 시대 열겠다"」, 『한국일보』, 2022년 1월 4일.

51 심새롬, 「이재명 "MB는 가짜 실용, 난 진짜…실적으로 여기까지 왔다"」, 『중앙일보』, 2022년 1월 11일.

52 정장열, 「이재명 "우아한 정치 언어 진짜 싫어한다…한국의 샌더스 되고 싶어"」, 『조선일보』, 2016년 12월 4일.

53 임도원, 「"난 양파 또는 무파" 실용주의자 자처…'한국판 차베스' 비판도」, 『한국경제』, 2021년 1월 26일.

54 이철희·유승찬·안병진, 『바꿔야 이긴다』(로도스, 2013), 194~195쪽.

55 권호, 「[단독] 이재명 "난 포퓰리스트…시 수익 1,800억 시민에 현금 배당할 것"」, 『중앙일보』, 2018년 1월 29일.

56 이태형, 「이재명 "나는 도민 뜻 존중하는 포퓰리스트"」, 『헤럴드경제』, 2018년 5월 28일.

57 한주홍, 「이재명 "앞으로도 포퓰리즘 할 것…나은 평가 받는 게 다 그 실적"」, 『연합뉴스』, 2021년 8월 11일.

58 홍수민, 「이재명 "재난지원금 30만 원 100번 지급해도 부채비율 괜찮다"」, 『중앙일보』, 2020년 8월 28일. 2020년 8월 31일 국회 예산결산특별위원회 전체회의에서 미래통합당 의원 임이자는 부총리 겸 기획재정부 장관 홍남기에게 이런 질문을 던졌다. "최근 이재명 지사가 30만 원씩 전 국민에게 50번, 100번을 줘도 재정 건전성을 우려할 필요가 없다고 했는데, 50회면 750조 원에 100회면 1,500조 원이다. 이렇게 줘도 상관없다는 이재명 지사의 말에 대해 어떻게 생각하느냐?" 이에 홍남기는 "책임 없는 발언"이라고 일축했다. 이어 임이자가 "아주 철없는 얘기죠"라고 다시 묻자 "자칫 잘못하면 국민들에게 오해의 소지를 줄 수 있는 발언"이라고 말했다. 강진규, 「'재난지원금 30만 원씩 100번 지급' 이재명에…홍남기 "책임 없는 발언"」, 『한국경제』, 2020년 8월 31일.

59 폴 콜리어(Paul Collier), 김홍식 옮김, 『자본주의의 미래: 새로운 불안에 맞서다』(까치, 2018/2020), 56쪽.

60 김승현, 「이재명 "민심 심상치 않다…국민 신뢰 흔들리고 있다"」, 『조선일보』, 2021년 3월 28일.

61 안병진, 「[정동칼럼] 이제 이재명·윤석열에게 회초리 들 때」, 『경향신문』, 2021년 4월 12일.

62 오현석, 「사면론 이낙연 국민통합에 맞불? 이재명 "기득권 카르텔 개혁"」, 『중앙일보』, 2021년 1월 4일.

63 김승현, 「조은산 "이재명, 한국의 '룰라' 되고 싶나, 이번 대선은 포기해라"」, 『조선일보』, 2021년 1월 11일.

64 김지은, 「"도대체 누구를 위한 국회냐"…박 대통령 연일 작심 비판」, 『한국일보』, 2015년 12월 8일.

65 정희진, 「헌법과 인간 관계」, 『경향신문』, 2016년 4월 11일.

66 박성민, 「혁신 잃어버린 민주당이여, 2011년을 기억하라」, 『경향신문』, 2020년 8월 1일, 11면.

67 박진용, 「장혜영 "민주당 586세대, 변화를 가로막는 기득권으로 전락"」, 『서울경제』, 2020년 9월 16일.

68 강준만, 「왜 '옛 애인'과 '옛 직장'이 그리워질까?: 현상 유지 편향」, 『감정 독재: 세상을 꿰뚫는 50가지 이론 1』(인물과사상사, 2013), 90~93쪽; 강준만, 「왜 우리는 "가만있으면 중간은 간다"고 하는가?: 손실 회피 편향」, 『감정 독재: 세상을 꿰뚫는 50가지 이론 1』(인물과사상사, 2013), 78~82쪽 참고.

69 반가운, 「권력과 위계의 일터, 어떻게 뒤집을 것인가」, 이원재·최영준 외, 『코로나 0년 초회복의 시작: 파국을 뛰어넘는 새로운 시대의 상상력』(어크로스, 2020), 98쪽.

70 홍성욱, 『네트워크 혁명, 그 열림과 닫힘: 지식기반 사회의 비판과 대안』(들녘, 2002), 182쪽.

71 마이클 셔머(Michael Shermer), 김소희 옮김, 『믿음의 탄생: 왜 우리는 종교에 의지하는가』(지식갤러리, 2011/2012), 75쪽.

72 문재인, 『1219 끝이 시작이다』(바다출판사, 2013), 310쪽.

73 샘 혼(Sam Horn), 이상원 옮김, 『적을 만들지 않는 대화법』(갈매나무, 1996/2008), 260쪽.

74 톰 버틀러 보던(Tom Butler-Bowdon), 이정은 옮김, 『내 인생의 탐나는 자기계발 50』(흐름출판, 2003/2009), 14쪽.

75 김은중, 「與 대선 주자 1위가…이재명 "2차 추경, 과감히 날치기해야"」, 『조선일보』, 2021년 7월 15일.

76 이재명연구회, 『이재명, 허구의 신화: 이재명의 대표적인 '업적'을 검증한다』(피비콘텐츠, 2022), 235쪽.

제5장

1 박시영·김계환, 『위너는 어떻게 결정되는가: 이기고 싶은 사람들의 이기는 전략』(김영사, 2021), 77~82쪽.

2 박주연, 「[이슈] 文, 임기 말 40% 지지율 미스터리」, 『미래한국』, 2021년 10월 1일.

3 양상훈, 「'文, 지지층 반대에도 결단' 한 번만이라도」, 『조선일보』, 2021년 12월 9일.

4 김재섭, 「역대 최고 文 대통령 임기 말 지지율의 역설」, 『주간조선』, 2021년 12월 6일.

5 강태화, 「어떤 후보도 임기 말 대통령보다 지지율 낮다…참 이상한 대선」, 『중앙일보』, 2022년 1월 9일.

6 오연서, 「윤여준 "문 대통령 40% 지지율, 갈라치기로 내 편 견고히 한 것"」, 『한겨레』, 2022년 2월 17일.

7 문재인, 『대한민국이 묻는다: 완전히 새로운 나라, 문재인이 답하다』(21세기북스, 2017), 116쪽.

8 박주연, 「[이슈] 文, 임기 말 40% 지지율 미스터리」, 『미래한국』, 2021년 10월 1일.

9 오창민, 「'진보 어용 언론'은 없다」, 『경향신문』, 2017년 5월 11일. 이 칼럼에 달린 댓글이다.

10 천정환, 「촛불 항쟁 이후의 시민정치와 공론장의 변화: '문빠' 대 '한경오', 팬덤 정치와 반지성주의」, 『역사비평』, 120권(2017년 8월), 386~406쪽.

11 박찬수, 「"임기 말 대통령의 높은 지지율? 친인척과 측근 비리 없기 때문"」, 『한겨레』, 2022년 1월 26일.

12 이하경, 「윤석열 떠난 문재인 'LH 폭탄' 피할 출구가 없다」, 『중앙일보』, 2021년 3월 8일.

13 박정훈, 「좌파 권력, 거악의 은폐 시스템을 완성하다」, 『조선일보』, 2022년 1월 7일.

14 이경원, 「"조국 사태 기점으로 권력 비리가 '짠' 사라진 나라인가"」, 『국민일보』, 2022년 2월 1일.

15 선우정, 「겁먹은 권력자의 말기적 반응」, 『조선일보』, 2022년 2월 16일.

16 배성규, 「박수현 靑 수석 "임기 말 文 지지율 40%, 코로나 극복하라고 국민이 힘 모아준 것"」, 『조선일보』, 2022년 1월 4일.

17 박시영·김계환, 『위너는 어떻게 결정되는가: 이기고 싶은 사람들의 이기는 전략』(김영사, 2021), 77~82쪽.

18 장재진, 「김종인 "코로나가 대선 삼킬 수 있는 상황…국민들 불안하면 결국 정부 믿어"」, 『한국일보』, 2021년 12월 10일.

19  김종인, 『왜 대통령은 실패하는가: 킹메이커는 왜 정치의 패러다임을 바꾸려고 하는가』(21세기북스, 2022), 305쪽.

20  허주열, 「문 대통령, 역대급 임기 말 지지율 이면」, 『더팩트』, 2022년 1월 10일.

21  이정민, 「실용주의인가, 포퓰리즘인가」, 『중앙일보』, 2021년 12월 16일.

22  「[사설] '좋은 일은 내가, 나쁜 일은 부하가' 예외 없는 文의 법칙」, 『조선일보』, 2021년 12월 17일.

23  김명일, 「서민 "與 집권 전략은 '얼굴 패권주의'…조국 낙마해 이재명 후보된 것"」, 『조선일보』, 2021년 11월 25일.

24  박제균, 「"신하 뒤에 숨었다"는 文, 유체이탈 國政의 끝은?」, 『동아일보』, 2022년 1월 24일.

25  조의준, 「김동연 "부총리 때 靑에 자화자찬 말자고 했지만, 안 되더라"」, 『조선일보』, 2021년 11월 22일.

26  이상언, 「대통령의 자부심, 국민의 자괴감」, 『중앙일보』, 2021년 11월 22일.

27  김은빈, 「"문 대통령 퇴임 때 문전박대 소망" 이철희 수석의 이색 화법」, 『중앙일보』, 2021년 11월 16일; 김준석, 「[여론조사 기획특집-①] 임기 말 文 대통령 지지율 40% 육박, 허상과 실상」, 『일요서울』, 2021년 11월 30일.

28  박찬수, 「"임기 말 대통령의 높은 지지율? 친인척과 측근 비리 없기 때문"」, 『한겨레』, 2022년 1월 26일.

29  최영일, 「[최영일의 시사본부] 탁현민 "이집트 일정에 '버킷'이 어디 있었나?…외교 순방은 대통령의 책무"」, 『KBS라디오』, 2022년 1월 24일.

30  설동일, 「노동상담소 소장, 그리고 깽깽이풀」, 문재인 외, 『그 남자 문재인: 함께 만드는 세상』(리얼텍스트, 2012), 92쪽.

31  안준용, 「文 대통령 "일이 많아 12시쯤 자요"」, 『조선일보』, 2021년 5월 6일.

32  이정민, 「국민과 마주해야 할 시간」, 『중앙일보』, 2021년 5월 6일.

33  강원택, 「문재인 5년, 업적이 떠오르지 않는다」, 『조선일보』, 2021년 9월 27일.

34  Gerald M. Pomper, 「Presidential Election」, 『The Election of 1984: Reports and Interpretations』(Chatham, N. J.: Chantham House, 1985), pp.60~90.

35  정도원, 「[문재인 정권, 왜 실패했나] ⑤ "지지하지만 이유는 몰라"…책임 정치 악영향」, 『데일리안』, 2022년 2월 7일.

36  Michael J. Robinson & Maura Clancey, 「Teflon Politics」, 『Public Opinion』, 7:2(April/May, 1984), pp.14~18.

37  Sam Donaldson, 『Hold On, Mr. President!』(New York: Fawcett Crest, 1987).

38  신혜정, 「'청와대 얼굴 패권주의' 웃어넘기기엔 불편한 이유」, 『한국일보』, 2017년 5월 15일.

39  Tricia Leblanc, 『Donald Trump: Uncensored(pamphlet)』(2016), p.14;

최은경, 「美 트럼프 "힐러리가 대통령처럼 생겼나? 난 잘생겼다" 외모 공격으로 또 구설」, 『조선일보』, 2016년 4월 27일.

40  김동하, 「윤희숙 "LH 의혹도 前 정권 탓, 차라리 민족 피가 나쁘다 하라"」, 『조선일보』, 2021년 3월 11일.

41  강광우, 「LH 사태, 윤석열 탓 돌린 박범계…김종민 "조국 놀았다는 고백"」, 『중앙일보』, 2021년 3월 12일.

42  김은경, 「박범계 이어 홍영표도 LH 투기 윤석열 탓…"'문 정권 바보' 자기고백이냐"」, 『조선일보』, 2021년 3월 12일.

43  이장호, 「추미애 "부동산 시장 부패 검찰 책임 가장 크다…윤석열 뭐 했나"」, 『뉴스1』, 2021년 3월 14일.

44  김은정, 「박범계 "3년 전 LH 의혹, 검찰 뭐했나" 검사들 "文 정부는 뭐했나"」, 『조선일보』, 2021년 3월 11일.

45  이슬비, 「文, 또 과거 겨누나…"부동산 적폐 청산 강력 추진"」, 『조선일보』, 2021년 3월 15일.

46  유창선, 『나는 옳고 너는 틀렸다: 민주주의를 무너뜨리는 극단과 광기의 정치』(인물과사상사, 2021), 92쪽.

47  A. C. 그레일링(A. C. Grayling), 남경태 옮김, 『미덕과 악덕에 관한 철학사전』(에코의서재, 2001/2006), 156~158쪽.

48  이훈범, 「무능한 다수의 결정」, 『중앙선데이』, 2021년 2월 27일.

49  롤프 도벨리(Rolf Dobelli), 두행숙 옮김, 『스마트한 선택들: 후회없는 결정을 하기 위해 꼭 알아야 할 52가지 심리 법칙』(걷는나무, 2012/2013), 17쪽.

50  양범수, 「文 비판 전단 뿌린 30대 검찰 송치…野 "대통령 그릇 간장 종지에 불과"」, 『조선비즈』, 2021년 4월 29일.

51  강찬호, 「문 대통령 비판 전단 뿌린 30대 모욕죄 송치…고소인은 누구?」, 『중앙일보』, 2021년 4월 29일.

52  최민우, 「권력자의 시치미」, 『중앙일보』, 2021년 5월 3일.

53  윤성민, 「"文 지시 없이 청년 모욕죄 고소? 그랬음 대리인 사문서 위조"」, 『중앙일보』, 2021년 5월 2일.

54  이혜리, 「참여연대 "누구나 대통령 비판 가능…모욕죄 고소 취하해야"」, 『경향신문』, 2021년 5월 4일.

55  이완, 「"권력 비판 처벌 부적절" 지적에…문 대통령 '모욕죄 고소' 취소」, 『한겨레』, 2021년 5월 5일.

56  고재석, 「"文 욕했다고 휴대폰 뺏고 배후 캐물어…발가벗기는 느낌"」, 『동아닷컴』, 2021년 5월 20일.

57  「[사설] 검찰 조직 개편, '검찰 개혁 대원칙' 따라 논의해야」, 『한겨레』, 2021년 5월 25일.

58  정유진, 「정권 수사 막을 이중 안전 장치 마련, 총장 권한 되레 늘려」, 『중앙선

데이』, 2021년 6월 19일; 박국희·이정구, 「검찰 개편안, 권력형 범죄 수사 못하게 형사부에 '재갈'」, 『조선일보』, 2021년 6월 19일; 「[사설] 권력 비리 수사 힘 빼는 변칙 검찰 인사 안 된다」, 『중앙일보』, 2021년 6월 23일.

59  권호·김기정, 「김기현 "외통·정무위장 줄 수 있다고? 우리가 구걸하고 있나"」, 『중앙일보』, 2021년 5월 25일.

60  김기정, 「[단독 인터뷰] 尹, 집권 시 문 정부 적폐 청산 묻자 "해야죠, 해야죠, 돼야죠"」, 『중앙일보』, 2022년 2월 9일.

61  김아진, 「文, 윤석열에 사과 요구 "근거 없이 적폐로 몰아…강력한 분노"」, 『조선일보』, 2022년 2월 10일.

62  신은별, 「이재명 "더 이상 죽어선 안 돼"…'노무현'으로 진보 넘어 중도 노린다」, 『한국일보』, 2022년 2월 13일.

63  손영하, 「이재명, '노무현 서거' 거론하며 "후회 반복할 건가"」, 『한국일보』, 2022년 2월 12일.

64  이현상, 「피해의 기억만 있고 가해의 기억은 없다」, 『중앙일보』, 2022년 2월 17일.

65  오병상, 「김종인의 예언, 문재인의 분노」, 『중앙일보』, 2022년 2월 10일.

66  채현식, 「[포커스] 민주당, 野 '공수처장 거부권' 무력화 나서나」, 『TV조선 뉴스9』, 2020년 10월 27일.

67  양소리, 「'공수처' 평가, 부정 74.8% vs 긍정 18.1%…野 "폐지·개혁 논의할 것"」, 『뉴시스』, 2021년 12월 17일.

68  송승환, 「"이럴려고 몸싸움했나"…동물국회서 공수처법 처리한 그들은」, 『중앙일보』, 2021년 12월 18일.

69  남상욱, 「그래도 공수처를 응원한다」, 『한국일보』, 2021년 12월 17일.

70  조준혁, 「"공수처, 반헌법적 '언론인 사찰' 중단하라"」, 『미디어오늘』, 2021년 12월 23일; 김민중·김수민, 「공수처, 기자만 110명 털었다…檢 "비판 보도 기자 사찰 위법"」, 『중앙일보』, 2021년 12월 23일; 노석조, 「[단독] 공수처, 김기현·김도읍도 통신 조회…野 지도부까지 사찰 논란」, 『조선일보』, 2021년 12월 24일; 김현빈, 「국민의힘 "의원 26명이 통신 조회 당했다" 공수처 비판」, 『한국일보』, 2021년 12월 24일.

71  주형식, 「"공수처 사찰은 범죄" 언론 4개 단체 성명」, 『조선일보』, 2021년 12월 24일.

72  김남일, 「[뉴스AS] 공수처, 통신 자료 수집…인권침해 논란 되풀이」, 『한겨레』, 2021년 12월 24일.

73  장나래, 「"공수처 존폐 검토해야"…'알면서' 통신 조회 정치화하는 윤석열」, 『한겨레』, 2021년 12월 24일.

74  표태준, 「현직 부장검사 "민간인 통신 조회 공수처, 위법 수사 설명해야"」, 『조선일보』, 2021년 12월 23일.

75 「[사설] 통신 조회 논란, 공수처는 관행 개선하고 국회는 법 개정을」, 『경향신문』, 2021년 12월 25일.

76 손현성, 「투망식 통신 자료 조회 논란의 공수처, 사찰인가 합법 수사인가」, 『한국일보』, 2021년 12월 24일.

77 조형국, 「'조국 사태' 고개 숙였지만⋯"검찰 개혁 절실함 부각돼 다행"」, 『경향신문』, 2019년 11월 20일, 3면; 이완, 「문 대통령 "공수처, 무소불위 검찰 견제⋯괴물 조직 아니다"」, 『한겨레』, 2020년 12월 15일.

78 류수현, 「이재명 "공수처법 개정안 발의 환영⋯국민 숙원 앞당길 대안"」, 『연합뉴스』, 2020년 9월 15일.

79 오경묵, 「조국의 혼술 "독주 몇 잔 하련다, 권력기관 개혁 모두 법제화"」, 『조선일보』, 2020년 12월 14일.

80 최재봉, 「작가 654명, 검찰 권력 해체 촉구 성명⋯"지배권력 기생 집단"」, 『한겨레』, 2020년 12월 18일.

81 진중권, 「"조국은 모세, 秋는 여호수아⋯신흥 종교 된 檢 개혁"」, 『중앙일보』, 2020년 12월 9일, 28면.

82 맹성규, 「진중권 "공수처 비리는 누가 수사·기소하나요? 아시는 분"」, 『매일경제』, 2020년 11월 2일.


제6장

1 에리히 슈빙어(Erich Schwinge), 김삼룡 옮김, 『정치가란 무엇인가?』(유나이티드컨설팅그룹, 1983/1992), 68~69쪽.

2 김명일, 「정청래 "'인간 이재명' 흐느끼며 읽어, 이토록 처절한 서사 있을까"」, 『조선일보』, 2021년 12월 13일; 김대영, 「'GSGG 논란' 김승원 "이재명 눈물에 저도⋯'전과'는 공익 위한 상처"」, 『한국경제』, 2021년 12월 31일.

3 강진구, 「"의지와 책임만 남기고 다 던지겠다" 선대위 쇄신 예고한 이재명」, 『한국일보』, 2021년 11월 20일.

4 김경화, 「"이재명이 낫긴 한데 黨이 싫다는 분 많아"」, 『조선일보』, 2021년 11월 20일.

5 주희연, 「與 5선 이상민 "이재명의 민주당이라니⋯질겁했다"」, 『조선일보』, 2021년 12월 15일.

6 김명일, 「송영길 "李 음주운전도 검사 사칭도 다 공익 활동하다 생긴 전과"」, 『조선일보』, 2021년 12월 23일.

7 강찬호, 「5선 이상민, 송영길에 직격탄 "이재명 감싸기 볼썽사납다"」, 『중앙일보』, 2021년 12월 29일.

8 주희연, 「與 당원 게시판 재개, 실명제로 전환하자⋯이상민 "反민주적"」, 『조

선일보』, 2022년 1월 4일.

9 이가영, 「[이가영의 직격인터뷰] "일색(一色), 성역화, 맹종 못 깨면 민주당은 민주 정당 아니다"」, 『중앙일보』, 2021년 5월 21일.

10 고석현, 「법사위장 거론 정청래 "내가 하면 하늘 무너지나, 웃음 난다"」, 『중앙일보』, 2021년 4월 19일.

11 최규민, 「정청래 "내가 법사위장 하면 하늘 무너지나"…野 "막말 잘하니 환영"」, 『조선일보』, 2021년 4월 19일.

12 노지원·송채경화, 「새 법사위원장에 거침없는 정청래? 고민 깊은 민주당」, 『한겨레』, 2021년 4월 21일.

13 심새롬, 「"알부남" 외쳐도 법사위장 탈락…애초 정청래는 물망 없었다」, 『중앙일보』, 2021년 5월 1일.

14 심새롬, 「"알부남" 외쳐도 법사위장 탈락…애초 정청래는 물망 없었다」, 『중앙일보』, 2021년 5월 1일.

15 이가영, 「여당, 법사위원장 박광온 내정…정청래 "쿨하게 받아들인다"」, 『중앙일보』, 2021년 4월 29일.

16 김은경, 「정청래 "뉴스공장 폐지? 김어준 쫄지 마, 형아가 있잖아"」, 『조선일보』, 2021년 1월 13일.

17 홍규빈, 「김어준 엄호 나선 與…정청래 "천재성으로 청취율 1위" 찬사」, 『연합뉴스』, 2021년 4월 22일; 오경묵, 「김어준 구두계약 논란에…정청래·김남국 "우리도 계약서 안 써"」, 『조선일보』, 2021년 4월 22일.

18 장근욱, 「정청래 "김어준 출연료 공격 추접, 유재석·손흥민은 왜 연봉 높나"」, 『조선일보』, 2021년 5월 2일; 고석현, 「정청래 "유재석 10배 받냐고 묻나? 김어준 TBS 먹여 살린다"」, 『중앙일보』, 2021년 5월 3일.

19 국민의힘 서울 송파병 당협위원장인 김근식은 〈김어준의 뉴스공장〉 문제점은 세금으로 운영되는 지상파 방송이 정치적으로 편향돼 방송의 공정성을 심히 훼손한다는 점"이라며 "이 지적에 반론하지 않고 김어준 출연료를 유재석, 손흥민과 비교해 정당화하는 것은 전형적인 '골대 옮기기' 궤변"이라고 했다. 또 "국민 세금이 특정 정파의 정치적 옹호 방송으로 쓰이고 있다는 점이 본질적 문제"라고 했다. 김근식은 "유재석은 국민 MC이고 정치 발언 안 하는 연예인, 손흥민은 글로벌 스타이고 정치 행동 안 하는 스포츠 선수"라며 이들이 높은 수익을 올리는 것은 자연스러운 시장의 원리라고 했다. 이어 "김어준은 친문 MC이고 편향적 정치 발언을 하니까 국민 세금으로 높은 출연료를 받으면 안 된다는 것"이라며 "김어준을 유재석, 손흥민과 동급으로 비교하는 건 궤변일 뿐"이라고 했다. 김근식은 세금으로 운영되는 TBS의 정치적 편향 논란에 대해서도 "KBS는 수신료로 운영되기 때문에 방송의 공정성을 위해 여야 추천 이사가 존재하고 보도의 엄격한 중립성을 요구받는 것"이라고 했다. 이어 "세금으로 운영되는 뉴스공장이 KBS만큼이라도 공정성을 유지하라는 것"이라고

했다. 이기우, 「김근식, 김어준 옹호 정청래에 "참 말귀 못 알아듣는다"」, 『조선일보』, 2021년 5월 3일.

20 최연진·이슬비, 「"식당서 김치찌개 빨리 달라고 하면 청탁이냐"」, 『조선일보』, 2020년 9월 9일, A5면.

21 김은빈, 「정청래 '김치찌개 청탁'에…진중권 "찌개 시켜 먹듯 청탁하나"」, 『중앙일보』, 2020년 9월 9일.

22 맹성규, 「정청래 "화이자 추가 확보는 나라 구한 일…백신 논란 끝"」, 『매일경제』, 2021년 4월 27일.

23 김아진, 「"백신 개발국 先접종 불가피" 말한 文…그런 나라는 미국뿐」, 『조선일보』, 2020년 12월 23일, A3면.

24 김경필, 「與 "백신 충분히 확보…일부 국가 접종 빠른 건 사망자 많은 탓"」, 『조선일보』, 2020년 12월 18일.

25 최원희, 「與 "방역 실패한 나라 백신 접종 부러워하는 것 맞나"」, 『TV조선 뉴스9』, 2020년 12월 18일.

26 이해준, 「백신 확보 실패 비판에…김태년 "美 안면마비 부작용 봐라"」, 『중앙일보』, 2020년 12월 21일.

27 최은경, 「신속한 백신 접종 요구에 與 장경태 "마루타적 발상"」, 『조선일보』, 2021년 1월 11일, A12면.

28 정한국·주형식, 「TBS '김어준 뉴스공장'에 정부·공기관이 31억 협찬」, 『조선일보』, 2021년 5월 3일.

29 이세영, 「김어준에 광고 몰아준 서울교육청의 변명 "저렴해서"」, 『조선일보』, 2021년 4월 1일.

30 김은중, 「김어준 "이재명, 혼자서 여기까지 와…이제 당신들이 도와줘야"」, 『조선일보』, 2021년 10월 24일.

31 오경묵, 「이재명 지지 호소한 김어준에…이낙연 측 "방송 그만두고 李 캠프 가라"」, 『조선일보』, 2021년 10월 25일.

32 문재인, 『사람이 먼저다: 문재인의 힘』(포플카우, 2012), 247쪽.

33 윤주영, 「유시민 "이재명이 살아남은 건 기성 언론 영향력 압도적이지 않다는 증거"」, 『한국일보』, 2022년 1월 7일.

34 강준만, 「왜 세상은 날이 갈수록 갈갈이 찢어지는가?: 사이버발칸화」, 『생각의 문법: 세상을 꿰뚫는 50가지 이론 3』(인물과사상사, 2015), 333~338쪽 참고.

35 스티븐 아스마(Stephen T. Asma), 노상미 옮김, 『편애하는 인간: 평등 강박에 빠진 현대인에 대한 인문학적 탐구』(생각연구소, 2013), 15쪽.

36 스티븐 아스마(Stephen T. Asma), 노상미 옮김, 『편애하는 인간: 평등 강박에 빠진 현대인에 대한 인문학적 탐구』(생각연구소, 2013), 257쪽.

37 스티븐 아스마(Stephen T. Asma), 노상미 옮김, 『편애하는 인간: 평등 강박에 빠진 현대인에 대한 인문학적 탐구』(생각연구소, 2013), 257쪽.

38  유승민, 『나는 왜 정치를 하는가』(봄빛서원, 2017), 35쪽.

39  유승민, 『나는 왜 정치를 하는가』(봄빛서원, 2017), 36쪽.

40  장나래, 「유승민, 닷새째 TK 돌며 "제가 진정한 대구·경북의 아들"」, 『한겨 레』, 2021년 8월 31일.

41  박순봉, 「유승민 "결국은 경제다" 대선 출사표」, 『경향신문』, 2021년 8월 27일.

42  장나래, 「'개혁 보수' 소신 뚜렷한 경제통 유승민…대중성·조직력은 취약」, 『한겨레』, 2021년 7월 30일.

43  조의준·김승현, 「유승민 "추락하는 경제 일으켜 세우겠다"」, 『조선일보』, 2021년 6월 21일.

44  김미나, 「유승민 "공정한 성장이 시대정신…이재명과 기본소득 끝장토론 뜻"」, 『한겨레』, 2021년 5월 20일.

45  장나래, 「'애증의 고향' 대구서 대선 행보 시작한 유승민」, 『한겨레』, 2021년 5월 1일.

46  이슬비, 「文 정부 장군들, 尹 캠프 가자…윤건영 "별값이 똥값 됐다, X팔려"」, 『조선일보』, 2021년 9월 2일.

47  이철재·고석현, 「윤건영 "文 정부, 별 달아줬더니 똥값"…김용우 "봉건시대 냐"」, 『중앙일보』, 2021년 9월 2일.

48  최종혁, 「[백브리핑] 예비역 장성 윤석열 캠프행에…"별값이 X값"?」, 『JTBC뉴 스』, 2021년 9월 2일.

49  강찬호, 「송호근 "文 정부 4년, 진보는커녕…고집·고소·고립 3고 정치"」, 『중 앙일보』, 2021년 3월 4일.

50  최규민, 「유인태 "이준석 돌풍에 여권 내부서 '대권 끝났다'는 위기감"」, 『조선 일보』, 2021년 5월 31일.

51  원선우, 「조국이 좌표 찍자…文 비판한 광주 자영업자 마녀사냥 당했다」, 『조 선일보』, 2021년 6월 17일.

52  봉달호, 「꺾이지 않으려 우리는 흔들린다」, 『조선일보』, 2021년 7월 10일.


제7장

1   임명묵, 『K-를 생각한다: 90년대생은 대한민국을 어떻게 바라보는가』(사이드 웨이, 2021), 20쪽.

2   임명묵, 『K-를 생각한다: 90년대생은 대한민국을 어떻게 바라보는가』(사이드 웨이, 2021), 86~88쪽.

3   임명묵, 『K-를 생각한다: 90년대생은 대한민국을 어떻게 바라보는가』(사이드 웨이, 2021), 130쪽.

4   임명묵, 『K-를 생각한다: 90년대생은 대한민국을 어떻게 바라보는가』(사이드

웨이, 2021), 271쪽.

5  임명묵, 『K-를 생각한다: 90년대생은 대한민국을 어떻게 바라보는가』(사이드
   웨이, 2021), 274, 278~279쪽.

6  김기식, 「왜곡된 비주류 의식」, 『한겨레』, 2021년 5월 5일.

7  한스 요나스(Hans Jonas), 이유택 옮김, 『기술 의학 윤리: 책임 원칙의 실천』
   (솔, 1987/2005), 260~261쪽.

8  유용민, 「뉴스 미디어 창업 시대 프래그머티즘적 저널리즘 요청: 저널리즘
   과 사회 변동의 관계학적 논의를 중심으로」, 『커뮤니케이션이론』, 14권 3호
   (2018년 9월), 357쪽.

9  「[사설] 靑 회의서 "양도차익 100% 과세" 주장도, 부동산 대란 이유가 있었
   다」, 『조선일보』, 2022년 1월 11일.

10  헨리 조지(Henry George), 김윤상 옮김, 『진보와 빈곤』(비봉출판사, 1879/
   1997), vi; 헨리 조지(Henry George), 전강수 옮김, 『사회문제의 경제학』(돌
   베개, 1883/2013), 257~275쪽; 크리스티아 프릴랜드(Chrystia Freeland),
   박세연 옮김, 『플루토크라트: 모든 것을 가진 사람과 그 나머지』(열린책들,
   2012/2013), 78쪽.

11  강준만, 「왜 경부고속도로가 지역주의를 악화시켰나?: 경로의존」, 『우리는 왜
   이렇게 사는 걸까?: 세상을 꿰뚫는 50가지 이론 2』(인물과사상사, 2014),
   291~296쪽; 강준만, 「왜 "개혁이 혁명보다 어렵다"고 하는가?: 경로의존」, 『습
   관의 문법: 세상을 꿰뚫는 이론 7』(인물과사상사, 2019), 288~294쪽 참고.

12  강윤주, 「"김건희 녹취록에 尹 지지율 상승 황당" 답답한 輿 전략 컨트롤타워」,
   『한국일보』, 2022년 1월 25일.

13  이준구, 『대통령을 만드는 사람들: 선거의 귀재, 정치 컨설턴트』(청아출판사,
   2010), 134~137쪽.

14  강준만, 『춤추는 언론 비틀대는 선거: 언론과 선거의 사회학』(아침, 1992); 마
   크 팩(Mark Pack)·에드워드 맥스필드(Edward Maxfield), 김혜영 옮김, 『선
   거의 정석: 아는 만큼 표로 돌려받는 101가지 기술』(사계절, 2016/2017),
   23쪽.

15  토머스 패터슨(Thomas E. Patterson), 미국정치연구회 옮김, 『미디어와 미국
   선거: 이미지 정치의 명암』(오름, 1993/1999), 213쪽.

16  토머스 패터슨(Thomas E. Patterson), 미국정치연구회 옮김, 『미디어와 미국
   선거: 이미지 정치의 명암』(오름, 1993/1999), 211쪽.

17  제프리 페퍼(Jeffrey Pfeffer), 이경남 옮김, 『권력의 기술: 조직에서 권력을 거
   머쥐기 위한 13가지 전략』(청림출판, 2010/2011), 199~202쪽.

18  드루 웨스턴(Drew Westen), 뉴스위크한국판 옮김, 『감성의 정치학: 마음을
   읽으면 정치가 보인다』(뉴스위크한국판, 2007), 283쪽.

19  나탈리 골드버그(Natalie Goldberg), 권진욱 옮김, 『뼛속까지 내려가서 써라』

(한문화, 1986/2000), 182~184쪽.

20 심진용, 「"투자자를 위한 도시 아닌, 사람이 살기 위한 도시 필요" 세계적인 석 학 하비 강연」, 『경향신문』, 2016년 6월 22일.

21 에른스트 푀펠(Ernst Pöppel)·베아트리체 바그너(Beatrice Wagner), 이 덕임 옮김, 『노력중독: 인간의 모든 어리석음에 관한 고찰』(율리시즈, 2013/2014), 290쪽.

22 윤성민, 「靑이 文 지지율 조사 안 한다…'색다른 여론조사' 이철희 스타일」, 『중앙일보』, 2021년 5월 28일.

23 Scott Rasmussen & Douglas Schoen, 『Mad As Hell: How the Tea Party Movement Is Fundamentally Remaking Our Two-Party System』(New York: Harper, 2010), p.133.

24 William Morris & Mary Morris, 『Morris Dictionary of Word and Phrase Origins』, 2nd ed.(New York: Harper & Row, 1971), pp.463~464.

25 William Safire, 『Safire's Political Dictionary』(New York: Random House, 1978), p.279; Bill Beavis & Richard G. McCloskey, 『Salty Dog Talk: The Nautical Origins of Everyday Expressions』(London: Adlard Coles Nautical, 2007), p.39.

26 William Safire, 『Safire's Political Dictionary』(New York: Random House, 1978), p.271.

27 「Arnold Schwarzenegger」, 『Current Biography』, 65:8(August 2004), p.91.

28 Michael Kazin, 『The Populist Persuasion: An American History』(New York: Basic Books, 1995), p.271.

29 Grant Barrett, ed., 『Oxford Dictionary of American Political Slang』(New York: Oxford University Press, 2004), p.34.

30 John Walston, 『The Buzzword Dictionary』(Oak Park, IL: Marion Street Press, 2006), p.19.

31 Scott Rasmussen & Douglas Schoen, 『Mad As Hell: How the Tea Party Movement Is Fundamentally Remaking Our Two-Party System(New York: Harper, 2010), p.132.

32 Scott Rasmussen & Douglas Schoen, 『Mad As Hell: How the Tea Party Movement Is Fundamentally Remaking Our Two-Party System』(New York: Harper, 2010), p.1.

33 Lee Harris, 『The Next American Civil War: The Populist Revolt Against the Liberal Elite』(New York: Palgrave, 2010), pp.43~46.

34 Scott Rasmussen & Douglas Schoen, 『Mad As Hell: How the Tea Party Movement Is Fundamentally Remaking Our Two-Party System』(New

York: Harper, 2010), pp.92~96.

35  강양구·권경애·김경율·서민·진중권, 『한번도 경험해보지 못한 나라: "민주주의는 어떻게 끝장나는가"』(천년의상상, 2020), 251~252쪽.

36  표창원, 『게으른 정의: 표창원이 대한민국 정치에 던지는 직설』(한겨레출판, 2021), 80, 111~125, 197쪽.


## 맺는말

1   김명일, 「'李 지지' 도올 "다시는 文 같은 대통령 태어나지 않도록 빌어야"」, 『조선일보』, 2022년 3월 24일.

2   김영준, 「진리를 모른다」, 『한겨레』, 2022년 2월 25일.

3   문세경, 「"다 정의당 때문이야" 대선 후폭풍 우리 집 강타하다: 정의당원 아내-민주당 지지자 남편 이야기…"당선 안 됐으면 뭐가 문제였는지 생각해야지"」, 『오마이뉴스』, 2022년 3월 17일.

4   봉달호, 「내가 '가족 단톡방'을 나온 이유」, 『조선일보』, 2022년 2월 19일.

5   최창식, 「정치적 이슈로 인한 가족 내 세대 갈등에 대한 자녀들의 대응: 갈등과 모순, 그리고 대처의 유형」, 『커뮤니케이션이론』, 18권 1호(2022년 3월), 75쪽.

6   이세영, 「다시 도래한 종말론의 시간」, 『한겨레21』, 2022년 3월 1일.

7   오기영, 『민족의 비원 자유 조국을 위하여』(성균관대학교출판부, 2002), 144~145쪽.

8   정장열, 「양비론을 다시 본다: 한영우가 말하는 율곡의 양비론과 우리 시대의 양비론」, 『조선일보』, 2013년 11월 8일.

9   엘렌 랭어(Ellen J. Langer), 변용란 옮김, 『마음의 시계: 시간을 거꾸로 돌리는 매혹적인 심리 실험』(사이언스북스, 2009/2011), 44~45쪽.

10  캐서린 슐츠(Kathryn Schultz), 안은주 옮김, 『오류의 인문학: 실수투성이 인간에 관한 유쾌한 고찰』(지식의날개, 2010/2014), 203~204쪽.

11  이철희, 『뭐라도 합시다』(알에이치코리아, 2014), 18~19쪽.

12  강준만, 「왜 한국을 '퍼지 사고력의 천국'이라고 하는가?: 퍼지식 사고」, 『생각과 착각: 세상을 꿰뚫는 50가지 이론 5』(인물과사상사, 2016), 272~278쪽 참고.

# 정치
# 전쟁

© 강준만, 2022

초판 1쇄 2022년 4월 12일 찍음
초판 1쇄 2022년 4월 18일 펴냄

지은이 | 강준만
펴낸이 | 강준우
기획·편집 | 박상문, 김슬기
디자인 | 최진영
마케팅 | 이태준
관리 | 최수향
인쇄·제본 | 제일프린테크

펴낸곳 | 인물과사상사
출판등록 | 제17-204호 1998년 3월 11일

주소 | (04037) 서울시 마포구 양화로7길 6-16 서교제일빌딩 3층
전화 | 02-325-6364
팩스 | 02-474-1413

www.inmul.co.kr | insa@inmul.co.kr

ISBN 978-89-5906-630-8  03300

값 17,000원